U0682870

感谢内江师范学院学术专著出版基金为本书出版提供资助

动产担保制度精要

陈发源　著

知识产权出版社
全国百佳图书出版单位

图书在版编目（CIP）数据

动产担保制度精要/陈发源著. —北京：知识产权出版社，2015.5

ISBN 978-7-5130-3499-9

Ⅰ.①动…　Ⅱ.①陈…　Ⅲ.①动产-担保制度-研究-中国　Ⅳ.①D923.24

中国版本图书馆 CIP 数据核字（2015）第 108766 号

内容提要

本书立足担保法原理，对我国动产担保制度进行了较为系统的研究，力求提纲挈领地把握动产担保的制度精髓和体系逻辑。除对动产担保的整体概况、动产质押、留置制度等予以必要介绍外，本书结合笔者从事动产担保登记工作的经验，重点研究了动产抵押和知识产权、股权、票据、仓单、存单等具体权利质押类型及其登记制度。为方便办理动产担保登记，书后附有动产担保登记常用法律制度。本书也可供具有一定担保法基础的读者特别是银行、担保公司等金融机构的专业人士系统研究、探讨动产担保制度之用。

　　责任编辑：唐学贵　　　　　　　　执行编辑：聂伟伟

动产担保制度精要
DONGCHAN DANBAO ZHIDU JINGYAO

陈发源　著

出版发行：**知识产权出版社** 有限责任公司　　网　　址：http://www.ipph.cn

电　话：010-82004826　　　　　　　　　　　　 http://www.laichushu.com

社　　址：北京市海淀区马甸南村 1 号　　　　　邮　编：100088

责编电话：010-82000860 转 8598　　　　　　　责编邮箱：362730031@qq.com

发行电话：010-82000860 转 8101/8102　　　　　发行传真：010-82000893/82003279

印　刷：北京科信印刷有限公司　　　　　　　经　销：各大网上书店、新华书店及相关专业书店

开　本：720mm×960mm　1/16　　　　　　　　印　张：15

版　次：2015 年 5 月第 1 版　　　　　　　　　印　次：2015 年 5 月第 1 次印刷

字　数：230 千字　　　　　　　　　　　　　定　价：48.00 元

ISBN 978-7-5130-3499-9

目　录

第一章　动产担保概论

第一节　动产担保产生和发展的域外经验

担保制度是因交易活动的出现而逐渐产生的。因交易而产生的契约关系要得到切实履行，不能仅凭当事人信守承诺，通过设立担保人或者提供担保物作为债权担保的立法安排，古已有之。通过设立担保人的担保方式称为人保，通过提供担保物的担保方式称为物保，或物权担保。

动产担保，顾名思义，是以动产作为担保物的担保方式，与不动产担保相对。在比较法上，动产担保并非一个内涵和外延均有统一规定和认知的概念。严格意义上或者说形式意义上的动产担保概念，以《美国商法典》为典型，该法典第1-201条规定，动产担保权是指"对动产或不动产附着物所享有的用以担保债务之清偿或者履行的权利"。追随《美国商法典》所开创之现代动产担保交易制度的相关国家和地区，亦在其立法文件中普遍采用"动产担保"的称谓，比如我国台湾地区的"动产担保交易法"。

动产担保的制度起源远远早于动产担保概念的出现，制度形态亦远非单一。早在罗马法时期，就出现了信托质权、质权、抵押权三种不同的动产担保制度形态。信托质权是指由"当事人一方按照市民法的方法将其物的所有权移转给债权人，债权人在同一方式中附带约定在债务清偿时返还原物"。[1]由于信托质权效力范围较窄、设定程序复杂，且因物的所有权已移转给债权人，债务人偿还债务后仅能依据债权关系请求债权人返还原物。若债权人已非法处分原物或丧失给付能力，对债务人将非常不利。为弥补信托质权的这一缺陷，债务人保有物的所有权而将物的占有赋予质权人作为履行债务担保的质权制度出现。其后，不移转标的物的占有，担保义务人可以继续使用收

---

[1]　谢邦宇：罗马法［M］北京：北京大学出版社，1990：229

益标的物的抵押权也产生，并扩张至不动产之上。近代大陆法系民法体系化后，以不动产为标的的抵押制度和以动产为标的的质押制度成为了担保物权制度的传统安排，动产担保制度类型反而渐趋保守。

在制度比较上，美国法所推崇的"动产担保"制度，与大陆法系或受大陆法系影响较大的法域中的动产抵押、动产质押、权利质押、动产留置权等最为接近。若以担保物为界分，大陆法系的担保物权可分为不动产担保和动产担保两大类型。不动产包括土地及其定着物，凡不动产之外皆可视为动产，因而，可予设立担保物权的动产范围在理论上可以极其广泛。不过，因秉持不动产担保以不移转标的物占有的抵押权和动产担保以移转标的物占有的质权为原则的物权体系和观念，大陆法系动产担保权以质押和留置为典型，不移转占有的动产担保类型几无存在空间。这一立法安排，在经济不甚发达的早期资本主义抑或农业社会尚可敷用，但到资本主义经济兴起，工商业突飞猛进之日，这一制度安排就远不能满足经济高速发展对于担保融资的迫切需求。就质押而言，因出质人需移交质物的占有于质权人，故出质人在担保期间将无法对质物进行使用、收益，质权人则需承担保管质物的义务。质押在实现物的担保融资功能的同时，限制了物的使用价值的发挥，因而是一种效率较低的担保方式，其发展在总体上趋向衰微。至于留置，因该担保方式通常仅因特定债权关系而依法产生，❶ 属于法定担保物权而非约定担保物权，其适用范围更为有限。

与大陆法系传统动产担保制度的上述保守性相对应，市场经济的兴起从根本上改变了传统的财富结构，企业设备、存货、工业产权等新兴财产日渐成为财富世界中更为重要的成员，不动产的恒定价值也因房地产泡沫的不时出现而不再令人绝对信赖。如动产担保只能采取须移转担保物占有的质押方式，对于需要这些新兴动产维持其经营的企业来说，为获取融资就必须丧失对于动产担保物的占有使用。为解决上述问题，大陆法系国家普遍在民法典之外通过特别法创设不移转动产担保物占有的特殊动产抵押制度，为船舶、航空器、农业机械等特殊动产的担保融资开启方便之门。同时，通过在债法或司法实践中创设或承认附条件买卖、让与担保等非典型担保方式，满足工

---

❶ 如保管、维修、加工承揽等。

商业对于动产担保融资的迫切需要。尽管如此，受传统物权体系及其观念的影响，相较英美法系，大陆法系的动产担保制度仍然略欠发达。

动产担保的历史可谓久远，但动产担保立法的突破性进展则出现于美国，其标志性成果为《统一商法典》第九篇，欧洲、亚洲、美洲的动产担保交易示范法或相关指南均受此影响。❶ 受益于英美法系不讲究体系化思维的经验主义传统，《统一商法典》第九编摆脱了对于动产担保类型化的依赖，用担保权益（security interest）抽象代表了各种具体的动产担保权益，当事人依合意创设的动产及不动产附着物上的担保权益均受其调整，不再具体规定质押、抵押、留置等具体担保类型或形式，体现了追求物尽其用、简化交易手续、降低交易成本的追求，更符合现代工商经济对于融资担保的客观需要。

第二节　我国动产担保制度的发展状况

一、制度概况

自改革开放引导中国经济逐步从计划经济向市场经济转型之始，担保制度作为保障债权实现、维护交易安全的重要工具遂得到迅速发展。王泽鉴先生认为，"中国大陆市场经济发展迅速，因采土地所有权公有制，不动产担保制度，较受限制，动产担保制度益显重要"。❷ 受苏联民法典的影响，《民法通则》所确立的动产担保制度是模糊的，抵押权与质押权之间并未进行明确区分，该法第 89 条规定，"债务人或者第三人可以提供一定的财产作为抵押物。债务人不履行债务的，债权人有权依照法律的规定以抵押物折价或者以变卖抵押物的价款优先得到偿还"。《担保法》则对抵押和质押进行了区

---

❶　如欧洲复兴开发银行 1994 年公布的《欧洲复兴开发银行动产担保交易示范法》，亚洲发展银行 2000 年发表的《亚洲担保交易法律改革：释放担保物之潜能》，美洲国家组织 2000 年通过的《美洲国家组织动产担保交易示范法》，我国台湾地区 1963 年颁布并经 1976 年修改的"动产担保交易法"，加拿大魁北克地区的《魁北克民法典》第六编"优先权及担保物权"。参见张晓娟：动产担保法律制度现代化研究［M］北京：中国政法大学出版社，2013：3-5。

❷　王泽鉴：动产担保与经济发展［C］载梁慧星主编：民商法论丛（第 2 卷），北京：法律出版社，1994：112

分，明确规定了动产抵押制度，❶ 并专章规定了动产质押制度、权利质押制度、动产留置制度。❷ 除《担保法》外，《海商法》、《民用航空法》、《票据法》等相关法律亦有动产抵押、权利质押等动产担保方面的规定。

《物权法》实施后，我国动产担保制度得到了新的发展：首先，动产抵押和权利质押的担保财产范围得以明显扩张，并新确立了动产浮动抵押制度，体现了追求物尽其用的价值取向；其次，留置权的适用范围扩大，并正式引入商事留置权，企业之间依法留置动产可以不受所留置动产与其债权之间属于同一法律关系的限制；再次，动产抵押的设立统一实行登记对抗主义，舍弃登记生效主义与登记对抗主义的二元模式，登记手续逐步得以简化，动产抵押交易更加便捷；最后，动产担保的实行制度有了一定改进，在符合法定情形的前提下，实现动产担保权可以采用更为简化的非诉程序。此外，1999年新实施的《合同法》确立了所有权保留制度，该法第134条规定，"当事人可以在买卖合同中约定买受人未履行支付价款或者其他义务的，标的物的所有权属于出卖人"，此安排虽属于债法框架下的担保方式，但也为从事担保交易的当事人提供了新的选择。

截至目前，在立法方面，涉及动产担保的法律主要有《物权法》、《担保法》、《合同法》、《海商法》、《民用航空法》、《票据法》、《文物保护法》、《海关法》、《公司法》、《证券法》、《证券投资基金法》、《商标法》、《专利法》、《著作权法》等；涉及动产担保的行政法规主要有《船舶登记条例》、《民用爆炸物品安全管理条例》；涉及动产担保的部门规章主要有《渔业船舶登记办法》、《机动车登记规定》、《动产抵押登记办法》、《公证机构办理抵押登记办法》、《证券公司股票质押贷款管理办法》、《工商行政管理机关股权出质登记办法》、《注册商标专用权质权登记程序规定》、《著作权质权登记办法》、《专利权质押登记办法》、《应收账款质押登记办法》等；司法解释主要有《最高人民法院关于适用〈中华人民共和国担保法〉若干问题的解释》（以下简称《担保法司法解释》）、《最高人民法院关于审理存单纠纷案件的

---

❶ 依该法第34条第1款的规定，抵押人所有的机器、交通运输工具和其他财产，抵押人依法有权处分的国有的机器、交通运输工具和其他财产，依法可以抵押的其他财产，均可纳入动产抵押的标的范围。

❷ 参见《担保法》第4章、第5章。

若干规定》、《最高人民法院关于审理票据纠纷案件若干问题的规定》；规范性文件不甚枚举。

二、理论总结

我国动产担保制度的发展进程始终伴随着充分的探讨，这在《物权法》制定前后尤甚，重要争议大略有三：第一，动产抵押的存废之争；第二，是否借鉴大陆法系国家的相关经验，引入让与担保制度；第三，动产担保基本制度纳入物权法、民法典，还是采取专门立法或集中立法的模式，如《美国商法典》及其追随者一样，制定独立的或相对独立的动产担保法。

关于动产抵押的存废问题，反对者认为动产抵押所采用的登记公示方式与动产传统的占有公示方式之间存在着不可调和的矛盾，造成了担保物权体系的逻辑混乱，同时，动产抵押的安全性、债权回收率等较之不动产担保或质押明显偏低，故建议采用担保权人保有所有权来保障债权实现的让与担保取代之。支持者则认为，动产抵押自《担保法》将其正式确立以来，尽管发展尚不完全尽如人意，但在经济生活中依然发挥了不可替代的作用，舍弃这一已经行之有效的担保方式过于武断，其公示方式的欠缺完全可以通过改革予以完善。综合各家意见，《物权法》不仅继续保留了动产抵押制度，在动产抵押的种类、抵押财产范围、抵押当事人的资格、抵押权的设立模式、抵押登记管辖等方面均有较大改进。

是否引入让与担保这一问题，与动产抵押的存废之争实际上是交织在一起的。狭义的让与担保，是指"债务人或第三人为担保债务人的债务，将担保标的物的权利事先转移给担保权人，在债务清偿后，标的物的权利应返还给债务人或第三人，当债务人不履行债务时，担保权人可以就该标的物受偿"。❶ 由于让与担保在功能上与动产抵押最为接近，二者选取其一即可较好实现动产的担保融资功能。同时，让与担保欠缺必要的公示方式，较之动产抵押，对于交易安全明显不利，❷ 比如担保设定人占有担保物时，完全可能在担保权人不知情的情况下再度将担保物转让给第三人，导致担保权人与第

---

❶ 王利明：物权法研究 [M] 北京：中国人民大学出版社，2013：1270
❷ 参见叶金强：担保法原理 [M] 北京：科学出版社，2002：279

三人之间的利益冲突。在大陆法系国家，让与担保也仅存在于交易实践而后方为司法实践所确立，并未体现于物权基本立法之中。传统担保物权体系是以所有权为起点构建的，用益物权和担保物权皆由所有权而派生，分别代表了物的使用价值和交换价值，让与担保以担保物的所有权作为债务履行的担保，打乱了传统物权体系的固有逻辑。

动产抵押和让与担保的上述论争事关传统民法物权的体系性，二者对于传统物权的固有观念均带来挑战，欲在民法典中专门安排的确勉为其难，加之在公示技术等方面还存在相当多的问题没有得到很好解决，故有学者建议物权法仅规定传统动产担保物权类型，新型动产担保物权类型可在物权法之外另行制定"动产担保交易法"予以安排。❶ 学者徐焕茹即持此观点，认为"传统的动产担保物权是成熟、稳定的担保方式，宜规定在具有相对稳定性的物权法或民法典中，而非典型担保放在特别法中为宜，以体现这类担保方式的简便性、灵活性并有助于构建开放的动产担保制度体系"。❷

事实上，动产担保立法变革的相关争议，不仅关系传统物权理论和体系的稳定性与逻辑性，还涉及传统动产担保类型与新型动产担保类型相互之间、新型动产担保类型相互之间的功能区分与互补。不同的动产担保类型均有其特殊价值，只要能在经济生活中有效发挥作用，即可证成其必要性或合理性。动产抵押用于贷款融资，主要适用于单个、大型的动产抵押物，便于银行实施监管，防范抵押人随意处分动产抵押物；让与担保因担保权人享有以所有权作为担保的优越地位，尽管欠缺公示但在国际贸易以及存货、运输品这类流动性强的动产之上应用较多，实践中则常辅以委托仓储企业等第三人代为监管的方式，以提升债权保障的水平；所有权保留既可以用于消费领域的分期付款买卖，也可用于企业之间的赊销，同样有着广阔的存在空间。❸ 至于传统担保物权中的动产质押，尽管其地位相较之下趋于衰微，但在民事生活中仍有发挥作用的余地；权利质押则随着可供质押的权利种类的逐步增多，以及更为有效、合理的公示制度之辅助，成为了除动产抵押之外动产担保领

❶ 参见董学立：美国动产担保交易制度研究［M］北京：法律出版社，2007：13-16
❷ 徐焕茹：我国动产担保制度立法模式的选择［J］武汉大学学报（社会科学版），2003（1）：20-23
❸ 徐洁：简评《美国统一商法典》第九编担保制度［J］当代法学，2007（4）：99-103

域中又一具有充分发展潜力的动产担保类型；❶《担保法》下的留置权适用范围很窄，但随着商事留置权的引入，企业之间的留置已不再要求所留置的动产必须与所担保的债权属于同一法律关系，企业之间如有经常性业务往来，有权留置的财产可以包括这些连续发生的债权关系所涉及的全部标的物，留置财产的范围因此扩张，留置权的适用性明显增强。综合上述情况，可以认为，我国动产担保制度已经基本符合市场经济的发展需求，存在的问题更多在于体系整合、细节优化层面。

第三节　动产担保制度的现代化与我国的改革选择

从纵向角度回顾我国动产担保制度的发展历程，是反思制度得失，妥为确立其改革思路的前提性问题，而从横向角度梳理总结国际层面动产担保现代化的基本状况这一宏观背景，有着同等重要的参考价值。毫无疑问，动产担保制度的现代化可谓整个担保制度现代化中最具活力的成分，王利明教授就当代担保物权制度的全新发展做出的八项总结，其中可谓处处皆有动产担保的因素。❷

动产担保制度的现代化深深植根于现代经济的发展态势。市场经济深刻改变了传统的交易模式，熟人社会日渐消失，人人皆互为陌生，经济生活逐步社会化，"一手交钱、一手交货"的即时清偿方式不再成为交易主流，信用供给面临缺失，保障交易安全遂成为经济生活中的重大课题。传统动产担保制度特别是大陆法系的动产担保物权制度存在着保障债权安全有余而鼓励交易、创造信用不足的突出问题，不能有效回应交易模式转型和社会财富结构变革对于动产担保融资制度的新的要求，其类型化、概念化的担保物权种类限制了当事人担保交易的意思自治空间，加之公示技术

---

❶ 有鉴于此，本书除照顾体系性而一并论及动产担保、动产质押、留置等基本制度外，将重点研究动产抵押和权利质押。

❷ 即"动产担保越来越发达，呈现出与不动产担保并驾齐驱之势；传统的动产质押逐渐衰落，权利担保不断增长；担保标的的不断扩大，无形财产、未来财产、集合财产等均可作为担保财产；公示制度进一步完善；在强化信用保障的同时，更加注重物尽其用；当事人意思自治空间日益扩大；担保物权的独立性增强；非典型担保形式不断发展"。参见王利明：物权法研究 [M] 北京：中国人民大学出版社，2013：1100-1109

和立法改革的相对滞后，束缚了动产担保交易的又好又快发展。❶ 有鉴于此，动产担保制度的现代化遂成为整个担保制度现代化和市场经济发展不容回避的问题。

关于动产担保制度现代化的方案选择，学界主要从担保制度整体和动产担保制度本身这两个层面予以展开。许明月教授等从多学科视角出发，认为现代担保制度应当具备的基本要求或基本要素包括五个方面：其一，适应社会财富结构变化，重视新兴财产特别是动产的担保融资功能；其二，优化担保方式的配置，为当事人的自由选择提供有效的制度供给；其三，全面发挥担保物的交换价值和使用价值，做到物尽其用；其四，降低担保物权的设立、维持和实现成本；其五，在坚持传统的保障债权实现的同时，高度注重担保制度创造信用、鼓励交易的积极功能。❷ 我国台湾学者谢在全先生认为动产担保制度现代化的核心在于追求效率价值的更好实现，为此，有必要从五个方面改革现行动产担保制度：其一，扩大担保物和担保债权范围；其二，简化动产担保权的设立方式，降低融资成本；其三，承认非占有型动产担保物权；其四，确立担保物权之间明确的、可预见的优先顺位；其五，建立高效的担保物权实行程序，引入私力实行程序并辅以法院之必要辅助。❸ 基于上述认知，张晓娟副教授从技术落实层面较为系统地将我国动产担保制度现代化的路径归纳为以下四个方面：❹

其一，建立多元化的动产担保形式，突破传统担保物权的类型限制。市场交易的发展必然催生新的担保形式的出现，动产担保立法应当有效回应经济生活的发展现实，缓和物权法定主义对于动产担保类型的过分限制，在尊重物权法定原则及其动产担保物权基本类型的前提下，借鉴英美法系动产担保法制经验，创设一元化的动产担保物权概念，进而允许当事人可以不受法

---

❶ 事实上，动产担保制度的发展进程本身即是对传统担保物权体系的突破，在一定意义上，可以认为是交易自由呼唤或逼迫传统担保物权做出变革而不是相反。

❷ 参见许明月、林全玲：我国担保法制度设计应当重视的几个基本问题——基于民法、经济法和法经济学的综合视角 [J] 现代法学，2005（5）：76-81

❸ 参见谢在全：动产担保制度之最近发展（上、下）[EB/OL]［2009-11-18］http：// old. civillaw. com. cn/article/default. asp? id = 27261；http：//old. civillaw. com. cn/article/default. asp? id = 27263

❹ 参见张晓娟：动产担保法律制度现代化研究 [M] 北京：中国政法大学出版社，2013：197-265

律明文规定的限制创设动产担保交易形式，弥补概念法学思维模式下类型化方法的天生不足。当然，当事人的意思自治并非毫无限制，通过合同创设的不属于法定类型的动产担保形式欲获得物权效力，仍需经法定程序予以公示，以保障起码的交易安全。很显然，由于立法天然具有滞后性，司法实践对于动产担保交易创新的能动回应也非常重要。

其二，整合现有资源，建立统一的动产担保登记平台，并完善动产担保登记的各项具体制度。我国现行动产担保登记机关超过十个，均有各自的登记制度，如皆能有效运转且相互协调自无可厚非，但现实的问题是各登记制度及其伴随而生的各种实施细则往往政出多地、多部门，彼此各自建立的登记系统参差不齐。因而，有必要建立全国统一的、网络化的动产担保登记平台，整合所有登记系统，清理动产担保登记的各种制度，优化、简化登记程序、登记事项和登记审查模式。

其三，继续拓展动产担保的客体范围，鼓励自由交易。较之《担保法》，《物权法》大大拓展了动产担保的客体范围，比如普通动产抵押客体从原"机器、交通运输工具和其他财产"拓展至"生产设备、原材料、半成品、产品"、"正在建造船舶、航空器"、"交通运输工具"、"法律、行政法规未禁止抵押的其他财产"，不仅列举范围明显扩大，且因明文规定法不禁止即可抵押，较之以前单纯的列举式规定，更有利于拓展动产担保的客体范围，鼓励自由交易。与之相应，《物权法》规定的可供质押的权利范围明显扩张，但因强调权利质押需以"法律、行政法规规定可以出质"为前提，❶ 可供质押的权利范围仍受不少限制。因而，有必要继续拓展动产担保的客体范围，扩大动产担保交易自由。

其四，提高动产担保的实现效率。《担保法》中动产担保的实现途径包括公力实现和私力实现。就公力实现而言，由于该法第 53 条规定，债务履行期届满而债务人不履行债务的，如协议、变卖或折价不成，可以向人民法院提起诉讼，故通说认为公力实现之途径仅为诉讼，较之私力实现或非诉程序，其成本明显偏高。《物权法》对此有所改进，规定如仅就抵押权实现方式未达成协议的，可以直接请求人民法院拍卖、变卖财产，故在诉讼救济程序之

---

❶　参见《物权法》第 223 条。

外引入了非诉程序实现动产担保物权。尽管《物权法》这一制度设计仍有前提限制，但增加了当事人的选择自由，较之诉讼程序其效率明显提升。除公力实现外，动产担保的私力实现也同样重要，但在我国动产担保交易实践中并未得到应有的重视和同步发展。动产担保私力实现机制的完善，应当统筹于担保制度、民事基本制度的完善进程。很显然，强调市场自治、尊重私人产权、恪守商业信用、人际往来谦逊平和的商业氛围，应是私力救济能够较好实现的外部条件，而保障第三人利益与尊重公共秩序，则是私力实现程序能够正常进行的必要前提。

第二章　动产抵押制度

第一节　动产抵押概述

一、动产抵押的概念及特征

（一）动产抵押的概念

概念是对事物本质的抽象概括，是认识事物的起点，一个完整的概念界定应当包括事物的内涵和外延。大陆法系理性主义法学认为，借助对于概念的准确把握和对于规则的符合逻辑的推演，我们可以构筑一个在逻辑上自洽、具有确定性并能反复适用于社会生活情境的规则体系（法律体系）。尽管这一观点被推崇到极致，不免带来所谓"概念法学"的弊病，但不可否认的是，任何法律活动、法学研究都不能脱离对于概念的理解和运用，舍此，我们将无法在理论层面、抽象层面理解和把握整个世界及其过程。为更好理解动产抵押的概念，有必要先阐释动产、抵押这两个更为基础的概念，❶ 至于动产抵押究系权利、制度，抑或交易方式、担保方式，本书不做严格界分，对于动产担保、质押、留置等概念的使用亦如此。

1. 动产

动产是与不动产相对的概念。民法所称的物，即由动产和不动产组成。对于动产的界定，既有来自立法的规定，也有学界的相关理解。不过，由于不动产的概念更易界定，也是早期民法中最为重要的财产类型，动产的概念

---

❶ 因"动产担保"在我国尚未正式成为立法用语，更多需要从理论而不是制度角度把握，但动产、抵押、动产抵押以及质押、质权、留置等概念因系立法明定，在强调概念界定、类型划分的大陆法系国家，准确、全面的理解和使用这些概念非常重要，故有必要予以充分之阐释。

多系与不动产相比较而得出，通过列举方式详细描述动产的情形相对较少。❶
比如，日本《民法典》第 86 条规定，"不动产以外的物，一概为动产"，"无
记名债权，视为动产"。我国台湾地区"民法典"第 67 条规定，"称动产者，
为前条所称不动产以外之物"。学界对于动产的界定大致如上，比如，梁慧
星先生认为，"动产系指不动产以外之物，例如汽车、珠宝、图书等"。❷ 王
泽鉴先生认为，"动产为不动产以外之物"。❸ 对于上述类似之界定方法，郑
玉波先生曾一语中的指出，"动产既为不动产以外之物，则不动产之意义明
了后，动产之意义，则亦迎刃而解矣"。❹

我国大陆地区民事立法缺乏对于动产的界定，《物权法》第 2 条规定，
"本法所称的物，包括动产和不动产"。因而，对于动产的界定主要来自学理
层面。一般认为，民法上的动产，是指可以为人力所支配的有体物和自然力，
是权利的客体而非权利的主体，故人作为主体不应包括在动产或不动产之列。
较之不动产，动产可移动且移动不会损及动产之价值。狭义的动产不包括专
利、商标、著作等智力成果和其他无形财产。不动产位置固定，价值也相对
恒定，但动产的数量、范围和价值亦随经济之发展而日益扩张、提升，体现
了当今人类文明的繁荣发达。

2. 抵押

抵押属于传统担保物权，❺ 早在罗马法时期即已产生。因能较好兼顾物
的使用价值和交换价值、平衡抵押人与抵押权人的各自利益，抵押成为了民
法中最为重要的担保方式，素有"担保之王"的美誉。一般认为，所谓抵押
权，系指债权人对于债务人或第三人提供的作为履行债务担保的财产，于债
务人不履行债务时，有权就该财产变卖所得价金优先受偿的权利。❻ 在抵押

---

❶ 《法国民法典》不仅在第 527 条规定了动产之内涵，即"财产，依其性质或由法律确定为动产"，
还在相关法条详细列举了动产的具体类型或情形。比如该法典第 528 条规定，"能从一处搬往另
一处，或者诸如牲畜等能自行行动的物体，或者仅在受外力作用而改变位置的物体，例如，无生
命之物，依其性质为动产"。类似情形还可见该法典第 529 条、第 531 条、第 532 条等规定。

❷ 梁慧星：民法总论 ［M］北京：法律出版社，1998：84

❸ 王泽鉴：民法总则 ［M］北京：中国政法大学出版社，2001：209-210

❹ 郑玉波：民法总则 ［M］北京：中国政法大学出版社，2003：272

❺ 担保物权亦称物保，主要包括抵押权、质权和留置权，与人保即保证相对应，二者共同构成了担
保法的基本体系。

❻ 参见李钰：动产抵押研究 ［D］吉林大学博士学位论文，2013：8

法律关系中，债权人系抵押权人，提供担保财产的债务人或第三人为抵押人，所提供的担保财产为抵押物或抵押财产。

按照通说，抵押权具有如下特征：❶

第一，抵押权是担保物权，系为确保债务履行，在抵押人提供的抵押物上所设立。抵押权人有权支配抵押物的交换价值，得就实现抵押权时卖得价金优先受偿。

第二，抵押权的客体原则上限于不动产，系由债务人或第三人提供。

第三，抵押权的成立、存续和行使，不以移转抵押物的占有为必要，抵押物仍为抵押人占有、使用、收益并可依法处分，故抵押权为非移转占有型担保，不以占有作为权利公示方式，而以登记作为权利公示方式。

第四，因抵押权不移转标的物的占有，故不具有留置之效力，仅具有优先受偿之效力。

3. 动产抵押

由于民法体系与学理之差异，关于如何界定动产抵押的概念，各界并无一致看法。相对而言，大陆法系特别是我国民法学者的界定，对于动产抵押实务更具参考价值。王利明先生认为，所谓动产抵押，是指以动产作为标的的抵押。❷ 我国台湾学者刘春堂认为，所谓动产抵押，是指"抵押权人对于债务人或第三人不移转占有，而就其提供担保债权的动产设定抵押权，于债务人不履行契约时，抵押权人可以占有抵押物，并得出卖或申请法院拍卖，就其卖得价金优先于其他债权而受清偿的担保方式"。❸ 另一位台湾学者谢在全则认为，"动产抵押权者，乃指以动产为标的物所设定之抵押权，其与普通抵押权之主要不同即在标的物为动产，故亦为特殊抵押权之一种"。"所谓动产抵押，是指抵押权人对债务人或第三人不移转占有，而就担保债权人之动产设定动产抵押权，于债务人不履行契约时，抵押权人得占有抵押物，并得出卖，就其卖得价金优先于其他债权，而受清偿之交易"。❹ 我国学者的上述定义，有从动产抵押与普通抵押之间的差异出发予以界定者，如王利明先

---

❶ 参见李钰：动产抵押研究［D］吉林大学博士学位论文，2013：8-9
❷ 参见王利明：物权法研究［M］北京：中国人民大学出版社，2013：1267
❸ 刘春堂：判解民法物权［M］台北：三民书局，1987：97
❹ 谢在全：民法物权论（下册）［M］北京：中国政法大学出版社，1999：698

生的界定，也有从动产抵押自身的内涵出发予以全面界定者，如刘春堂、谢在全先生的界定，均准确把握了动产抵押之实质。由于动产抵押权在我国台湾地区并非民法典上的传统权利，上两台湾学者在界定时倾向于将动产抵押之性质表达为某种"担保方式"或某种"交易"方式，而非"权利"。

广义的动产抵押权可以分为普通动产抵押权和特殊动产抵押权。前者系民法典、担保法或物权法中规定的动产抵押权，后者系特别法规定的动产抵押权，如我国《海商法》规定的船舶抵押权、《民用航空法》规定的民用航空器抵押权。由于立法安排的差异，并不是任何国家均同时存在普通动产抵押权和特殊动产抵押权，比如普通动产抵押权一直没有得到日本民事立法的确认，该国民事立法仅就某些特殊标的如船舶、航空器、汽车、建筑机器等在特别法上建立了特殊动产抵押权。

（二）动产抵押的特征

特征是事物本质的外化，也是一事物与他事物的区别所在。动产抵押的特征体现了动产抵押自身的内在规定性，同时也是动产抵押与不动产抵押、质押等相关担保物权的区别所在。一般认为，动产抵押具有如下特征：

第一，动产抵押的客体为动产。传统民法认为，抵押只能设立在不动产之上，动产之上只能设立质押或留置。动产抵押以动产作为抵押权之标的，突破了传统民法这一固有认识。❶ 由于我国《物权法》仅规定建设用地使用权、部分土地承包经营权等特殊权利可以成为抵押之标的，❷ 权利担保普遍采用质押方式。因而，动产抵押的客体不应包括权利，而以有形动产为限。

第二，动产抵押不移转标的物的占有，属非移转占有型担保。抵押属于典型的非移转占有型担保方式。由于抵押人仍然占有、使用、收益抵押物，抵押物的使用价值能够得到充分发挥，且不妨碍抵押权人对于抵押物交换价值的支配，从而有效兼顾了抵押物的使用价值和交换价值，较好实现了物尽

---

❶ 典型例子如 1804 年《法国民法典》第 2114 条将抵押权的客体限为不动产，同时该法典第 2119 条明确规定，"不得就动产设立抵押权"。此外，大陆法系德国、瑞士、日本等国民法典均坚持动产不得抵押之原则。

❷ 《物权法》第 180 条第 1 款规定，"债务人或者第三人有权处分的下列财产可以抵押：（一）建筑物和其他土地附着物；（二）建设用地使用权；（三）以招标、拍卖、公开协商等方式取得的荒地等土地承包经营权；（四）生产设备、原材料、半成品、产品；（五）正在建造的建筑物、船舶、航空器；（六）交通运输工具；（七）法律、行政法规未禁止抵押的其他财产"。

其用。动产抵押秉承了抵押的这一特质，设立动产抵押无需将抵押物的占有移转至抵押权人，抵押权人亦无需承担保管抵押物的额外义务，抵押人仍可占有、使用、收益和依法处分抵押物。

第三，动产抵押以登记为公示方式。依传统民法理论，动产的公示方式是占有，依据占有这一权利外观，第三人较易判断动产的权属状况，而不动产位置固定、量少价高，且普遍设有严格的政府管理制度，宜以登记作为公示方式。动产抵押如以占有作为公示之方式，则与作为所有人的抵押人对于动产之占有形成重合，断不可行，但若以登记作为公示之方式，则不仅突破了传统民法抵押权之标的限于不动产、动产只能设定质权的固有原则，亦与交易习惯和民众认知普遍不相协调。参与动产交易的第三人，极可能受制于动产占有这一传统权利表征的惯性影响，忽视交易之动产上是否已经设立抵押，怠于查询动产抵押登记信息，为嗣后动产抵押权与所有权等其他权利的种种冲突埋下隐患。要言之，动产抵押无法采用占有作为公示之方式，唯登记最为可取，但登记这一公示方式仍无法确保对于交易安全的充分保障和相关主体间利益的充分兼顾。❶

二、动产抵押的起源和发展

（一）动产抵押的起源

据考证，动产抵押制度系罗马法所创设，是罗马法物权体系发展的特别产物。已故民法泰斗、著名罗马法专家周枏先生曾考证道，到了共和国末年和帝政初期，贫苦农民为租种土地，仅能以农具或牲畜作为举债之担保，但依质权制度，需移转担保物的占有，导致农民无法耕作。于是，民间出现了当事人约定不移转担保物占有的变通办法，大法官萨尔维乌斯承认并赋予这一担保方式以物权效力：即佃农可以保留对农具和牲畜的占有权，若佃农无法缴租，债权人可以提起"对物之诉"（塞尔维亚那之诉），请求扣押担保物并以其变卖价金受偿。后来，农具和牲畜以外的物件以及不动产也适用于抵押，地主和农民以外的债权人和债务人之间的债权债务也援用此法，抵押制

---

❶　动产抵押这一缺陷的成因及其弥补，本章第二节将予以专门论及。

度遂通行于罗马全境。❶

除罗马法外，在日耳曼法的担保制度中发展起来的无占有质，亦称新质，实亦为近现代动产抵押产生的制度源头。❷ 动产抵押的起源史充分说明，即便在简单商品经济抑或农耕社会条件下，动产抵押依然具备产生发展的旺盛基础。在市场经济和现代物质文明繁荣发达的当今世界，对于动产抵押的发展自不应有些许忽视。

（二）动产抵押的发展

动产抵押不移转标的物的占有，抵押人仍可使用收益标的物，有助于充分发挥物的使用价值，但因缺乏如占有、登记等公示手段的支持，对于交易安全保障不够，有重使用价值轻交换价值、重交易效率而轻交易安全之嫌，因而，尽管动产抵押的产生甚为久远，但并未获得普遍发展。大陆法系担保物权结构依动产与不动产之特质，形成了动产实行质押、不动产实行抵押的二元模式，事实上已经否认了动产抵押在民法典中的存在空间。《法国民法典》、《德国民法典》对于动产抵押要么直接否认，要么不予认可。

资本主义经济兴起后，动产交易更加活跃，动产的数量、范围和价值与日俱增，某些动产可谓价值连城，财产世界的结构发生了深刻转变。然而，传统抵押权拘泥于标的须为不动产的教条，质押权又须移转标的物的占有而无法有效发挥抵押物的使用价值，动产之使用价值与交换价值在既有的担保物权二元结构模式中难以同时兼顾，无法实现"物尽其用"，传统的担保物权制度亟须革新，以回应市场经济发展对于物权担保融资的新增需求。于此背景下，各国普遍通过立法改革，努力将动产抵押纳入自身的民法体系范围。

大陆法系的法、德、日等国，主要是在民法典之外通过特别法或判例来建立动产抵押制度。早在19世纪末叶，法国就开始通过特别立法，规定诸如船舶、航空器、耕耘机、旅馆营业用具等可以设定动产抵押权。2006年法国担保法改革后，其中"不移转占有的质押"就已经类似于动产抵押了。❸ 德国主要通过法律实务界发展所有权保留和让与担保等推动动产担保融资，动

---

❶ 参见周枏：罗马法原论［M］北京：商务印书馆，1994：394
❷ 参见李宜琛：日耳曼法概论［M］北京：商务印书馆，1944：100
❸ 参见李钰：动产抵押研究［D］吉林大学博士学位论文，2013：13

产抵押的作用在很大程度上被前者所取代。日本尽管并不存在普通抵押权，让与担保也是业经多年才逐渐成为具有习惯法效力的非典型担保，但通过诸如《农业动产信用法》等特别立法确认了在农用动产、汽车、飞机、建筑机械等动产上可以建立动产抵押权。❶

英美法国家的财产法观念与大陆法系差异很大，亦不存在所谓物权法定原则的束缚。依照英美法的理论，物的所有权可分为法定所有权和实益所有权，抵押权人享有前者，抵押人享有后者，不因动产或不动产而有所差异。❷因而，在英国，债务人拨出财产作为清偿债务的保证，抵押即告成立，无须采用特别形式，几乎所有财产上均可设定抵押，动产抵押遂成为抵押制度的应有内容。❸美国则是通过制定《统一商法典》（1962 年），统一了原《统一动产抵押法》、《附条件买卖法》及《统一信托收据法》，在该法典第九编"担保交易编"详细规定了动产担保（含动产抵押）的具体制度，成为引领当今世界动产抵押交易发展的关键角色。

我国台湾地区动产抵押制度的发展始于通过财团抵押，将动产视为工厂之从物而在工厂抵押时将其效力一并及于机器器材这类动产。司法实践对于财团抵押的这一做法得到了 1955 年"工矿抵押法"、"工矿财团登记办法"的确认。同时，也通过制定"海商法"（1939 年）、"民用航空法"（1953 年）等特别法创设特殊动产抵押权。在此之后，为回应动产担保发展的迫切需求，我国台湾地区紧跟动产担保发展的世界动向，突破大陆法系动产抵押的法律传统，全面继受美国法，制定了专门的"动产担保交易法"，将动产抵押与附条件买卖、信托占有一并纳入该法范围，从而全面确立了动产抵押制度。

总结我国动产抵押制度的发展，有必要回溯至我国担保物权制度的建立之初。《民法通则》第 89 条规定，"债务人或第三人可以提供一定的财产作为抵押物，债务人不履行债务的，债权人有权依照法律的规定以抵押物折价或者以变卖抵押物的价款优先得到偿还"。该条所指的"一定的财产"，包括动产和不动产，虽该"一定的财产"被称为抵押物，但因法条未明确是否移转该抵押物的占有，通说认为其并未对抵押与质押予以明确区分，自然也就

---

❶ 参见刘玉杰：动产抵押法律制度研究［D］复旦大学博士学位论文，2010：28

❷ 参见李钰：动产抵押研究［D］吉林大学博士学位论文，2013：12

❸ 参见刘玉杰：动产抵押法律制度研究［D］复旦大学博士学位论文，2010：28

谈不上动产抵押的正式确立问题。1995 年通过的《担保法》明确区分了抵押权与质权，并全面建立了动产抵押制度。❶ 该法第 34 条第 1 款规定，"下列财产可以抵押：（一）抵押人所有的房屋和其他地上定着物；（二）抵押人所有的机器、交通运输工具和其他财产；（三）抵押人依法有权处分的国有的土地使用权、房屋和其他地上定着物；（四）抵押人依法有权处分的国有的机器、交通运输工具和其他财产；（五）抵押人依法承包并经发包方同意抵押的荒山、荒沟、荒丘、荒滩等荒地的土地使用权；（六）依法可以抵押的其他财产"。该款规定之第二项、第四项、第六项所涉标的，均为动产或包括动产。

2007 年通过的《物权法》则进一步明确、细化、优化了动产抵押制度，该法第 180 条第 1 款规定，"债务人或者第三人有权处分的下列财产可以抵押：（一）建筑物和其他土地附着物；（二）建设用地使用权；（三）以招标、拍卖、公开协商等方式取得的荒地等土地承包经营权；（四）生产设备、原材料、半成品、产品；（五）正在建造的建筑物、船舶、航空器；（六）交通运输工具；（七）法律、行政法规未禁止抵押的其他财产"。该款第四项、第五项、第六项、第七项（除正在建造的建筑物）均为动产抵押的明确规定。同时，该法第 181 条确立了动产浮动抵押制度；❷ 第 185 条规定了设立抵押权（包括动产抵押权）的形式要件为订立书面抵押合同；❸ 第 188 条规定了动产抵押的设立模式，即采登记对抗主义而非登记生效主义，动产抵押权自抵押合同生效时设立，但未经登记不能对抗善意第三人。❹

---

❶ 所谓全面建立，是指《担保法》所建立的动产抵押权，因动产范围较广，且该法为物权担保领域的基本立法，故所建立者为普通动产抵押权。在此之前，《海商法》（1992 年）实已建立了船舶抵押权这一特别动产抵押权。特别法上的动产抵押权或者说特殊动产抵押权的立法例还可见《民用航空法》第 16 条、《机动车登记规定》第 22 条等。

❷ 《物权法》第 181 条规定，"经当事人书面协议，企业、个体工商户、农业生产经营者可以将现有的以及将有的生产设备、原材料、半成品、产品抵押，债务人不履行到期债务或者发生当事人约定的实现抵押权的情形，债权人有权就实现抵押权时的动产优先受偿"。

❸ 《物权法》第 185 条第 1 款规定，"设立抵押权，当事人应当采取书面形式订立抵押合同"。该条第 2 款规定，"抵押合同一般包括下列条款：（一）被担保债权的种类和数额；（二）债务人履行债务的期限；（三）抵押财产的名称、数量、质量、状况、所在地、所有权归属或者使用权归属；（四）担保的范围"。

❹ 《物权法》第 188 条规定，"本法第一百八十条第一款第四项、第六项规定的财产或者第五项规定的正在建造的船舶、航空器抵押的，抵押权自抵押合同生效时设立；未经登记，不得对抗善意第三人"。此外，该法第 189 条关于动产浮动抵押的设立模式亦同前条。

三、动产抵押制度的价值

价值是客体对于主体需要的满足，体现了客体的有用性。任何制度均建立在一定的社会需求或社会基础之上，制度的价值即体现在制度对于社会需求的满足。对此，郑玉波先生曾指出："凡一种制度的存在，必社会上有其需要，亦即该制度在社会上有其独特之作用"。[1] 动产抵押制度的价值，体现了该制度对于社会需求的满足，故亦可称为动产抵押的社会价值。综合相关研究及我国实际，动产抵押制度的价值体现在以下几个方面：

（一）追求效益价值，实现物尽其用

物的使用价值和交换价值均能同时得以充分发挥，方符合效益最大化之追求，实现物尽其用。传统物权理论认为，用益物权以享有物的使用价值为中心，须以对物的占有为必要；担保物权则以对物的交换价值为中心，不以对物的占有为必要。传统担保物权立法坚持不动产担保采不移转占有的抵押方式，动产担保采移转占有的质押方式，以发挥物的担保价值，促进资金融通和交易发展。这一做法在经济尚欠发达的农业社会尚可，因为"农业社会适合设立担保物权的高价值动产主要集中在金银珠宝首饰和名贵字画上，对这些动产采用转移占有的质押，对债务人的生产生活影响不大"。[2] 当市场经济兴起，工商业蓬勃之际，财富动产化倾向日益明显，大有超越不动产之势，此时工商企业的生产设备、原材料、半成品、产品等动产若以质押方式获取融资，将导致工商企业无法继续使用上述动产，生产经营将难以继续，背离通过动产设立担保以融取资金的初衷，同时徒增质权人对于动产质物的保管义务。由此可见，质押未能有效实现对于物的占有、使用、收益等权能的优化配置，是一种效率较低的担保方式。因而，有必要创立不移转动产占有的物权担保方式，使得作为担保人的债务人或第三人可以继续占有使用动产，而作为担保权人的债权人则依然保有支配动产交换价值的权利，以确保债务能获清偿。符合这一要求的动产抵押制度应运而生，该物权担保方式有效兼顾了动产使用价值与交换价值的共同发挥，兼顾了抵押人和抵押权人的使用利益和担保利益，有助于实现物尽其用。

---

[1] 郑玉波：民法物权 [M] 台北：三民书局，1999：137
[2] 王泽鉴：民法学说与判例研究（1）[M] 北京：中国政法大学出版社，1998：236-241

（二）拓展中小企业的融资途径，增强经济活力

如前所述，传统的质押担保限制了动产融资，创设动产抵押，有助于拓展融资途径，推进动产担保交易的发展。当今世界，动产的数量、范围、价值与日俱增，动产担保融资备受重视，在美国，动产融资占据了中小企业融资的70%。我国实行土地公有制，私人主体仅能取得土地使用权和房屋所有权，不动产融资由此相对受限。新兴的中小企业甚至生产经营场所也是通过租赁获得，动产恰恰才是其财产的主要构成，创设和发展动产抵押担保，是拓展中小企业融资的重要途径。我国新兴的中小企业多为私有经济，大部分高新技术企业亦如是，因而，拓展中小企业融资渠道，鼓励中小企业通过融资获得更大发展，也是增强经济活力，优化所有制结构的重要政策选择。当然，由于动产抵押制度的先天缺陷，加之信用体系和担保机制长期以来未能有效配合跟进，我国中小企业动产抵押融资发展有欠不足，在一定程度上加剧了中小企业"贷款难"的突出问题，这与中小企业客观上普遍存在的价值巨大的闲置动产资本形成强烈反差，凸显了动产抵押发展的巨大空间。

（三）鼓励交易自由，尊重私法自治

市场经济的发展依赖于交易的繁荣，正因如此，人们常常将市场经济定义为交易经济、契约经济。法律作为保障自由之利器，理应以扩大自由而非限制自由为原则。鼓励交易、增进自由，自然成为经济立法的基本精神。动产抵押的产生发展普遍表现为对于传统民法理论和传统物权体系的超越与突破，交易实践、经济需求、司法判例、学说演进均系推动动产抵押产生发展的因素构成，传统民法理论及其担保物权体系回应社会情势主动变革，吸纳和发展动产抵押，体现了对于私法自治的必要尊重，❶ 较之国家在物权担保领域刻意的立法安排和主动干预，在总体上更有效益，有助于扩大交易自由。

第二节　动产抵押权的取得与公示

一、动产抵押权的取得制度

（一）动产抵押权的原始取得

动产抵押权的取得方式包括原始取得和继受取得两种。动产抵押权的原

---

❶ 私法自治意味着国家尊重私人主体依据其意志自主形成法律关系、建立交易秩序的各种活动。参见［德］迪特尔·梅迪库斯：德国民法总论［M］邵建东译，北京：法律出版社，2001：142

始取得，也称动产抵押权的初始取得、动产抵押权的设立取得，是指通过订立动产抵押合同取得动产抵押权。动产抵押合同生效，动产抵押权即设立。❶由于动产抵押权的设立取得以动产抵押合同为来源和依据，故有必要研究动产抵押合同的内容、形式、效力等问题。

我国物权立法虽未专门规定动产抵押合同的内容，但关于抵押合同内容的规定可适用于动产抵押合同。《担保法》第 39 条第 1 款规定，"抵押合同应当包括以下内容：（一）被担保的主债权种类、数额；（二）债务人履行债务的期限；（三）抵押物的名称、数量、质量、状况、所在地、所有权权属或者使用权权属；（四）抵押担保的范围；（五）当事人认为需要约定的其他事项"。《物权法》第 185 条第 2 款规定，"抵押合同一般包括下列条款：（一）被担保债权的种类和数额；（二）债务人履行债务的期限；（三）抵押财产的名称、数量、质量、状况、所在地、所有权归属或者使用权归属；（四）担保的范围"。不过，上述法条并未明确抵押合同的必备条款。《担保法》第 39 条第 1 款对于抵押合同内容的列举采用了"应当包括"的表述，但该条第 2 款同时规定，"抵押合同不完全具备前款规定内容的，可以补正"，《物权法》第 185 条第 2 款则将"应当包括"修改为"一般包括"，体现了逐步放宽抵押合同必备条款内容的立法意图。事实上，无论是"应当包括"还是"一般包括"，均应理解为倡导性规定。抵押合同必备内容应以抵押当事人、抵押财产、被担保债权为限，当上述三个基本要素不具备，又不能依法或依照合同进行补正或推定时，抵押合同不成立。《担保法司法解释》第 56 条第 1 款无疑体现了这一思路，该款规定，"抵押合同对被担保的主债权种类、抵押财产没有约定或者约定不明，根据主合同和抵押合同不能补正或者无法推定的，抵押不成立"。要言之，除抵押当事人必须明确外，抵押财产和被担保债权必须特定或能够特定化，如无法满足特定化之要求，则抵

---

❶　关于动产抵押权的设立取得，《物权法》第 188 条规定，"以本法第一百八十条第一款第四项、第六项规定的财产或者第五项规定的正在建造的船舶、航空器抵押的，抵押权自抵押合同生效时设立；未经登记，不得对抗善意第三人"。该法第 189 条第 1 款规定，"企业、个体工商户、农业生产经营者以本法第一百八十一条规定的动产抵押的，应当向抵押人住所地的工商行政管理部门办理登记。抵押权自抵押合同生效时设立；未经登记，不得对抗善意第三人"。至于合同生效的基本规则，《合同法》第 44 条规定，除法律另有规定或当事人另有约定外，合同依法成立时生效。

押合同无法成立。

关于动产抵押合同的形式，核心问题在于当事人如未采用书面形式订立动产抵押合同，❶ 其效力如何？我国《合同法》第10条原则性规定了合同形式问题，该条规定，"当事人订立合同，有书面形式、口头形式和其他形式。法律、行政法规规定采用书面形式的，应当采用书面形式。当事人约定采用书面形式的，应当采用书面形式"。关于抵押合同的形式，《担保法》第38条规定，"抵押人和抵押权人应当以书面形式订立抵押合同"，《物权法》第185条第1款亦规定，"设立抵押权，当事人应当采取书面形式订立抵押合同"。由于抵押合同需以书面形式订立已为物权立法明文规定，未采用书面形式订立的动产抵押合同原则无效，动产抵押合同的形式问题似无争议。动产抵押合同采用书面形式，有助于督促当事人理性交易，确保权责清晰，预防和减少不必要的纠纷，在与第三人的利益发生冲突时，有书面载体的动产抵押合同能够对外展示。然而，立法关于合同形式强制的前述规定，在理论和实践中仍有很大争议。首先，《合同法》并未明文规定违反形式强制的合同无效，且该法第36条规定，"法律、行政法规规定或者当事人约定采用书面形式订立合同，当事人未采用书面形式但一方已经履行主要义务，对方接受的，该合同成立"。同时，该法第37条规定，"采用合同书形式订立合同，在签字或者盖章之前，当事人一方已经履行主要义务，对方接受的，该合同成立"。可见，书面形式并非绝对强制，物权立法的前述"应当"规定似应理解为倡导性规定更妥，除非法律、行政法规明文规定"未采用书面形式，合同无效"。❷ 当事人的合意达成，合同原则上即告成立，动产抵押合同也不例外。如果仅仅因为当事人未采用法定或约定的书面形式订立动产抵押合同就认定合同不成立或无效，不利于鼓励交易。动产抵押合同只是抵押权存在的主要证据，如动产抵押合同未采用书面形式，将无法借助登记赋予动产抵

---

❶ 《合同法》第11条规定，"书面形式是指合同书、信件和数据电文（包括电报、电传、传真、电子数据交换和电子邮件）等可以有形地表现所载内容的形式"。

❷ 尽管《合同法》第52条第1款第5项规定，"违反法律、行政法规的强制性规定"的合同无效，但其所指的"强制性规定"的范围应当是有限的。依照《最高人民法院关于适用〈中华人民共和国合同法〉若干问题的解释（二）》第14条规定，"合同法第五十二条第（五）项规定的'强制性规定'，是指效力性强制性规定"。依照前两规定，各类立法关于合同形式的强制规定绝大部分均非效力性强制性规定。

押权以对抗力。❶ 综上所述，我国物权立法关于动产抵押的设立取得规则，倾向于意思成立主义而非书面成立主义。

动产抵押合同的无效包括两类情形：一类是动产抵押合同自身无效；另一类是因抵押担保的主债权合同即主合同无效导致作为从合同的动产抵押合同无效。关于动产抵押合同自身无效的情形，除依据《合同法》关于合同效力的一般规定外，《担保法司法解释》第 3 条、第 4 条、第 5 条、第 6 条，第 57 条列举了担保合同无效的四种常见情形，可以适用于动产抵押合同。❷ 至于主合同有效而担保合同无效后的民事责任问题，《担保法司法解释》第 7 条规定，"主合同有效而担保合同无效，债权人无过错的，担保人与债务人对主合同债权人的经济损失，承担连带赔偿责任；债权人、担保人有过错的，担保人承担民事责任的部分，不应超过债务人不能清偿部分的二分之一"。因主合同无效而导致担保合同无效的，该解释第 8 条规定，"担保人无过错的，担保人不承担民事责任；担保人有过错的，担保人承担民事责任的部分，

---

❶ 实践中，大部分动产抵押登记系统均要求提交动产抵押合同，没有书面合同登记部门一般不予登记。不过，在《动产抵押登记办法》中，这一要求在一定程度上得以放宽，该《办法》并未要求提交动产抵押合同，只要求填写"担保合同编号"，同时，由于《抵押登记书》的内容已经涵盖了动产抵押合同或者说动产抵押权成立的基本要素，即便没有书面的动产抵押合同，《动产抵押登记书》本身在事实上已起到了动产抵押合同的证据作用。

❷ 《担保法司法解释》第 3 条规定，"国家机关和以公益为目的的事业单位、社会团体违反法律规定提供担保的，担保合同无效。因此给债权人造成损失的，应当根据担保法第五条第二款的规定处理"。第 4 条规定，"董事、经理违反《中华人民共和国公司法》第六十条的规定，以公司资产为本公司的股东或者其他个人债务提供担保的，担保合同无效。除债权人知道或者应当知道的外，债务人、担保人应当对债权人的损失承担连带赔偿责任"。第 5 条规定，"以法律、法规禁止流通的财产或者不可转让的财产设定担保的，担保合同无效。以法律、法规限制流通的财产设定担保的，在实现债权时，人民法院应当按照有关法律、法规的规定对该财产进行处理"。第 6 条规定，"有下列情形之一的，对外担保合同无效：（一）未经国家有关主管部门批准或者登记对外担保的；（二）未经国家有关主管部门批准或者登记，为境外机构向境内债权人提供担保的；（三）为外商投资企业注册资本、外商投资企业中的外方投资部分的对外债务提供担保的；（四）无权经营外汇担保业务的金融机构、无外汇收入的非金融性质的企业法人提供外汇担保的；（五）主合同变更或者债权人将对外担保合同项下的权利转让，未经担保人同意和国家有关主管部门批准的，担保人不再承担担保责任。但法律、法规另有规定的除外"。第 57 条规定，"当事人在抵押合同中约定，债务履行期届满抵押权人未受清偿时，抵押物的所有权转移为债权人所有的内容无效。该内容的无效不影响抵押合同其他部分内容的效力"。"债务履行期届满后抵押权人未受清偿时，抵押权人和抵押人可以协议以抵押物折价取得抵押物。但是，损害顺序在后的担保物权人和其他债权人利益的，人民法院可以适用合同法第 74 条、第 75 条的有关规定"。

不应超过债务人不能清偿部分的三分之一"。

（二）动产抵押权的继受取得

动产抵押权的继受取得主要包括三种情形：一是依转让取得动产抵押权；二是依善意取得制度取得动产抵押权；三是依继承、遗赠取得动产抵押权。因动产抵押权并非专属性权利，故依继承、遗赠取得动产抵押权并无特别障碍，稍显复杂者为继受取得的前两种方式。《物权法》第 192 条规定，"抵押权不得与债权分离而单独转让或者作为其他债权的担保。债权转让的，担保该债权的抵押权一并转让，但法律另有规定或者当事人另有约定的除外"。依此规定，除法律另有规定或当事人另有约定外，依转让取得动产抵押权，是指当事人转让被担保债权时，动产抵押权一并予以转让。未登记之动产抵押权如随同被担保债权一并转让，受让人同时取得债权和动产抵押权，但该动产抵押权因未登记而不能对抗善意第三人，与该动产抵押权未转让前一样。如被担保债权之上的动产抵押权已登记，则转让债权和动产抵押权后，即便未办理动产抵押权的变更登记，❶ 该动产抵押权仍具有对抗第三人的效力，以体现动产抵押权的从属性，保障交易安全。❷

对于动产抵押权的善意取得，立法少有专门规定，学界观点不一。由于我国《物权法》第 106 条第 3 款明文规定，"当事人善意取得其他物权的，参照前两款规定"。因而，立法层面并不反对动产抵押权的善意取得。对于所有权的善意取得要件，《物权法》第 106 条第 1 款规定，"无处分权人将不动产或者动产转让给受让人的，所有权人有权追回；除法律另有规定外，符合下列情形的，受让人取得该不动产或者动产的所有权：（一）受让人受让该不动产或者动产时是善意的；（二）以合理的价格转让；（三）转让的不动产或者动产依照法律规定应当登记的已经登记，不需要登记的已经交付给受让人。"由于动产抵押权之设立旨在以抵押物的交换价值担保债权之清偿，未届清偿期或未出现当事人约定的实现抵押权的条件时，抵押物仍归抵押人占有，故不存在"以合理的价格转让"抵押物的情形，加之动产抵押权的设

---

❶ 依《动产抵押登记办法》的相关规定，此时动产抵押权变更登记的类型为抵押权人变更，原被担保债权的债权人（原抵押权人）变更为新的债权人（新的抵押权人）。

❷ 由此可见，学界观点与登记实务的做法不尽一致，参见刘玉杰：动产抵押法律制度研究［D］复旦大学博士学位论文，2010：39

立无需登记，也不移转标的物的占有，故善意取得动产抵押权仅需满足第三人（受让人）为善意即可。由于动产以占有和交付为权利外观，登记是赋予动产抵押权具有对抗第三人效力的手段，故无权处分人在其占有的动产上设立抵押权，债权人依善意取得制度继受取得动产抵押权并非毫无限制。如无权处分人无占有动产之外观、动产标的不适格或违法、无权处分人对于动产的控制是基于盗窃、抢夺等，均不适用善意取得。特殊动产如机动车、船舶、航空器等因普遍存在专门管理制度，不能像普通动产一样可以自由流转，且有登记系统可供公众查阅动产之权属，故无权处分人即便合法占有该动产，第三人亦不能仅凭其占有之外观而依善意取得动产抵押权。

二、动产抵押权的公示制度

（一）我国动产抵押权公示制度的发展概况

物权公示是指物权状况及其变动需以一定方式公之于众，使第三人能够知悉该物之上的权利状况，从而保护交易安全。传统上，动产物权以占有为公示方式，但在动产抵押权的设立普遍采意思成立主义的情形下，❶动产抵押权本身无法通过传统的占有方式予以公示，故为维护交易安全，保障第三人利益，需要选取其他公示方式作为补充或替代。单纯的意思成立主义与书面成立主义一样，因缺乏公示方式，没有解决好抵押权的公示问题，必然有碍交易安全。登记成立主义因要求动产抵押权的成立除需双方意思表示一致外，另需办理登记，交易成本大为增加。未经登记不仅不能对抗第三人，动产抵押权将无法成立，在当事人之间也不产生效力。因此，意思成立主义遂与登记对抗主义相结合，依该模式，动产抵押权依当事人合意而成立，非经登记不得对抗第三人，从而为抵押当事人提供了充分的自主选择权，是一种更为合理的制度模式。当事人如不欲暴露其交易状况，或免除登记成本，可以选择不办理抵押登记；如抵押权人为确保其债权受到更多保障，可以要求办理抵押登记，使已成立的动产抵押权产生对抗第三人的效力。

《物权法》未出台前，《担保法》对于动产抵押权采登记成立主义和登记

---

❶　依意思成立主义，动产抵押权的设立因当事人双方的合意而完成。

对抗主义两种模式，区别不同的动产而采不同的公示方式。登记成立主义体现在《担保法》第41条，该条规定，以企业的设备和其他动产抵押的，应当办理抵押物登记，抵押合同自登记之日起生效。对于这类动产，未经登记，抵押合同不生效，动产抵押权也无从产生并公示。登记对抗主义则体现在《担保法》第43条，该条规定当事人以其他动产抵押的，可以自愿办理抵押物登记，抵押合同自订立之日起生效，未办理抵押物登记的，不得对抗第三人，抵押物登记部门为抵押人所在地的公证部门。对于特殊动产抵押或者说特别法上的动产抵押，《担保法》第95条规定，海商法等法律对担保有特别规定的，依照其规定。与之相应，《海商法》第13条第1款和《民用航空法》第16条规定船舶抵押权和民用航空器抵押权的公示方式采登记对抗主义。❶

《担保法》对于动产抵押权公示方式的前述安排，在市场主体风险意识不高、动产抵押交易尚欠发达的时代，确有其相当的合理性，但二元公示模式带来了动产抵押公示制度的复杂化，且登记成立主义在强化交易安全的同时限制了动产抵押交易的发展，故其修改乃是大势所趋。2007年通过的《物权法》将动产抵押公示方式统一规定为登记对抗主义，该法第188条规定，"以本法第一百八十条第一款第四项、第六项规定的财产或者第五项规定的正在建造的船舶、航空器抵押的，抵押权自抵押合同生效时设立；未经登记，不得对抗善意第三人"。❷ 依此规定，不论是传统上采登记对抗主义的交通运输工具，还是生产设备、原材料、半成品、成品以及正在建造的船舶、航空器，其上所设定的动产抵押权均自抵押合同生效时设立，只是未经登记不得对抗善意第三人。

（二）我国动产抵押权公示制度的完善

传统动产物权如动产所有权、动产质权均以交付或占有作为公示方式，第三人依据交付或占有的事实外观，即可较易判断动产之上的权利状况，因

---

❶ 《海商法》第13条第1款规定，"设定船舶抵押权，由抵押权人和抵押人共同向船舶登记机关办理抵押权登记；未经登记的，不得对抗第三人"。《民用航空法》第16条规定，"设定民用航空器抵押权，由抵押权人和抵押人共同向国务院民用航空器主管部门办理抵押权登记；未经登记的，不得对抗第三人"。

❷ 此外，依《物权法》第181条、第189条第1款之规定，动产浮动抵押亦采登记对抗主义。

信赖该事实外观所从事之交易理应受保护。然而，动产抵押权以登记作为公示方式，该方式却不能在动产抵押物自身加以对外展示，特定动产上通过占有或交付所公示的信息与通过登记所公示的信息很可能不一致，令第三人无法轻易判断特定动产之上的真实权利状况。为保障交易安全，市场主体不仅需要查询动产抵押登记簿，甚至还要调查动产的占有状况，交易成本因此大增，如不为之，则交易安全难免面临不测，比如所购动产上可能已设有被担保债权远远超过抵押物自身价值的很多抵押权，或者抵押人并无处分抵押物的权利等情形。上述问题，一般认为是动产抵押采登记对抗主义，将登记这一新的物权公示技术引入动产物权体系所致。

大陆法系民法中不动产物权以登记为公示方式、动产物权以占有为公示方式的传统选择，建立在不同物权自身的性质和交易特点的基础之上。不动产的价值巨大、位置固定、便于区分、数量有限，以登记作为不动产物权公示方式，既是必要的也是可行的。动产物权数量繁多，彼此难以有效区分，特定化程度不高，流动性大，因而，即便特定动产之上已登记设立动产抵押权，从外观上人们也无法得出准确的判断，且不动产登记、动产占有的传统观念早已根深蒂固，通常情况下人们也只是根据占有情况而推定动产的所有人或质权人，不会在动产交易之前亲自查询动产之上的权利状况，因而，动产抵押以登记作为公示方式，必然与动产传统的占有公式方式之间发生冲突。

对于上述冲突，确有不同的解决方案。稍偏激者莫过于主张取消或限制动产抵押制度，如大陆法系某些国家一样。❶ 不过，动产抵押已在我国实行多年，虽有缺陷也无大碍，断然放弃实不可能。至于是否可以如动产浮动抵押一样，否认动产抵押权的对抗效力，❷ 也不可行。虽然否认动产抵押权的对抗力对于交易安全确有保障，但抵押权人的利益完全被放弃，抵押人随时可以处分抵押物，而第三人亦可因抵押人的自由处分而处于优越于抵押权人的地位，则动产抵押权实已名存实亡。还有学者认为，可以限制动产抵押人

---

❶ 参见霍寒：动产抵押制度的再思考［J］中国法学，2003（2）：76

❷ 比如《物权法》第189条第2款规定，"依照本法第一百八十一条规定抵押的，不得对抗正常经营活动中已支付合理价款并取得抵押财产的买受人。"若动产浮动抵押未结晶前，抵押权人可对抗买受人，则其"浮动"之特质实已丧失，抵押物价值即已固化。

的处分权，❶ 比如禁止动产抵押人出卖抵押物，或者出卖抵押物需经抵押权人同意方才有效，如我国《物权法》第 191 条之规定一样。❷ 此种方案因以抵押权人的利益最大化为标准，过分扩张抵押权的权能，打破了抵押人与抵押权人之间的利益平衡，抵押物的交易不是由其所有人来决定而是由抵押权人决定，抵押人完全可能因为更关心自身债权的保障而不同意某些对抵押人或受让人有利的交易，抵押权的债权担保功能得以充分保障，但交易促进功能大打折扣，故并非合理选择。❸

事实上，动产物权二元公示模式冲突的主要根源在于动产抵押权采登记公示方式后，该信息没有在动产抵押物上公示，从而易与动产之占有公示方式相混清，使人无法从外观上轻易判断动产之上的权利状况。因而，如果能够以比较低的成本使动产抵押权的存在信息展示于外界，比如在动产抵押物上公示，或者特殊动产质权亦采登记作为公示方式，则该难题即可较好解决。比如，我国《机动车登记规定》第 33 条即规定了机动车动产质押备案制度，将机动车动产所有权、动产质权、动产抵押权的公示方式均统一规定为登记，从而解决了机动车这一特殊动产之上的权利公示冲突，并有可能推广到其他特殊动产担保领域。

对于普通动产，可以参考美国、日本和我国台湾地区的做法，在动产标的物的显著位置打刻标记或粘贴标签，或者在动产标的物的发票上背书来表明该物已办理登记并将发票注册号码予以登记，以直观展示动产抵押权的存在。动产抵押权除通过登记进行公示外，若以上述辅助手段予以二次公示，则动产占有所能公示的物权信息将更加全面、准确，从而化解或缓和动产物权二元公示的前述冲突。在进行辅助公示或二次公示的同时，需要科以动产抵押人的强制告知义务，要求动产抵押人在转让抵押物或将抵押物设质时必

---

❶ 比如日本民法规定特殊动产进行注册登记后不得成为质权的标的，我国也有学者主张交通工具等特殊动产不得设定质押。参见 [日] 近江幸治：担保物权法 [M] 祝娅等译，北京：法律出版社，2000：220；王利明：民商法研究（第四辑）[M] 北京：法律出版社，2001：386

❷ 《物权法》第 191 条规定，"抵押期间，抵押人经抵押权人同意转让抵押财产的，应当将转让所得的价款向抵押权人提前清偿债务或者提存。转让的价款超过债权数额的部分归抵押人所有，不足部分由债务人清偿。""抵押期间，抵押人未经抵押权人同意，不得转让抵押财产，但受让人代为清偿债务消灭抵押权的除外。"

❸ 参见许明月：抵押物转让制度之立法缺失及其司法解释补救 [J] 法商研究，2008（2）：76

须告知抵押权人、受让人、质权人或第三人该抵押物之上已设立动产抵押权之事实，以消除双方的信息不对称。为防范抵押人违反法定告知义务，可以引入民事责任和公法制裁。如抵押人及其他动产交易利益相关者恶意消除或撕毁刻记标识或出具假发票，亦可通过民事责任和公法制裁规范之。当然，二次公示制度及其相应的保障措施也非完美无缺。比如在我国动产抵押登记机关登记力量普遍较弱的情况下，如动产抵押权二次公示的打记标识等事项均由登记机关负责，则登记人员将疲于奔命。❶ 若完全委由当事人自行实施，又未免放之过宽。比较可行的办法或许是登记机关核发标准的、适合粘贴或打刻标记的公示牌证，由当事人领取并公示后告之登记机关二次公示情况。当然，即便如此安排，仍有增加交易成本之嫌，我国动产抵押登记实践并未采用。至于公法制裁手段，在国民法治意识普遍淡薄、不知经济违法犯罪为何物的情况下，欲在动产抵押领域推广实施，完全可能招致"不顾国情强行移植域外制度"的责难，其难度不可谓小。因而，如何通过行之有效的改革措施化解这一具有普遍性的难题，需要妥为斟酌方可。很显然，相关配套制度和市场环境的改善将至关重要，比如登记查询系统若能非常快捷准确、市场主体风险意识和管理能力普遍较高，则上述担忧即可大为缓解。本章第五节将结合动产抵押登记制度进一步探讨该问题。

第三节　动产抵押权的效力

一、动产抵押权的效力概述

动产抵押权的设立采意思成立主义，未经登记不得对抗第三人，其效力表现在两个层面：一是在抵押人与抵押权人之间，无论是否办理登记，抵押权均具有效力，此为动产抵押权的内部效力；二是在抵押权人与第三人之间，依《物权法》规定，未经登记的动产抵押权不得对抗善意第三人，此为动产

---

❶ 比如县级工商机关动产抵押登记事项如未安排在政务服务中心办理，从事动产抵押登记的人员往往一人同时肩负各种行政工作，甚至政府的中心工作、形象工程、招商引资等任务也需要承担或参与，这在近年来全国工商部门逐步取消省级垂直管理、人财物下划地方的改革背景下尤令人担心。

抵押权的外部效力。在交易实践中，未登记的动产抵押权为常态，对其性质也有不同理解，主要有债权性质说和物权性质说两类观点。❶ 债权效果说、相对无效说、不完全物权变动说在总体上倾向于债权性质说。债权效果说认为，未登记的动产抵押权仅发生债权效果而不发生物权变动效力；相对无效说认为未登记的动产抵押权仅在当事人之间发生物权变动效力，但对第三人不发生效力，不过第三人可予承认；不完全物权变动说则认为，未登记所发生的物权变动是不完全的。三种观点均倾向于保护第三人利益，否认动产抵押权的对世性。与之相对，否认权说和相反事实主张说在总体上倾向于物权性质说。❷ 该类学说不否认未登记的动产抵押权的物权效力，只是认为第三人可积极主张登记欠缺、行使否认权或反对该物权变动的存在，使未登记的动产抵押权对第三人不发生物权变动的效力。

就我国物权立法而言，《物权法》第 188 条规定，动产抵押权"未经登记，不得对抗善意第三人"，该规定要义有二：一是未登记之动产抵押权在抵押当事人之间仍具有法律效力；二是未登记的动产抵押权仍可对抗恶意第三人，即便面对善意第三人也非绝对无效，如善意第三人自愿放弃该利益，承认未登记的动产抵押权的效力，亦为交易常态并不为法律所禁止。因而，未登记的动产抵押权仍具有物权性质，其效力因未登记而受一定限制。这一理解更倾向于第三人主张说，该说认为未登记的动产抵押权仍具有一定的外部效力，仍可对抗某些第三人，以防范有人恶意利用未登记的动产抵押权欠缺对抗力的不足破坏抵押权关系，危害交易安全。

已登记的动产抵押权所能对抗的第三人的范围，《担保法》第 43 条并未区分第三人为善意或恶意，《物权法》则将第三人的范围限定为善意第三人。所谓善意，应理解为主观上不知情且无重大过失，此为学界通说且为德、意等国立法所明定。❸ 换言之，不知或非因重大过失而不知动产标的上设有抵押权的第三人属善意第三人，已登记的动产抵押权可对抗该善意第三人，而未登记的动产抵押权不能对抗该善意第三人。因而，知情的第三人、因重大

---

❶ 参见［日］近江幸治：民法讲义 II 物权法［M］王茵译，北京：北京大学出版社，2006：51-52

❷ 因不具有对抗力的法律效果须由第三人主张才能发生，仅仅未登记的事实本身尚不能产生不具有对抗力之结果，故这两种观点合称为第三人主张说。

❸ 参见叶金强：公信力的法律构造［M］北京：北京大学出版社 2004：112-120

过失而不知情的第三人、背信恶意者，均属恶意第三人，即便未登记的动产抵押权亦得对抗之。动产抵押权推广之初，市场理性程度往往不高，当事人因多种原因不愿办理抵押登记实为常态，如果未登记的动产抵押权连恶意第三人都不能排除，将迫使抵押当事人为追求债权保障，不得不办理抵押登记，从而使登记对抗主义追求交易便捷的理想被架空，沦为实质上的登记成立主义。至于第三人的范围，动产抵押物的受让人、后设立的动产抵押权人、后设立的动产质权人、与抵押人存在交易关系的债权人均属于第三人的范围，这些主体行使其所有权、抵押权、质权、债权等权利，均可能与动产抵押权发生冲突，❶ 动产抵押权能否借助对抗力否认或排除他人权利，需结合相关制度和法理而定。

二、动产抵押权与动产担保物权的竞合

动产抵押权与其他财产权的竞合，主要存在于与所有权、债权（如动产租赁所产生的债权）和动产担保物权之间。其中，动产抵押权与动产担保物权之间的冲突，是动产抵押权与其他财产权竞合的中心。动产除可以成为抵押权的标的外，还可以成为质权、留置权的标的，动产抵押权与担保物权的竞合或冲突，主要存在于与其他动产抵押权、质权和留置权之间。

（一）动产抵押权相互之间的竞合

如果动产抵押物的价值足够高，或者说远远超过被担保债权的价值，则无论该动产之上设定多少动产抵押权，各动产抵押权之间很难发生冲突。同一财产上两个以上的动产抵押权之间发生冲突，根源于动产价值的有限性和重复抵押不可避免的出现。动产重复抵押已为法所允许，❷《物权法》第199条规定了动产抵押权之间的清偿顺位，该条规定，"同一财产向两个以上债权人抵押的，拍卖、变卖抵押财产所得的价款依照下列规定清偿：（一）抵押权已登记的，按照登记的先后顺序清偿；顺序相同的，按照债权比例清偿；（二）抵押权已登记的先于未登记的受偿；（三）抵押权未登记的，按照债权比例清偿。"依此规定，动产抵押权之间竞合，其清偿顺位规则有三点：第

---

❶　参见刘玉杰：动产抵押法律制度研究［D］复旦大学博士学位论文，2010：69
❷　相关原理及争议参见本章第七节"重复抵押及其风险防范"部分。

一，已登记的动产抵押权之间依登记时间的先后确定清偿顺位，登记时间相同的，按照债权比例清偿。第二，已登记的动产抵押权的顺位优先于未登记的动产抵押权，即便已登记的动产抵押权设立在后且抵押权人明知该动产之上已存有设立在先但未登记的动产抵押权。之所以如此，盖因设立在先但未登记的动产抵押权的抵押权人作为理性人，应当知道其未登记可能带来的交易风险，后设立的动产抵押权的抵押权人为更好保障自身债权主动办理抵押登记，是市场经济中经济人的正常考虑安排，自然无可厚非，应予优先保护；第三，动产抵押权均未登记的，顺位相同，动产抵押物的价值不足清偿全部债务的，按照债权比例受偿。

（二）动产抵押权与质权的竞合

由于设立动产抵押权并不移转标的物的占有，因而，在理论上动产抵押权可以与移转占有型担保物权比如质权并存。允许同一动产之上同时设立质权和抵押权，有助于充分发挥物的融资功能，体现了法律对于交易自由的充分尊重。不过，域外立法对此规定不一，我国台湾地区"民法"和"动产担保交易法"均未明文规定，日本动产抵押立法则规定，已登记的动产抵押标的物之上，如汽车、飞行器、建筑机械等，禁止设立质权。[1] 我国学界普遍认为，同一动产之上已设有动产质权的，可以再设动产抵押权，《担保法》和《物权法》对此虽未规定，但《担保法司法解释》第79条明文规定，"同一财产法定登记的抵押权与质权并存时，抵押权优先于质权人受偿"。依该条规定，即便质权成立在先，法定登记的动产抵押权永远优先于质权。由于该条所指的"法定登记的抵押权"非指《担保法》第43条规定的在"其他财产"之上设立的、采登记对抗主义、实行自愿登记的动产抵押权，仅指《担保法》第41条、第42条所规定的抵押合同需登记才生效、采登记成立主义的动产抵押权，因而，《物权法》颁布后，两类动产抵押权均采登记对抗主义，登记成立主义已被抛弃，"法定登记的抵押权"的优越地位因登记制度发生的深刻变革，其依据已不再充分，故动产抵押权即便已登记，也不能对抗成立在先的动产质权，成立在先的动产质权优先于成立在后的已登记的动产抵押权，当然亦能对抗成立在后的未登记的动产抵押权。

---

[1] 参见［日］近江幸治：担保物权法［M］祝娅等译，北京：法律出版社，2000：220

至于同一动产上先设立动产抵押权，动产质权成立在后，二者顺位应如何安排，应区分动产抵押权是否已登记而分别处理。首先，已登记的动产抵押权具有对抗效力，故不论后设立的动产质权的权利人主观上是否善意，已登记的动产抵押权优先于后设立的动产质权。其次，未登记的动产抵押权虽然成立在先，但依《物权法》第188条、第189条之规定，因未登记的动产抵押权不得对抗善意第三人，如动产质权人出于善意取得动产质权，则先成立的未登记的动产抵押权次于动产质权而受偿。不过，如债权人明知动产之上已有未登记的动产抵押权存在而接受质权成为质权人，则未登记的动产抵押权仍优先于动产质权人而受偿，质权人因明知前述情形，故不得以交易安全受妨碍而主张其后设立的动产质权优先于未登记的动产抵押权。❶

（三）动产抵押权与留置权的竞合

留置权属法定担保物权，无需专门约定即可依法定情形而发生，根据《物权法》第230条的规定，债务人不履行到期债务，债权人可以留置已经合法占有的债务人的动产，并有权就该动产优先受偿。传统上，债权人留置的动产应当与债权属于同一法律关系，❷ 因此，留置权的适用范围原本较窄。❸ 比如加工承揽人对于加工物享有的留置权，系因加工承揽这一债权关系而发生，作为留置财产的加工物与加工承揽债权属于同一法律关系。

留置权与动产抵押权发生竞合时何者优先，理论上有不同观点。❹ 纵观各国立法，普遍倾向于保护留置权的优先效力，即采留置权优先说。究其原因，主要在于留置权人付出了相应劳动或提供了相关材料，对于留置物的保

---

❶ 参见刘玉杰：动产抵押法律制度研究［D］复旦大学博士学位论文，2010：86；王闯：规则冲突与制度创新——以物权法与担保法及其解释的比较为中心而展开（中）［N］人民法院报 2007：6（27）：6

❷ 《物权法》第231条规定，"债权人留置的动产，应当与债权属于同一法律关系，但企业之间留置的除外"。《担保法》第84条第1款规定，"因保管合同、运输合同、加工承揽合同发生的债权，债务人不履行债务的，债权人有留置权"。该条第2款规定，"法律规定可以留置的其他合同，适用前款规定"。

❸ 不过，依《物权法》第231条规定，企业之间的留置可不受留置动产应当与债权属于同一法律关系的限制，且并未如《担保法》第84条第1款、第2款限定留置权仅因保管合同、运输合同、加工承揽合同及法律规定可以留置的其他合同而发生，留置权的适用范围明显扩大。

❹ 主要包括先来后到说、实行先后说、留置权优先说，参见许明月：抵押权法律制度研究［M］北京：法律出版社，1998：304

值或增值有所贡献，使得留置物在一定程度上成为了留置权人和债务人的共有物。不论留置权人是否知道留置物上存在其他担保物权，留置权人对于留置物的在先占有均为合法占有，作为基础关系的债权关系是该合法占有的依据，加之留置权的设定范围非常有限，立法予以倾斜保护实在情理之中。❶我国《担保法司法解释》第 79 条第 2 款明确规定，"同一财产抵押权与留置权并存的，留置权优先于抵押权受偿"。《物权法》第 239 条则规定，"同一动产已经设立抵押权或质权，该动产又被留置的，留置权人优先受偿"。依此规定，即便动产抵押权设立在先，留置权成立在后，且不论留置权人主观上是善意还是恶意，留置权均优先于动产抵押权受偿，这与比较法上虽强调留置权享有优先顺位，但需要以留置权人的主观善意为前提有所不同。❷ 至于实践中可能存在的诸如当事人恶意串通设立留置权以排除动产抵押权的情形，因违背诚信原则而属于虚假留置权，自始即不能成立，自然不存在优先于动产抵押权受偿之理。

三、动产抵押权担保的债权范围

动产抵押权担保的债权范围，是指动产抵押权实行后，动产抵押物折价金额、拍卖或变卖价金用于优先清偿的被担保债权的范围。动产抵押权所担保的债权范围过大，则同一动产用于清偿抵押人的其他债权人及后顺位抵押权人的剩余交换价值额相应减少，故动产抵押权担保的债权范围大小直接关系抵押权人与前述相关主体之间的利益平衡。《担保法》第 46 条规定，"抵押担保的范围包括主债权及利息、违约金、损害赔偿金和实现抵押权的费用。抵押合同另有约定的，按照约定"。❸ 由于设立动产抵押权与不动产抵押权一样，不移转抵押物的占有，抵押权人无需保管动产标的物，故动产抵押权所担保的债权原则上不包括保管动产抵押物的费用，除非当事人另有约定。

---

❶ 鉴于留置权适用范围的逐步扩大，且为公平兼顾留置权人与其他担保物权人之利益，有学者认为，对于未就抵押物提供劳务或材料的留置权人，不能优先于抵押权人受偿。参见谢在全：民法物权论（下册）[M] 北京：中国政法大学出版社，1999：707

❷ 参见刘玉杰：动产抵押法律制度研究 [D] 复旦大学博士学位论文，2010：87

❸ 《物权法》第 173 条则在担保物权这一更高层面规定了担保物权所担保的债权范围，对于抵押、质押、留置同样适用，该条规定，"担保物权的担保范围包括主债权及利息、违约金、损害赔偿金、保管担保财产和实现担保物权的费用。当事人另有约定的，按照约定"。

　　《担保法》和《物权法》关于抵押权（担保物权）所担保的债权范围的基本规定，均允许当事人另行约定抵押权（担保物权）所担保的债权范围大于或小于法律推定的范围，若当事人无另行约定方才适用法律推定的担保范围，体现了对于意思自治的尊重。下面就动产抵押权担保的具体债权予以专门探讨：

（一）　主债权及其利息

　　动产抵押权原本即为担保特定债权而设定，该特定债权即为主债权，是动产抵押权存在的前提。如当事人无特别约定，动产抵押权的效力应及于主债权的全部。至于动产抵押权设立之时，主债权是否必须特定化，并无绝对要求，比如在动产最高额抵押中，设立动产抵押权时，被担保主债权的最终大小尚未确定。由于我国动产抵押权采登记对抗主义，如主债权未登记或未全部登记，未登记的主债权或主债权未登记的部分，自然不具有对抗善意第三人的效力。

　　利息属法定孳息，为主债权所生，包括普通利息和延迟利息。实践中，当事人未将利息纳入抵押登记或未将利率约定纳入抵押登记的情况时有发生。对于前者，即未将利息纳入抵押登记的情形，依我国物权立法前述关于抵押权担保的债权范围的基本规定，应依推定将利息债权纳入担保范围；对于后者，即未将利率约定纳入抵押登记的情况，[1] 有学者认为应区分金融机构贷款和自然人之间的借贷分别处理：金融机机构贷款利率可依中国人民银行规定的贷款利率限度确定；自然人之间的借贷如未约定利率属于约定不明确，依《合同法》第211条第1款应视为不支付利息。[2] 也有学者认为未将利率纳入抵押登记不同于主债权合同未明确约定利率，主债权合同明确利率但未将约定利率纳入抵押登记的，只是约定的利率不具有对抗第三人的效力。[3] 至于迟延利息，因其本质上属于债务人不履行金钱债务的损害赔偿金，属违约责任的范畴，与违约金、损害赔偿金一样，要么是事先约定要么是事后根据实际情况确定，即便未约定或未登记亦属于抵押担保的推定范围。不过，

---

[1]　参见徐洁：抵押权论［M］北京：法律出版社，2003：140
[2]　《合同法》第211条第1款规定，"自然人之间的借款合同对支付利息没有约定或者约定不明确的，视为不支付利息"。
[3]　刘玉杰：动产抵押法律制度研究［D］复旦大学博士学位论文，2010：94

当事人另行约定明确排除迟延利息债权的优先受偿地位的，应依当事人的约定。

（二）违约金与损害赔偿金

由于违约金为事先确定的由违约方向对方支付的一定数额的金钱，可以在主债权合同中明确约定并可将其具体数额纳入抵押登记，故未经登记不得对抗善意第三人。至于超过法定限额的违约金因其超出部分本身无效，即便纳入登记范围，该部分违约金债权也不具有优先受偿的效力。损害赔偿金则是事后根据实际损失而确定的，在设立抵押权之时无法对其具体数额加以登记，故大陆法系民事立法普遍未将其纳入抵押权担保的范围。[1] 我国物权立法将损害赔偿金纳入担保物权所担保的债权范围，使得担保物权（含抵押权）担保的债权大小长期处于不确定状态。若事后损害赔偿金通过诉讼或仲裁这类权威程序予以确定尚可，若是通过当事人合意确定，难免发生当事人恶意串通夸大损害赔偿金数额，损害后顺位抵押权人、无担保债权人利益的情况。故学界普遍认为这一制度安排过分偏向于债权保障，实有改进的必要。[2] 事实上，通过事先约定违约金并将其纳入抵押登记，即可较好保障债权人的利益，而损害赔偿金的数额特别是计算方式可事先约定并纳入登记，第三人通过登记便可了解或预测动产抵押物之上的债务负担大小，理性决定是否与债务人就特定动产进行担保交易。

（三）实现抵押权的费用

实现动产抵押权无论采用公力途径抑或私力途径，均会发生各种费用，比如诉讼费、评估费、拍卖费、变卖费等。实现抵押权的费用之所以发生，通常是由债务人不履行债务所致，故该债权即便未予抵押登记，亦应由债务人负担，纳入抵押担保的债权范围。

四、动产抵押权效力所及标的物的范围

动产抵押权的效力及于动产抵押物自身应无疑问。因动产抵押物自身在动产抵押权设定到实现期间可能发生添附、加工、毁灭等情形，动产抵押权

---

[1] 参见许明月：抵押权法律制度研究 [M] 北京：法律出版社，1998：269
[2] 参见徐洁：抵押权论 [M] 北京：法律出版社，2003：140

能否及于动产抵押物的从物、孳息、添附物、代位物等，有必要予以专门探讨。与动产抵押权所担保的债权范围问题相同，动产抵押权效力所及标的物的范围大小，同样关系抵押权人与后顺位抵押权人、一般债权人之间的利益平衡。换言之，动产抵押权优先受偿效力所及的标的物范围越大，其足额实现的可能性也越大，后顺位抵押权人、一般债权人足额受偿的可能性相应降低。

（一）动产抵押权对从物的效力

所谓从物，是指非主物的成分，常助主物之效用，且与主物同属一人之物。为发挥物的经济效用，维护主从物之间的结合关系，各国民法多规定对主物的处分及于从物，学界观点亦然。不过，动产抵押权是否及于从物，各国立法并不一致。我国《担保法司法解释》第63条规定，"抵押权设立前为抵押物从物的，抵押权的效力及于抵押物的从物"。依此规定，对于动产抵押权设定前就存在的从物，抵押权的效力及于该从物。由于此为法律明文规定，第三人通过查询主物的抵押登记，即能确信从物也在抵押权效力范围，无须以该从物纳入抵押登记为必要。

动产抵押权设立后新增的从物是否也在动产抵押权效力范围之内，学界有肯定说、折中说和否定说三种观点。肯定说过分维护动产抵押权人的利益，的确有欠公平。折中说虽认为动产抵押权的效力及于新增的从物，但又认为如动产抵押权的这一效力扩张影响到一般债权人时，从物虽可与主物一并拍卖，但动产抵押权人对从物却无优先受偿权，平衡抵押当事人利益之余，又不免陷入如下逻辑困惑：动产抵押权效力及于从物却在特定情况下对从物不享有优先受偿权，显然有违担保权的本质。否定说则不希望过分保护动产抵押权人的利益而致普通债权人于不利地位。综合上述观点，有学者认为不应规定动产抵押权的效力及于新增从物，但为求经济上的合理性，可将主物与从物一并拍卖，但动产抵押权人对于从物的变价收入并无优先受偿权。❶

（二）动产抵押权对孳息的效力

孳息是指由物所产生的收益，分为天然孳息和法定孳息。前者如植物的果实、奶牛所产牛奶、开采的矿产品等，后者如存款的利息、股权的股利等。

---

❶ 参见刘玉杰：动产抵押法律制度研究［D］复旦大学博士学位论文，2010：98

传统民法理论认为，孳息附随于原物，原物权利的效力及于孳息，如无另行约定，取得原物所有权即取得孳息的所有权。

由于动产抵押权并不移转标的物的占有，标的物仍由抵押人使用收益，抵押权人仅能支配标的物的交换价值。因而，动产抵押权的效力原则上不及于孳息，动产孳息仍归抵押人所有，取得孳息所有权是抵押人对于动产抵押物的收益权的体现，此亦为各国立法的普遍规定。仅在特定条件下，抵押权的效力可及于孳息。我国《物权法》第197条规定，"债务人不履行到期债务或者发生当事人约定的实现抵押权的情形，致使抵押财产被人民法院依法扣押的，自扣押之日起，抵押权人有权收取该抵押财产的天然孳息或者法定孳息，但抵押权人未通知应当清偿法定孳息的义务人的除外"。依此规定，在符合上述情形的前提下，动产抵押权的效力可以及于扣押后（自扣押之日起）的动产的全部孳息，既包括扣押期间所生孳息，也包括扣押后抵押人原本可以收取的孳息。尽管此时孳息的所有权仍归原物所有人即抵押人，但抵押权人可以就该孳息优先受偿，抵押人无权处分该孳息。依法扣押抵押财产后，抵押人已丧失对于抵押财产的占有，此时赋予抵押权人收取孳息的权利，有助于明确抵押人和抵押权人的权利义务界限，减少纠纷发生。至于抵押人为避免动产被扣押而丧失收取孳息的权利，不当制造动产与天然孳息的分离，比如超越季节成长规律提前收获庄稼，或提前分娩种猪场中母猪的幼崽，抵押权人可通过行使抵押权保全权保障自身债权。❶

（三）动产抵押权对添附物的效力

附合、混合、加工总称添附。民法理论认为财产处于共有状态通常会增大交易和管理成本，不利于更好发挥物的效用，故借助添附制度明确物的归属和补偿规则，维护当事之间的平等正义。动产抵押权存续期间，动产抵押物发生添附情形，动产抵押权的效力及于添附物。不过，动产抵押权的支配

---

❶ 关于抵押权保全权，《物权法》第193条规定，"抵押人的行为足以使抵押财产价值减少的，抵押权人有权要求抵押人停止其行为。抵押财产价值减少的，抵押权人有权要求恢复抵押财产的价值，或者提供与减少的价值相应的担保。抵押人不恢复抵押财产的价值也不提供担保的，抵押权人有权要求债务人提前清偿债务"。《担保法司法解释》第70条规定，"抵押人的行为足以使抵押物价值减少的，抵押权人请求抵押人恢复原状或提供担保遭到拒绝时，抵押权人可以请求债务人履行债务，也可以请求提前行使抵押权"。

范围仍应以动产抵押物的原有价值为限。我国《物权法》和《担保法》均未就此问题做出明文规定。《担保法司法解释》第 62 条规定，"抵押物因附合、混合或者加工使抵押物的所有权为第三人所有的，抵押权的效力及于补偿金；抵押物所有人为附合物、混合物或者加工物的所有人的，抵押权的效力及于附合物、混合物或者加工物；第三人与抵押物所有人为附合物、混合物或者加工物的共有人的，抵押权的效力及于抵押人对共有物享有的份额"。依此规定，动产抵押物因添附而发生所有权变更，动产抵押权的效力因具体情况有别而受到不同影响：其一，因添附使抵押人丧失对动产抵押物的所有的，依抵押权的物上代位性，抵押权的效力及于补偿金；其二，因添附使抵押人成为添附物的共有人的，抵押权的效力及于抵押人对共有物享有的相应份额。此时作为共有人的抵押人对于共有物虽无独立的处分权，但为求共有物能以合理价格变现，可以要求就共有物整体进行拍卖，只是抵押权的效力仅及于抵押人对于共有物的相应份额；其三，因添附而使抵押人成为添附物的所有人的，因添附物价值的增加部分来源于丧失所有权一方的付出，此时抵押人对丧失所有权的一方仍负有义务，因而，尽管抵押权的效力及于添附物，但抵押权人仅能就原动产抵押物的价值部分行使优先受偿权，丧失所有权的一方的补偿款应从拍卖添附物所得价款中扣除。

（四）动产抵押权对代位物的效力

物权具有物上代位性，抵押权或动产抵押权亦不例外。抵押权是以抵押财产的交换价值担保债权的优先受偿，抵押财产的实物形态发生毁损、灭失而获得赔偿金时，其交换价值仍然存在，赔偿金即成为抵押财产的变形或替代物，抵押权人有权就该赔偿金优先受偿。我国物权立法肯定抵押物发生灭失、毁损或被征用时，抵押权及于保险金、赔偿金或补偿金之上。《物权法》第 174 条规定，"担保期间，担保财产毁损、灭失或者被征收等，担保物权人可以就获得的保险金、赔偿金或者补偿金等优先受偿。被担保债权的履行期未届满的，也可以提存该保险金、赔偿金或者补偿金等"。❶ 尽管我国物权立法仅将赔偿金、保险金、补偿金规定为代位物，但在解释上，抵押物毁损、

---

❶ 此外，《担保法》第 58 条规定，"抵押权因抵押物灭失而消灭。因灭失所得的赔偿金，应当作为抵押财产"。《担保法司法解释》第 80 条第 1 款规定，"在抵押物灭失、毁损或者被征用的情况下，抵押权人可以就该抵押物的保险金、赔偿金或者补偿金优先受偿"。

灭失后产生的动产抵押物的其他变形物或替代物也不妨属于代位物。至于抵押物转让价款是否也为代位物？虽然依《担保法》第 49 条、《物权法》第 191 条规定，抵押物转让，抵押人应当将转让所得价款向抵押权人提前清偿债务或提存，❶ 但依传统民法理论，转让抵押物属于物的相对灭失，抵押物在物理上毁损、灭失或发生变形属抵押物的绝对灭失。在抵押物绝对灭失的情况下，抵押权人可以行使物上代位权，而在抵押物相对灭失的情况下，抵押权人可通过行使追及权，追及至受让人处行使抵押权，无物上代位的必要，故抵押物转让所得价款不属于代位物。❷ 抵押人向抵押权人支付转让抵押物的价款或将价款提存，属于抵押人的法定义务，并非是抵押权人行使物上代位权的体现。

五、动产抵押权的时间效力和空间效力

动产抵押权的时间效力和空间效力，也称为"动产抵押权登记的时间效力和空间效力"，不过，严格地讲，由于动产抵押权普遍采登记对抗主义，登记仅为赋予动产抵押权以对抗力的手段，动产抵押权的设立和生效主要取决于动产抵押合同及其主合同。因而，动产抵押权的时间效力和空间效力问题并非指向动产抵押当事人的内部关系，亦非指抵押登记行为本身的效力，而是主要指向动产抵押权的外部关系，即已登记的动产抵押权之对抗力的时间范围和空间范围，比如能否在登记机关管辖区域外同样具有对抗力，或者通过立法或其他方式限制已登记动产抵押权对抗力的持续期间。

（一）动产抵押权的时间效力

抵押权属于附从性权利，依赖于主债权而存在。动产抵押权的成立与效

---

❶ 《担保法》第 49 条规定，"抵押期间，抵押人转让已办理登记的抵押物的，应当通知抵押权人并告知受让人转让物已经抵押的情况；抵押人未通知抵押权人或者未告知受让人的，转让行为无效"。"转让抵押物的价款明显低于其价值的，抵押权人可以要求抵押人提供相应的担保；抵押人不提供的，不得转让抵押物"。"抵押人转让抵押物所得的价款，应当向抵押权人提前清偿所担保的债权或者与抵押权人约定的第三人提存。超过债权数额的部分，归抵押人所有，不足部分由债务人清偿"。《物权法》第 191 条规定，"抵押期间，抵押人经抵押权人同意转让抵押财产的，应当将转让所得的价款向抵押权人提前清偿债务或者提存。转让的价款超过债权数额的部分归抵押人所有，不足部分由债务人清偿"。"抵押期间，抵押人未经抵押权人同意，不得转让抵押财产，但受让人代为清偿债务消灭抵押权的除外"。

❷ 参见刘得宽：民法诸问题及新展望［M］北京：中国政法大学出版社，2002：380

力，主要取决于动产抵押合同及其主合同。因动产抵押合同及其主合同的具体情形不同，动产抵押权的效力不一，其存续期间也不统一。不过，通过立法明确限定动产抵押权对抗力的存续期间在理论上完全可能，在实践中也有先例。为追求交易效率，督促当事人及时办理动产担保变更登记或注销登记，防止在权利上休眠的现象，美国和我国台湾地区立法均对动产抵押权的效力予以了必要的时间限制。❶ 比如我国台湾地区"动产担保交易法"第9条规定，"登记有效期间从契约之约定，契约无约定者，自登记之日起有效期为一年，期满前30日债权人得申请延长时间，其有效期不得超过一年"。

我国动产抵押权的对抗效力是否应当设置法定存续期间，学界看法不一。❷ 支持者认为，设置法定存续期间，有助于增强交易预期，提升交易效率；反对者则认为，在动产担保交易发展之初，在制度设计上应当注重保障债权人的利益。由于债权人（抵押权人）并不占有动产抵押物，在动产抵押关系中处于相对被动地位，不设对抗力的法定存续期间，被担保债权存续期间较长，则动产抵押权的对抗力也存续较长，其间债权人（抵押权人）无需担心过期或另行办理延期手续，有助于保障债权人的利益，鼓励当事人更多采用动产抵押方式担保各种交易。基于这些理解，《物权法》和《担保法》均未规定动产抵押权的时间效力。

（二）动产抵押权的空间效力

动产抵押权的空间效力，从私法角度应理解为动产抵押权的对抗力的空间效力，从公法角度观察则是登记体制的体现。原则上，中央登记制下的动产抵押权登记在全国范围内有效，地方登记制下的动产抵押权登记仅在该地域范围内有效。我国台湾地区"动产担保交易法实施细则"第4条即规定，"动产担保交易在空间上有一定之效力范围，即以登记机关之管辖区域为限"。我国物权立法并未限制动产抵押权的空间效力范围，故通说认为只要动产抵押权进行了登记，在全国范围内均具有对抗第三人的效力。尽管学界对此颇有反对意见，但支持者认为，在信息时代已经到来之际，借助全国统一的动产抵押登记信息共享机制，第三人可以便捷查询动产抵押登记信息，

---

❶ 参见《美国统一商法典》第9-403条。

❷ 参见徐洁：抵押权论［M］北京：法律出版社，2003：132；王泽鉴：民法学说与判例研究（2）［M］北京：中国政法大学出版社，2005：305

赋予动产抵押权全国范围内的对抗力不妨碍第三人利益，而通过立法限制动产抵押权对抗力的空间范围，必然导致抵押权人为追求动产抵押权的全国对抗力而多次进行异地登记，或者迫使抵押权人加大对动产抵押物的管控力，以防范或限制抵押人将其占有的已进行地方登记的动产抵押物予以出让，再次或异地进行抵押登记，这对抵押权人和抵押人均为不便。❶ 我国台湾地区"动产担保交易法"对动产抵押权的对抗力进行空间上的限制，很大程度上是因为该法制定于 20 世纪 60 年代，当时的社会经济和科技发展水平还不足以支撑自由、便捷地查询抵押登记。❷

第四节　动产抵押登记制度

一、动产抵押登记的概念

动产抵押登记，也称动产抵押物登记，我国《担保法》即采用抵押物登记的指称。不过严格讲，抵押登记属于权利登记，而非财产登记。登记簿上所宣示的是抵押物之上的权利状态，而非抵押物这一财产本身的性质。故一般认为，动产抵押登记即动产抵押权登记，是指登记机关根据当事人的申请，依法定程序将动产之上设立的抵押权及抵押权的变更、终止等情况记载于登记簿的行为。❸ 动产抵押权属于物权，具有对世性，须以一定方式让外界可以查知该动产抵押权的存在，此即动产抵押权的公示。由于设立动产抵押权不移转标的物的占有，抵押权人并不占有抵押物，抵押物仍由抵押人占有，故动产抵押登记是动产抵押权公示的基本途径，在登记对抗主义模式下，依我国物权立法，经登记的动产抵押权具有对抗善意第三人的效力。

与不动产抵押登记相比，动产抵押登记并不具有创设权利的功能，是否登记与动产抵押权的成立没有关系，动产抵押权因抵押合同的生效而成立，只是未经登记不具有对抗善意第三人之效力。一般认为，动产抵押登记可分为设立登记、变更登记、注销登记，针对登记错误发生的不可避免性，还可

❶　参见刘玉杰：动产抵押法律制度研究 [D] 复旦大学博士学位论文，2010：78-79
❷　参见王泽鉴：民法学说与判例研究（1）[M] 北京：中国政法大学出版社，2005：246
❸　参见高圣平：动产抵押登记制度研究 [M] 北京：中国工商出版社，2007：18

以包括更正登记和异议登记。我国《担保法》仅规定了动产抵押的设立登记，未规定变更登记、注销登记，原《企业动产抵押物登记办法》则对变更登记、注销登记予以了规定，2007 年新实施的《动产抵押登记办法》承袭之。除机动车、船舶、渔船、民用航空器等交通运输工具外，动产种类繁多不甚枚举。现行分别登记体制以动产种类不同确定登记机关，包括车辆管理机关、船舶管理机关、渔政管理机关、民用航空管理机关、工商行政管理机关等，与走向统一的不动产登记制度形成鲜明对比。

二、动产抵押登记的性质与功能

关于动产抵押登记的性质之争，可见于学界对于包括不动产抵押登记在内的抵押登记性质的相关研究中，主要观点有行政行为性质说和民事行为性质说之分。行政行为性质说认为抵押登记行为的性质是行政行为，该观点认为，动产抵押登记主体是肩负特定职责的国家机关，而非普通民事主体，登记行为本身也非可由当事人协商实施的民事行为，当事人之间订立的抵押合同与抵押登记本身是两种性质不同的行为，所以，尽管动产抵押登记需以当事人订立抵押合同这一民事行为作为前提，但其并非民事行为。[1] 民事行为性质说则认为，抵押登记行为的性质是民事行为，抵押登记是物权公示的体现，抵押合同及其所担保的主债权合同，均为民事合同，对抵押登记进行规范的《担保法》也属于民法规定，故抵押登记应为民事行为。[2]

动产抵押登记的确需要以当事人的意愿为前提，且登记申请的目的即在于实现物权变动的公示效果。不过，动产抵押登记属于登记部门的法定职权职责，登记部门在登记过程中审查、记载、公示等行为的性质应为行政行为，仅有登记申请并不能导致登记成立，因而，将动产抵押登记定性为行政行为更妥。动产抵押登记也非行政许可行为，尽管登记机关承担着对于客观事实的认知和判断，但不能自由裁量决定是否登记，亦不能依据登记机关的意思表示直接发生行政法律效果，登记行为主要是对既有权利的确认和记载，并未赋予当事人新的权利，登记所产生的对抗效力也系物权立法所明定。依此理解，动产抵押登

---

[1] 参见蔡晖、王辉：抵押物登记行为的性质及登记部门的责任 [J] 人民司法，2001（12）：44
[2] 参见刘生亮：抵押登记行为法律问题研究 [J] 南阳师范学院学报，2005（8）：32

记宜定性为准法律性行政行为，是根据行政机关意思表示以外的认知和判断得以产生特定法律效果的行政行为，属于事实型行政行为的范畴。❶

在我国动产抵押登记实行对抗主义的立法模式下，动产抵押登记具有三种功能：一是公示动产上的权利负担。与债务人（抵押人）从事交易的第三人可以通过查询动产抵押登记簿，了解特定动产之上的权利负担，从而预知风险、保障交易安全。二是确定竞存权利之间的优先顺位。登记对抗主义模式下，抵押权之设立时间依抵押合同生效之先后，但抵押权之优先顺位，应依登记时间的先后。三是赋予动产抵押登记簿以公信力。因信赖动产抵押登记簿所载权利外观信息而为交易的主体，其信赖利益应受保护。❷

三、动产抵押登记体制

（一）登记机关

登记机关的设置安排，是登记体制的集中体现。从纵向角度，可以将动产抵押登记机关的设置分为中央登记制和地方登记制，从横向角度，则可分为统一登记制和分别（散）登记制两大类。尽管具体规定与运作情况仍较复杂，但《美国统一商法典》第九编所建立的动产担保登记机构体系被普遍视为统一登记制的典型，并成为其追随者广泛效法的模式选择。我国台湾地区和日本所采用的则是分别（散）登记制，即依动产标的物及交易的性质和种类不同设置不同的登记机关。我国实行分别（散）登记制，承担动产抵押登记工作的主体包括三大类，分别是交通运输管理机关、工商机关和公证机构。

1. 交通运输管理机关

在我国，航空器、船舶、机动车抵押的登记部门为交通运输管理机关。《民用航空法》第 16 条规定，"设定民用航空器抵押权，由抵押权人和抵押人共同向国务院民用航空主管部门办理抵押权登记；未经登记的，不得对抗第三人"。《渔业船舶登记办法》第 2 条规定，"凡中华人民共和国境内的企业法人或中国公民的渔业船舶，以及经中华人民共和国有关主管机关批准成立的外国独资、中外合资（合作）企业的渔业船舶，都应依照本办法进行登

---

❶ 参见戴涛：行政登记侵权之诉研究 [J] 行政法学研究，2001（4）：56
❷ 参见刘玉杰：动产抵押法律制度研究 [D] 复旦大学博士学位论文，2010：118-119

记"。该办法第 3 条规定，"本办法规定的登记项目为：（一）所有权登记；（二）国籍登记；（三）抵押权登记；（四）光船租赁登记"。该办法第 4 条规定，"中华人民共和国渔政渔港监督管理局是渔业船舶登记的主管机关（以下简称'主管机关'），地方各级渔港监督机关是负责办理渔业船舶登记的登记机关（以下简称'登记机关'）"。该办法第 19 条规定，"渔业船舶抵押权的设定、转移和消灭，抵押权人和抵押人应当共同依照本办法进行登记；未经登记的，不得对抗第三人"。《船舶登记条例》第 8 条规定，"中华人民共和国港务监督机构是船舶登记主管机关。各港的港务监督机构是具体实施船舶登记的机关（以下简称船舶登记机关），其管辖范围由中华人民共和国港务监督机构确定"。该条例第 20 条第 1 款规定，"对 20 总吨以上的船舶设定抵押权时，抵押权人和抵押人应当持下列文件到船籍港船舶登记机关申请办理船舶抵押权登记：（一）双方签字的书面申请书；（二）船舶所有权登记证书或者船舶建造合同；（三）船舶抵押合同"。2008 年新修订的《机动车登记规定》第 2 条规定，"本规定由公安机关交通管理部门负责实施"。"省级公安机关交通管理部门负责本省（自治区、直辖市）机动车登记工作的指导、检查和监督。直辖市公安机关交通管理部门车辆管理所、设区的市或者相当于同级的公安机关交通管理部门车辆管理所负责办理本行政辖区内机动车登记业务"。"县级公安机关交通管理部门车辆管理所可以办理本行政辖区内摩托车、三轮汽车、低速载货汽车登记业务。条件具备的，可以办理除进口机动车、危险化学品运输车、校车、中型以上载客汽车以外的其他机动车登记业务。具体业务范围和办理条件由省级公安机关交通管理部门确定"。"警用车辆登记业务按照有关规定办理"。该办法第二章第四节专节规定了机动车抵押登记的基本制度。

2. 工商机关

工商机关办理动产抵押登记的主要依据是《物权法》、《担保法》和《动产抵押登记办法》。《物权法》第 181 条规定，"经当事人书面协议，企业、个体工商户、农业生产经营者可以将现有的以及将有的生产设备、原材料、半成品、产品抵押，债务人不履行到期债务或者发生当事人约定的实现抵押权的情形，债权人有权就实现抵押权时的动产优先受偿"。该法第 189 条规定，"企业、个体工商户、农业生产经营者以本法第一百八十一条规定的动产抵押的，应当向抵押人住所地的工商行政管理部门办理登记。抵押权自抵押合同生效时设立；未经登记，不得对抗善意第三人"。上两条规定即为工商部门办理动产浮动抵押登记的基本依据。《担保法》第42条第1款第5项规定，"以企业的设备和其他动产抵押的，（办理抵押物登记的部门，笔者加）为财产所在地的工商行政管理部门"。《物权法》则将该规定予以了拓展和完善。该法第180条第1款第4项、第5项、第6项规定，债务人或者第三人有权处分的生产设备、原材料、半成品、产品、正在建造的船舶、航空器以及交通运输工具可以抵押。该法第188条规定，"以本法第一百八十条第一款第四项、第六项规定的财产或者第五项规定的正在建造的船舶、航空器抵押的，抵押权自抵押合同生效时设立；未经登记，不得对抗善意第三人"。上述规定是工商部门办理动产固定抵押登记的基本依据。

3. 公证机构

公证机构办理动产抵押登记的基本依据是《担保法》第43条，该条规定，"当事人以其他财产（第42条所列财产以外的财产。——笔者注）抵押的，可以自愿办理抵押物登记，抵押合同自签订之日起生效。当事人未办理抵押物登记的，不得对抗第三人。当事人办理抵押物登记的，登记部门为抵押人所在地的公证部门"。为落实公证机构的动产抵押登记职责，2002年司法部以第68号令颁布实施了《公证机构办理抵押登记办法》，该办法第3条划定了公证机构办理抵押登记的财产范围，其中大部分为动产。❶

（二）登记系统

动产抵押登记系统可以分为纸面系统和电子系统。即便是当今动产担保交易最为发达的美国，其登记系统最初也是采用纸面系统。互联网和信息技术的发展带来了动产抵押登记系统的质的变革，电子化、网络化的登记系统因成本更低、效率更高，可以实现信息的高度共享，无疑代表了登记系统发

---

❶ 《公证机构办理抵押登记办法》第3条规定，"《中华人民共和国担保法》第四十三条规定的'其他财产'包括下列内容：（一）个人、事业单位、社会团体和其他非企业组织所有的机械设备、牲畜等生产资料；（二）位于农村的个人私有房产；（三）个人所有的家具、家用电器、金银珠宝及其制品等生活资料；（四）其他除《中华人民共和国担保法》第三十七条和第四十二条规定之外的财产"。"当事人以前款规定的财产抵押的，抵押人所在地的公证机构为登记部门，公证机构办理登记适用本办法规定"。

展的方向。早在 2006 年，中国人民银行研究局曾就我国动产抵押登记系统的电子化程度不高这一问题提出了专门意见。❶ 将近十年过去了，我国动产抵押登记系统的电子化程度有了很大的提升，但在系统整合和成熟度等方面距离世界先进水平仍有不小差距，主要表现在：1. 并非所有登记机关均建立了电子登记系统，即便某些已经建立并运行的电子登记系统，完全意义的电子化登记仍然未能实现，在线申请在线登记在线查询尚未充分推广普及，当事人办理登记仍然相当依赖于传统的纸面系统；2. 尽管国家层面对于登记信息从标准化建设、统计管理等层面确有统一规则和技术指标，但因部分登记部门内部的不同地区间的登记系统并未完全统一，极易出现需要登记或公示的信息的种类、范围等无法实现统一；3. 各部门各地方登记系统建立后，原有的纸面登记信息并未全部纳入新的登记系统，导致利害关系人查询登记信息的成本和风险不降反增；4. 尽管因抵押动产的性质不同，各登记部门的登记系统间存有差异应属正常，但由于缺乏一个统一的平台可以链接到各登记部门，各部门的引导服务方法和效果不一，使得部分不熟悉动产抵押登记业务的当事人无法便捷、准确、全面把握动产抵押登记系统的基本情况。❷

　　针对上述问题，笔者认为，可以从以下方面改进现行登记系统，以更好回应动产抵押融资需求：1. 建立全国统一的动产抵押登记平台，各登记机关均可将各自系统嵌入该平台，并提供完善的在线申请、审查、登记、查询服务；2. 依据标准化建设制度，从技术角度统一登记信息指标，在保障交易安全和商业秘密的前提下，实现登记信息的有限度公示；3. 整合原纸面登记系统和原登记制度下所形成的登记信息，将其全面、准确、妥善纳入新的动产抵押登记信息库；4. 各动产抵押登记机关建立联合机制，国家提供专项拨款保障上述任务的有效完成。总之，电子系统全面取代纸面系统虽是大势所趋，但需以电子登记系统自身构建科学、信息准确全面、运行高效有序为前提。

（三）登记责任

　　狭义上讲，登记责任是因登记行为而发生的法律责任。因而，承担登记责任的主体应当是登记机关。登记责任系因登记错误而产生，在登记正确的

---

❶　参见中国人民银行研究局等：中国动产担保与信贷市场发展［M］北京：中信出版社，2006：18
❷　此方面的情况主要以笔者从事动产抵押登记工作的实践为参考。

情况下，并无所谓登记责任问题，登记错误的具体情况决定了登记责任的具体安排。一般认为，登记错误是指抵押登记簿的记载与事实不符的客观状态，大致包括四种情况：一是登记机关应登记而未予登记，这类登记错误属于行政不作为，系因登记机关不履行法定职责而产生；二是登记机关因故意和重大过失导致登记错误，比如登记机关因疏忽导致录入的登记日期、抵押物种类、担保责任范围、抵押当事人名称或姓名等错误；❶ 三是因当事人错误导致登记机关的登记错误，在实行形式审查的情况下，如登记机关无重大过失，并非严重不负责任，此类因当事人错误所导致的登记错误，不应由登记机关承担责任；四是当事人和登记机关共同的过错所导致的登记错误，此种情形应由双方共同承担法律责任。❷

需要注意的是，登记事项出现登记错误（含遗漏）是否会导致已登记的动产抵押权失去相应效力，一般认为需视登记错误的具体情形而定。只有在登记错误构成严重误导的情况下，登记才是无效的。"严重误导"的判断标准并不取决于检索者（查询者，下同）因登记错误所受误导或所受损失的程度，而是取决于一个普通的、理性的检索者是否因登记错误而受误导。换言之，如果一个普通的、理性的检索者也会因为某种登记错误而发生误导，则该登记错误应构成"严重误导"。❸ 由于我国立法对此并无规定，上述问题需赖司法裁判在个案中予以认定。

（四）统一登记制的构建

不动产登记由于主要涉及房产管理部门和土地管理部门，构建不动产统一登记制度并建立统一的不动产登记机关，争议和障碍相对不大，故早在2007 年，《物权法》第 10 条第 2 款即明确规定"国家对不动产实行统一登记制度"。但是否建立统一的动产抵押登记机关，不仅争议较大，且并未在《物权法》中明定。支持者认为，现行的分别登记制造成当事人登记、查询不便，特别是企业以集合动产办理登记时，需要到不同部门分别办理登记，成本较大，因而完全可以借鉴国外先进经验，引入动产抵押统一登记制；反

---

❶ 前两种错误所导致的法律责任，均应由登记机关承担，具体形式包括限期履职、依法变更或撤销登记、行政赔偿等。

❷ 参见刘玉杰：动产抵押法律制度研究 [D] 复旦大学博士学位论文，2010：123-124

❸ 参见高圣平：动产抵押登记制度研究 [M] 北京：中国工商出版社，2007：297-298

对方则认为，分别登记制更符合现实国情，是强调专业管理、行业管理的现实行政体制的自然延伸，实行统一登记制反而有碍于相关行政管理工作的正常开展，改制成本过高，故动产抵押登记体制宜维持现状，待行政机构改革到位后再谋新路。❶

尽管《物权法》制定过程中关于是否统一动产抵押登记机关的不同观点均各有其道理，但各方均不反对构建更加高效、安全的动产抵押登记平台，只是在改革的时机、改革的方式等方面有不同认识，实行动产抵押统一登记制应是长远趋势。现行分别登记模式导致动产抵押登记信息相对分散，不便于当事人查询检索，影响了登记公示公信功能的发挥，同时，多部门分别登记也增大了自身行政成本。尽管建立完全统一的登记机关目前尚不现实，但依托现有行政管理体制，将交通运输工具这类特殊动产与普通动产的抵押登记工作分别委有交通运输管理部门和工商部门全权负责，并整合两部门的登记资源，将之纳入今后可能构建的全国统一的动产担保登记平台，则是完全可能的。❷ 依照《物权法》第43条的规定，公证机构仍承担着部分动产的抵押登记职能，这一制度安排与公证机构的法定职责、公证活动的性质以及公证体制的改革趋势越来越不相吻合，故有必要考虑将公证机构的动产抵押登记职能整合进入前述平台，公证机构逐步退出动产抵押登记工作。❸

四、动产抵押登记程序

（一）登记管辖

动产抵押登记管辖是规范当事人申请登记和登记机关办理登记的重要制

---

❶ 参见全国人大常委会法制工作委员会民法室：物权法立法背景与观点全集［M］北京：法律出版社，2007：621-622

❷ 参见刘玉杰：动产抵押法律制度研究［D］复旦大学博士学位论文，2010：121

❸ 《公证法》第2条规定，"公证是公证机构根据自然人、法人或者其他组织的申请，依照法定程序对民事法律行为、有法律意义的事实和文书的真实性、合法性予以证明的活动"。欲证明法律行为、法律事实、文书的真实性抑或合法性，需进行实质审查，而动产抵押登记系赋予已登记动产抵押权以对抗力的登记活动，强调形式审查，并不是对动产抵押权及其被担保债权的合法性、有效性的保证，公证活动与动产抵押登记之间存在着很大的差异，且公证活动强调保密原则，而动产抵押登记信息则必须公示。不过，也有学者持不同观点，并就完善公证动产抵押合同的强制执行效力，简化公证动产抵押实行制度提出了很多有价值的观点，参见王冬梅：论动产抵押［D］武汉大学博士学位论文，2010：126-128、132-134。

度。由于现行动产抵押登记体制实行分别登记制，且尚无比较成熟、统一的登记平台，因而，动产抵押登记的管辖安排各不相同，需结合具体动产类别及其相应的管理制度而定。鉴于工商部门各方面的基础条件较好，有望打造成为动产抵押登记的专门机关，❶ 因而，下文有关登记管辖的探讨仅以工商部门的动产抵押登记管辖问题为中心。

在涉及财产问题的传统民事和行政立法中，不动产法律争议的管辖以不动产所在地为中心盖属常例，但动产法律争议之管辖安排并非如此。原《企业动产抵押物登记管理办法》以动产所在地作为安排登记管辖的依据。该办法第 2 条第 2 款、第 3 款规定，"企业动产抵押物登记，由抵押物所在地的工商行政管理局办理。企业动产抵押物分别存放于两个以上不同登记机关辖区时，由主要抵押物所在地的市、县工商行政管理局登记，并将登记情况抄送抵押人登记注册机关和其他抵押物所在地的登记机关"。"企业动产抵押物所在地与抵押人原登记注册机关所在地一致的，由抵押人登记注册机关登记"。这一管辖安排增加了登记和查询成本，在动产存放分散或发生异地转移的情况下，极易产生多次登记和多次查询的可能，对当事人和登记机关均为不便，登记信息的共享度和可靠性因之降低。

《物权法》第 189 条将动产浮动抵押的登记管辖权安排下放至抵押人住所地的县级工商部门。❷ 受此影响，新实施的《动产抵押登记办法》统一规定动产抵押登记管辖由抵押人住所地的县级工商部门负责。❸《动产抵押登记

---

❶ 工商部门的电子政务化水平相对较高，又是市场主体登记机关，承担着大量的市场监管职责，其机构设置遍及城乡，符合成为专门动产抵押登记机关的必要条件。

❷ 《物权法》第 189 条规定，"企业、个体工商户、农业生产经营者以本法第一百八十一条规定的动产抵押的，应当向抵押人住所地的工商行政管理部门办理登记。抵押权自抵押合同生效时设立；未经登记，不得对抗善意第三人"。

❸ 《动产抵押登记办法》第 2 条规定，"企业、个体工商户、农业生产经营者以现有的以及将有的生产设备、原材料、半成品、产品抵押的，应当向抵押人住所地的县级工商行政管理部门（以下简称动产抵押登记机关）办理登记。未经登记，不得对抗善意第三人。"由于在解释上实务部门倾向于认为该条所指动产抵押包括浮动抵押和固定抵押在内，且原《企业动产抵押物登记管理办法》业已废止，故基层登记制借助《动产抵押登记办法》之出台得以普遍实现。既然动产浮动抵押这类交易风险更大的动产担保权都可以由基层工商部门登记，为何动产固定抵押这类交易风险相对较小的动产担保权不能由基层工商部门登记。不过，也有学者认为此安排系以规章推翻《担保法》第 42 条第 1 款第 5 项关于动产抵押登记管辖的基本规定，仍有值得商榷之处，参见刘玉杰：动产抵押法律制度研究［D］复旦大学博士学位论文，2010：126

办法》以抵押人住所地为中心确立登记管辖方便了登记和查询，且将登记权一步到位下放至县级工商部门，实现了登记管辖安排的质的转变，其合理性毋庸置疑，与发达国家的先进做法保持一致。❶

（二）登记申请

动产抵押登记的申请方式可以分为两种，一种是由抵押权人单方提出，另一种是由抵押人和抵押权人双方共同提出申请。前者称为单方申请主义，后者称为双方申请主义。单方申请主义下，为防止抵押权人恶意在他人财产上登记担保负担，需要采取相应的防范性安排。比如《阿尔巴尼亚动产担保法》规定受理登记申请录入登记数据后，要向动产担保人、动产担保权人和登记代理人分别发送确认书，允许核对登记信息、报告错误登记。❷《美国统一商法典》采单方申请主义，最初要求债务人签名，后改为要求获得债务人的"授权认证"，当不存在融资报告所担保的债务或担保权人实际上并未履行其义务时，债务人有权单方面提出终止报告；如果担保权人申请登录未经债务人授权认证，该担保权人将面临罚款并须对债务人的损失承担赔偿责任。❸

毫无疑问，单方申请主义 的确有助于降低成本，但要防止抵押权人利用单方申请之机损害抵押人和其他债权人的利益，就需要增加新的制度安排并产生新的制度运行成本。双方申请主义则存在抵押人不予配合导致抵押登记无法办理的可能，但可以通过赋予抵押登记请求权予以救济。考虑到我国市场诚信水平尚不高，故动产抵押登记普遍采用双方申请主义。以《动产抵押登记办法》为例，该办法第 2 条第 2 款明确规定，"动产抵押登记可由抵押合同双方当事人共同向动产抵押登记机关办理，也可以委托代理人向动产抵押登记机关办理"。尽管学界普遍认为这是双方申请主义的典型，但因抵押当事人可以委托代理人向工商机关办理登记，其既可以委托作为相对方的抵押人或抵押权人，也可以委托第三人，因而这一制度安排实为单方申请主义的变相实施开启了方便之门。由于委托代理人办理登记需要提交委托人签名盖章的授权委托书，可以防止抵押人、抵押权人抑或第三人利用单独办理抵

---

❶ 参见董学立：美国动产担保交易制度研究 ［M］北京：法律出版社，2008：12
❷ 参见高圣平：动产抵押登记制度研究 ［M］北京：中国工商出版社，2007：222
❸ 参见宋丽：动产抵押登记制度比较研究 ［C］载自江平主编：中美物权法的现状与发展 北京：清华大学出版社，2003：286

押登记之机损害对方或第三人利益，与国外单方申请主义模式下的确认通知书、债务人签名、债务人授权认证等防范措施具有类似效果。

尽管我国动产抵押登记的双方申请主义模式的贯彻并不彻底，在本质上仍属于双方申请主义而非单方申请主义，因而，如果抵押人不予配合办理登记，为保障抵押权人的利益，需赋予抵押权人登记请求权，即登记权利人对于登记义务人享有的要求其协助进行登记的权利。❶ 由于动产抵押权的产生采意思成立主义，依生效的动产抵押合同而产生，登记只是赋予动产抵押权以对抗效力，因而，登记请求权的基础应是动产抵押合同中关于设立抵押权、办理抵押登记的相关约定，而非来源于动产抵押权这一物权本身，故登记请求权应为债权。尽管我国物权立法并未对登记请求权予以明确规定，但司法实践中对这一权利仍然予以了保护。《担保法司法解释》第 56 条第 2 款规定，"法律规定登记生效的抵押合同签订后，抵押人违背诚实信用原则拒绝办理抵押登记致使债权人受到损失的，抵押人应当承担赔偿责任"。学界认为该解释设定之责任为缔约过失责任，在事实上起到了保护动产抵押登记请求权的作用。不过，由于动产抵押权现已普遍采取意思成立主义，抵押合同的生效不再依赖于抵押登记，故该解释能否继续适用尚有争议。同时，由于交易实践中动产抵押合同往往未约定登记请求权，当事人很难直接依据动产抵押合同追究对方的违约责任，缔约过失责任的运用因具体交易安排、法官个体倾向、对诚信原则的不同理解等因素的制约具有很大的不确定性。因而，通过法律明确规定登记请求权，承认登记义务也是一种合同义务，而且是一种主要合同义务，有利于约束当事人的随意性，减少纠纷发生。有学者认为，确立动产抵押登记请求权，可以根据请求之内容不同，将其分为抵押设立登记请求权、抵押变更登记请求权、抵押更正登记请求权、抵押注销登记请求权。❷

（三）登记审查

动产抵押登记申请提交后，登记机关即对登记申请进行审查，以决定是否予以登记。登记审查是连接登记申请与登记结果的中间环节，尽管在时间逻辑上，登记申请在先登记审查在后，但在实质上，是登记审查的模式决定

---

❶ 参见刘玉杰：动产抵押法律制度研究［D］复旦大学博士学位论文，2010：128
❷ 参见刘玉杰：动产抵押法律制度研究［D］复旦大学博士学位论文，2010：129

登记申请的提交方式、提交内容等，而不是登记申请模式决定登记审查模式。动产抵押登记审查模式向来有实质审查和形式审查之分。原《企业动产抵押物登记管理办法》即采用实质审查方式，在该制度模式下，登记实务部门普遍主张在动产抵押登记审查中需要严格审查主合同和抵押合同的效力、抵押物的权属状况、担保债权与抵押物的价值是否对应并坚持现场勘查方可登记。毫无疑问，实行实质审查可以借助登记机关的专门力量更好保障登记质量、防范市场风险、增强登记的公信力，但实质审查对于抵押当事人和登记机关均意味着更高的成本，同时增大了登记机关的登记风险和赔偿责任，并有过分干预私权交易之弊病。动产抵押登记机关并非司法机关或仲裁机构，无权判断主合同和抵押合同的效力，面对成千上万的动产及其担保交易，也不可能逐一审查其真实性、合法性，且《担保法》所强调的主债权与抵押物价值相对应的要求早已被司法实践和新近立法所废弃。因而，实质审查模式在动产抵押登记中已经丧失其存在的现实基础、理论依据和立法安排，在世界范围内业已不再成为动产抵押登记审查方式的主流选择。

新实施的《动产抵押登记办法》全面确立了形式审查模式，该办法第5条规定，"动产抵押登记机关受理登记申请文件后，应当当场在《动产抵押登记书》上加盖动产抵押登记专用章并注明盖章日期"，体现了鲜明的形式审查意图；同时，依据该办法的配套文件《动产抵押登记须知》的规定，申请人应当保证所提供的材料、信息的真实有效，登记书所载内容须与抵押合同及主合同一致。换言之，登记材料和登记信息系由抵押当事人共同申报并承诺，登记机关不再承担对其真实性、有效性、准确性的严格审查义务。只要抵押当事人、抵押财产、被担保债权的信息在形式上表述规范、在内容上准确完整，相互对应且不存在冲突或重要遗漏，登记义务即已妥善履行。尽管《动产抵押登记书》仍应记载"抵押财产的名称、数量、质量、状况、所在地、所有权归属或者使用权归属"等事项，但因《动产抵押登记办法》已经不再如原《企业动产抵押物登记管理办法》一样要求当事人提交拥有所有权或使用权的证书，加之不再要求实行现场勘查，抵押财产的真实状况由当事人依法申报即足已。个人是自身利益的最佳判断者，对于被担保债权的效力、抵押财产的安全等问题，抵押权人比登记机关更有时间关心，也更有能力关心，因而，登记机关坚持形式审查，将实质审查的权利和责任转由抵押当事人自身保有，不仅无碍于交易自由、交易安全，恰恰是尊重交易自由、保障交易安全的更好方案。新办法与旧办法相比，在名称上不再含有"管理"字样，并非仅仅是倡导性、宣传性意图所致，而是新旧办法在具体规则特别是审查模式方面的巨大转变的必然反映。

　　与上述形式审查模式的基本立场相一致，《动产抵押登记办法》在申请材料的提交范围上，也迈出了非常大的进步。原《企业动产抵押物登记管理办法》第 4 条规定，"办理动产抵押登记，由抵押合同双方当事人共同向登记机关提交《企业动产抵押物登记申请书》，并提供下列文件或者其复印件：（一）主合同和抵押合同；（二）有关动产抵押物的所有权或者使用权证书；（三）有关动产抵押物存放状况资料；（四）抵押合同双方当事人的营业执照；（五）双方代理人身份和权限证明文件；（六）需要提供的其他资料"。新实施的《动产抵押登记办法》第 3 条则规定，"当事人办理动产抵押登记，应当向动产抵押登记机关提交下列文件：（一）经抵押合同双方当事人签字或者盖章的《动产抵押登记书》；（二）抵押合同双方当事人主体资格证明或者自然人身份证明文件"。新旧办法两相对比，主合同和抵押合同、有关抵押财产的所有权或者使用权证书、有关动产抵押物存放状况资料已经不再要求提交，且不再有旧办法中规定的"需要提供的其他资料"这一兜底性条款，以防止极少数登记人员利用该条款随意要求抵押当事人提交各种资料，制造登记障碍。

　　相比于《动产抵押登记办法》的巨大变革，交通运输工具抵押登记所要求提交的材料仍然较多。❶ 同为实行登记对抗主义的动产抵押权，为何普通

---

❶ 《机动车登记规定》第 23 条规定，"申请抵押登记的，机动车所有人应当填写申请表，由机动车所有人和抵押权人共同申请，并提交下列证明、凭证：（一）机动车所有人和抵押权人的身份证明；（二）机动车登记证书；（三）机动车所有人和抵押权人依法订立的主合同和抵押合同"。《民用航空器权利登记条例》第 7 条规定，"办理民用航空器抵押权登记的，民用航空器的抵押权人和抵押人应当提交下列文件或者经核对无误的复印件：（一）民用航空器国籍登记证书；（二）民用航空器所有权登记证书或者相应的所有权证明文件；（三）民用航空器抵押合同；（四）国务院民用航空主管部门要求提交的其他必要的有关文件"。《船舶登记条例》第 20 条规定，"对 20 总吨以上的船舶设定抵押权时，抵押权人和抵押人应当持下列文件到船籍港船舶登记机关申请办理船舶抵押权登记：（一）双方签字的书面申请书；（二）船舶所有权登记证书或者船舶建造合同；（三）船舶抵押合同。该船舶设定有其他抵押权的，还应当提供有关证明文件。船舶共有人就共有船舶设定抵押权时，还应当提供三分之二以上份额或者约定份额的共有人的同意证明文件"。

动产抵押登记审查与特殊动产抵押登记审查相比，在登记材料的提交等方面有较大差异？这说明登记对抗主义虽然总体上倾向于形式审查，但就具体动产类别而言，因其自身管理模式上的差异，在审查规则、审查方式、申请材料范围等方面可有不同。市场经济并不排斥国家对财产交易的必要干预，故传统民法上也有自由流通物、限制流通物、禁止流通物之分。船舶、民用航空器、机动车与普通动产相比，的确有较大差别，前三者与公共利益的关联更为密切。财产因性质不同而致管理模式的巨大差异，必然影响甚至决定着特定财产的担保交易及其登记审查模式的选择取舍。

（四）登记结果与登记内容

一般认为，经登记审查，可以产生三种结果，即办理登记、暂缓登记和拒绝登记。依《动产抵押登记办法》，符合法定条件的，登记机关在《动产抵押登记书》上加盖动产抵押专用章并注明登记日期，登记即告完成。《动产抵押登记书》一式四份，抵押人、抵押权人各持一份，工商机关所持两份《动产抵押登记书》一份留作动产抵押登记档案，一份置备于《动产抵押登记簿》中，同时工商机关需将相关登记事项一并载入《动产抵押登记簿》。实践中当事人提交材料不齐全、填写不规范等情形时有发生，故有暂缓登记之必要，待当事人补正这些缺陷后，再予办理登记。拒绝登记主要针对申请所存在的缺陷无法弥补，比如抵押物并非动产、登记机关无管辖权、未在法定期限内补正缺陷等情形。❶

动产抵押登记的内容过多，不仅增加成本，也过于暴露当事人的商业秘密；登记内容过少，则无法发挥动产抵押登记的公示功能，不能有效保障交易安全。基于登记内容的多寡，有文件登记制和声明登记制之分。文件登记制是指登记内容为创设动产抵押权的抵押合同，故登记内容较多；声明登记制是指登记内容为当事人创设动产抵押权之后的一个仅载明基本信息的声明，抵押合同不用登记甚至在登记时不用作为登记材料提交，故登记内容相对较少。❷ 由于文件登记制要登记抵押合同，而抵押合同在担保交易中随时可能发生变化，抵押合同的不断修改必然要求不断地进行变更登记，登记成本因

---

❶ 参见刘玉杰：动产抵押法律制度研究［D］复旦大学博士学位论文，2010：133-134

❷ 参见刘玉杰：动产抵押法律制度研究［D］复旦大学博士学位论文，2010：134

此大增。因而，声明登记制已成为动产担保物权登记方式的未来趋势，并为美国、欧洲、美洲等国家和地区广泛采用。❶

根据声明登记制的普遍做法，动产抵押登记的公示信息原则上应限于当事人、抵押物、被担保债权等基本内容：1. 就当事人而言，登记公示之内容为其姓名名称和地址，自然人需同时记载其居民身份证号码，以防同名同姓之重复，法人或其他组织除其全称外，还需登记其注册号或登记证号；个体工商户和农业生产经营者登记负责的自然人姓名更妥，商号可以作为辅助识别标志。2. 抵押物。抵押物的状况描述在抵押合同和抵押登记中应有不同要求，抵押合同因需要明确抵押物，以便确定抵押权的效力范围，其描述应当比较充分，以达到"足以使人合理地确定所指标的物"的标准，而抵押登记的目的仅在于使抵押权人就抵押物享有对抗第三人的优先效力，因而不必进行细致的描述，能够达到必要区别即可。3. 被担保债权。被担保债权的种类和数额不仅涉及抵押权人的抵押权及其效力范围，也涉及第三人和其他动产抵押权人的交易安全。如登记公示的被担保债权的数额过大，则抵押物剩余的可供用于担保其他债权的交换价值相应减少，抵押人的一般财产用于清偿其他债务的可能性相应增大。

我国动产抵押登记内容之范围、大小仍有一些模糊之处，需结合动产抵押登记规则、动产抵押登记书、动产抵押登记簿和动产抵押登记系统等方可确定。在现行登记制度下，动产抵押登记书直接依据登记规则而定，登记内容相对较多；动产抵押登记簿与电子登记系统可供利害关系人查阅，故登记内容理应相对较少。因而，欲真正落实声明登记制，除登记书的内容应有所限制外，登记查阅制度、登记簿和电子登记系统的设计同样重要。❷ 以工商机关动产抵押登记为例，依《动产抵押登记办法》第 4 条第 1 款第 6 项规定，抵押物登记需描述"抵押财产的名称、数量、质量、状况、所在地、所有权

---

❶ 参见谢在全：动产担保制度之最近发展（上、下）［EB/OL］［2009-11-18］http：//old. civil-law. com. cn/article/default. asp？ id = 27261；http：//old. civillaw. com. cn/article/default. asp？ id = 27263

❷ 事实上，登记内容上的声明登记制、登记审查上的形式审查与登记材料提交范围上的简化安排，是落实登记对抗主义立法模式所必须的技术性要素，上述要素之部分欠缺，登记对抗主义所倡导的尊重意思自治、减少干预交易、降低登记成本等期望将难以充分实现。

归属或使用权归属"，但在通常情况下，利害关系人仅可查阅《动产抵押登记簿》上的情况，《动产抵押登记簿》上所载信息相对较少，包括抵押人抵押权人、被担保债权的种类数额履行期限、抵押物价值、登记日期和编号、变更登记和注销登记日期。不过，因《动产抵押登记簿》依据《动产抵押登记书》（含《动产抵押变更登记书》、《动产抵押注销登记书》，下同）设立，《动产抵押登记书》需置备一份于《动产抵押登记簿》中，❶利害关系人查阅《动产抵押登记簿》时不免同时查阅《动产抵押登记书》，后者登记内容明显偏多，因而，我国动产抵押登记公示的内容与前述声明登记制的要求相比，仍然过于宽泛。类似情况在民用航空器、船舶、机动车抵押登记中也有体现，❷但因标的性质及其管理体制不同，并非均为需要改进的不妥规定。

（五）其他程序

1. 更正登记与异议登记

因登记错误在客观上不可避免，动产抵押登记所公示的权利与实际权利状况不相符的情况必然存在。因而，纠正上述错误，使登记所公示的权利与实际权利恢复一致，自然要求进行更正登记，并允许第三人就登记错误提出异议。尽管我国《物权法》仅规定不动产登记中的更正登记和异议登记，《物权法》和《动产抵押登记办法》均未规定动产抵押登记中的更正登记和异议登记，但更正登记和异议登记在动产抵押登记实践中是客观存在的，只是因无登记制度上的明确规定，故而依照一般行政程序加以处理。享有更正登记请求权的主体应当与登记具有利害关系，一般包括下列情形："第一，应当被登记却没有被登记的真正抵押权人；第二，因登记的权利义务内容不恰当地扩大而受到损害的抵押人；第三，因登记的权利义务内容不恰当地限缩而受到损害的抵押权人；第四，依照法律规定可以提出更正登记的其他人"。❸

至于异议登记，因其仅为更正登记前的临时保护措施，异议是否成立、错误登记能否纠正并进行更正登记，这些争议尚需通过诉讼等相关程序予以解决。通说认为，异议登记因能够临时性地限制原登记权利的正确性推定，

---

❶ 参见《动产抵押登记办法》第10条第2款。
❷ 参见《民用航空器权利登记条例》第12条、《船舶登记条例》第22条等规定。
❸ 刘玉杰：动产抵押法律制度研究［D］复旦大学博士学位论文，2010：140

故其提出并获准需要具备相应条件，比如异议申请人须获得权利人的同意，或异议申请人能够提供具有合理性的初步证据并提供担保以及获得了法院的裁定许可。

2. 变更登记与注销登记

变更登记是指登记后因动产抵押权或动产抵押合同的内容发生变化而向原登记机关提出申请，要求变更登记记载事项的登记类型。与更正登记不同的是，虽然同为登记事项相关信息的改变，但更正登记是因纠正登记错误而发生，变更登记的发生并非基于登记错误。注销登记是指因抵押权终止，登记机关依当事人的申请依法注销动产抵押权的登记。以《动产抵押登记办法》为例，该办法第6条、第7条、第8条和第9条规定了动产抵押的变更登记和注销登记程序，❶ 其他动产抵押登记制度往往也有类似之规定。

第五节 动产抵押权的实现

动产抵押权的实现或实行，通常是指债权已届清偿期而未获清偿时，抵押权人为求优先受偿而依法处分动产抵押物的行为，体现了动产抵押权支配抵押物交换价值这一本质属性。若动产抵押权不能实行，则设定动产抵押权的初衷无疑落空。

---

❶ 《动产抵押登记办法》第6条规定，"动产抵押合同变更、《动产抵押登记书》内容变更的，抵押合同双方当事人或者其委托的代理人可以到原动产抵押登记机关办理变更登记。办理变更登记应当向动产抵押登记机关提交下列文件：（一）原《动产抵押登记书》；（二）抵押合同双方当事人签字或者盖章的《动产抵押变更登记书》；（三）抵押合同双方当事人主体资格证明或者自然人身份证明文件"。"委托代理人办理动产抵押变更登记的，还应当提交代理人身份证明文件和授权委托书"。该办法第7条规定，"动产抵押登记机关受理变更登记申请文件后，应当当场在《动产抵押变更登记书》上加盖动产抵押登记专用章并注明盖章日期"。该办法第8条规定，"在主债权消灭、担保物权实现、债权人放弃担保物权等情形下，动产抵押合同双方当事人或者其委托的代理人可以到原动产抵押登记机关办理注销登记。办理注销登记应当向动产抵押登记机关提交下列文件：（一）原《动产抵押登记书》；（二）《动产抵押变更登记书》；（三）抵押合同双方当事人签字或者盖章的《动产抵押注销登记书》；（四）抵押合同双方当事人主体资格证明或者自然人身份证明文件"。"委托代理人办理动产抵押注销登记的，还应当提交代理人身份证明文件和授权委托书"。该办法第9条规定，"动产抵押登记机关受理注销登记申请文件后，应当当场在《动产抵押注销登记书》上加盖动产抵押登记专用章并注明盖章日期"。

一、动产抵押权的实现条件

关于动产抵押权的实现条件，《民法通则》第 89 条第 1 款第 2 项规定，"债务人或第三人可以提供一定的财产作为抵押物。债务人不履行债务的，债权人有权依法律的规定以抵押物折价或者以变卖抵押物的价款优先得到偿还"。《担保法》第 53 条第 1 款规定，"债务履行期届满抵押权人未受清偿的，可以与抵押人协议以抵押物折价或者以变卖抵押物的价款优先得到偿还"。《物权法》第 195 条规定，"债务人不履行到期债务或者发生当事人约定的实现抵押权的情形，抵押权人可以与抵押人协议以抵押财产折价或者以拍卖、变卖该抵押财产所得的价款优先受偿"。比较上述立法规定，动产抵押权的实现条件主要有两种情形：一是债务人不履行到期债务；二是发生当事人约定的实现抵押权的情形。较之《民法通则》和《担保法》，《物权法》增加了约定实现抵押权的规定，即"发生当事人约定的实现抵押权的情形"，可实行抵押权。此外，如抵押人被宣告破产或被撤销，其民事主体资格即将消失，此时也应当进入抵押权实现程序。

债务人不履行到期债务，是抵押权实现的最常见情形，其要义有二：一是须有动产抵押权的存在，但该动产抵押权不以登记公示为必要；二是所担保的债权已届清偿期而未获清偿，既包括全部未受清偿，也包括部分未受清偿，且未受清偿是由债务人的原因所导致，债权人无正当理由拒绝受领不在此限。动产抵押权实现时，未登记的动产抵押权不具有对抗善意第三人的效力，当动产抵押权与所有权、其他动产担保物权发生冲突时，须遵循相关规则和法理安排顺位。

二、动产抵押权的实现程序

动产抵押权的实现程序，包括公力实现和私力实现两种。毫无疑问，公力实现因有国家强制力为后盾，更具权威性和确定性，但程序相对烦琐，成本较高。❶ 私力实现系由抵押权人自行行使，需抵押人等予以配合，虽理论

---

❶ 有研究表明，担保物权司法执行费用包括审判费用在内，总计约占担保物权价值的 17%。参见王银光：动产抵押贷款业务发展中存在的问题 [J] 金融发展研究，2009（1）：76

上成本更低但不免可能滋生冲突。

关于动产抵押权公力实现的具体程序，包括诉讼程序和非诉程序两种。《担保法》第 53 条第 1 款明文规定，"协议不成的，抵押权人可以向人民法院提起诉讼"。依此规定，公力实现以诉讼程序为唯一选择，针对这一制度安排的不合理性，有学者认为，"如果担保权人与担保人达成协议尚可，如达不成协议，则需向人民法院起诉。人民法院只能按诉讼程序对担保权人所提起的诉讼进行审理，从而开始冗长烦琐的'法律之旅'，经由一审裁判、二审裁判（如当事人上诉的话）而取得执行依据，若担保人不自觉履行裁判所定债务，担保权人仍得申请执行，法院执行庭据以强制查封、扣押担保人之财产，并委托拍卖机构予以公开拍卖。其间，担保权人承担着担保人逃逸债务的'道德风险'、预交之诉讼费、申请执行费、委托拍卖费等不得回收之风险等。此情形下，实行制度之迅速、高效、低成本实值怀疑"。❶《物权法》就抵押权的公力实现程序予以了改进，该法第 195 条第 2 款规定，"当事人未就抵押权的实现方式达成协议的，抵押权人可以请求人民法院拍卖、变卖抵押财产"。何谓"请求人民法院拍卖、变卖抵押财产"？如何"请求"？该"请求"是否必须采取诉讼程序？学界认为这一请求程序实为"非诉程序"，较之诉讼程序更具效率。选择"非诉程序"实现动产抵押权，需以当事人就抵押权的基础性问题无争议为前提。换言之，若当事人之间就抵押权是否存在、有效，债权是否届期未受清偿等基础性问题仍有争议，只能选择诉讼程序实现动产抵押权。

动产抵押权私力实现的具体程序，我国立法并无相应规定，其实践发展也不够理想，这在一定程度上导致了我国动产担保物权普遍依赖法院执行。❷域外立法及民法理论普遍认为，私力实现需要以占有动产抵押物为前提，故原则上应以和平方式实施，并履行预先告知义务，说明相关理由，使得债务人、抵押人以及占有抵押物的人有所知悉。除特殊情况外不得未经告知径行占有，且除非特殊情况，占有后不得立即处分抵押物，处分抵押物需经过一定期限方可，同时应当赋予债务人或第三人回赎权。为防范抵押当事人利用

---

❶ 高圣平：动产担保交易制度研究 [D] 中国政法大学博士论文，2002：111
❷ 参见王银光：动产抵押贷款业务发展中存在的问题 [J] 金融发展研究，2009（1）：76

私力实现方式损害其他债权人利益，《物权法》第195条第1款明文规定，"协议损害其他债权人利益的，其他债权人可以在知道或者应当知道撤销事由之日起一年内请求人民法院撤销该协议"。

三、动产抵押权的实现方式

依据我国关于动产抵押权实现的相关立法，动产抵押权的实现方式主要包括折价、变卖、拍卖三种方式，与不动产抵押权实现的规则并无二致。不过，在比较法上，诸如出租、许可使用等方式，也是包括动产抵押权在内的动产担保权可予采取的实现方式，我国动产担保立法及其交易实践，可予参照。比如《美国统一商法典》对于私力实现并无过多限制，只要处分符合商业上的合理标准，出卖、出租、许可使用或其他方式均可。

拍卖方式是《担保法》新增的实现方式，《物权法》承袭之。拍卖具有价格发现功能，属竞争性交易方式，有助于最大化实现拍卖标的价值。立法的这一变革体现了抵押权实现制度对于市场机制的引入，可值称道。因传统民法理论和民事立法均禁止流押或流抵，❶ 故折价实现动产抵押权，不得采用或变相采用流押或流抵方式，以防范具有优越地位的债权人利用债务人之弱势地位，通过订立流押或流抵契约，取得价值远远高于被担保债权的抵押物，损害债务人和第三人利益，违背了民法的公平正义。

第六节　动产抵押的特殊问题

一、动产浮动抵押及其登记

动产浮动抵押，是指抵押财产的范围、数量、价值等处于不确定状态，抵押人可以占有并自由处分抵押财产而无需征得抵押权人的同意，待发生法定或约定事由时，抵押财产得以确立（特定化），抵押权人即有权就特定化之抵押财产优先受偿的抵押方式。《物权法》第181条首次确立了动产浮动

---

❶　流押条款或流抵条款是指在设立抵押权之时或债权未届清偿期，约定债权届期未受清偿，抵押物所有权直接归债权人所有的条款，参见刘玉杰：动产抵押法律制度研究［D］复旦大学博士学位论文，2010：130

抵押制度,该条规定,"经当事人协议,企业、个体工商户、农业生产经营者可以将现有的以及将有的生产设备、原材料、半成品、产品抵押,债务人不履行到期债务或者发生当事人约定的实现抵押权的情形,债权人有权就实现抵押权时的动产优先受偿"。

我国《物权法》所创设的动产浮动抵押制度,起源于英国法上的浮动担保(floating charge)。所谓浮动担保,是与固定担保或特定担保相对应的担保形式,系衡平法上由法官创设于特定的财产之上,与普通法所创设的需附着于特定财产之上的固定抵押明显有别。在比较法上,可以设立浮动担保的主体范围较窄,但浮动担保的担保财产范围非常广泛,动产、不动产、各种权利均可成为浮动担保的担保财产范围。由于不动产担保、权利担保在我国既有物权立法中采用抵押或质押方式,且登记规则与动产抵押并不相同,故我国在借鉴英国法的浮动担保时,明确限定了动产浮动抵押的财产范围仅限于有形动产。这一安排可以防止动产浮动抵押与一般抵押、权利质押发生顺位竞合,不改变现有的行之有效的登记体系,也符合动产"浮动"、不动产"固定"之原有特质。

依据相关立法和学理,我国动产浮动抵押制度具有如下特征:

第一,抵押财产的集合性。动产浮动抵押的抵押财产既包括抵押人现有的财产,也包括将有的财产,这些财产作为一个整体共同构成抵押物。由于现有的或将来取得的财产尚未确定,故动产浮动抵押突破了大陆法系传统民法关于抵押权标的必须特定的原则。与动产固定抵押相比,动产浮动抵押的财产类型并无二致,包括生产设备、原材料、半成品、产品,基本涵盖了企业、个体工商户、农业生产经营者通常拥有的动产范围。

第二,主体的广泛性。尽管《物权法》将动产浮动抵押的抵押人范围仅限于经营者即企业、个体工商户和农业生产经营者三类,但较之域外立法,仍然较为宽泛。比如英格兰法中只有公司才允许设立浮动抵押,❶《日本企业担保法》更是规定只有资产状况达到法定条件的股份有限公司才可以设定浮

---

❶ 参见殷敏:浮动抵押若干法律问题探析 [C] 载梁慧星主编:民商法论丛(第34卷)北京:法律出版社,2006:231

动抵押,❶ 以控制动产浮动抵押固有的较高风险性。经济生活中,非经营者比如国家机关、事业单位、社会团体、非从事生产经营活动的自然人等设立动产浮动抵押担保融资的必要性不大,但经营者通常都有设立动产浮动抵押担保融资的潜在需求,不因经营者类型、规模大小而有别,故我国《物权法》允许经营者均得设立动产浮动抵押,体现了尊重市场自治、讲求公平效率的立法理念。

第三,抵押财产的浮动性。动产浮动抵押设立后,抵押财产的范围、数量、价值等处于变动状态,抵押人对其仍然享有处分权,既不需取得抵押权人同意也无需另行办理登记,待法定或约定事由发生,抵押财产方才得以特定化(结晶)。❷ 结晶之后,动产浮动抵押转化为普通的动产固定抵押;在结晶之前,抵押人可自由处分抵押财产,诸如出让、再行设立抵押等,与我国物权立法明确禁止固定抵押的抵押人擅自转让抵押财产显为不同。❸

第四,抵押财产的有限性。《物权法》第 181 条将动产浮动抵押的客体范围列举为抵押人现有以及将有的生产设备、原材料、半成品、产品四类,由于该条并未采用"等"这类具有兜底性、扩张性的用语,且明确规定这些财产皆应为"动产",❹ 故权利并不能成为动产浮动抵押的客体,动产浮动抵押的客体原则上限于有形动产。❺

毫无疑问,引入动产浮动抵押,意味着现有的和将有的动产均可供担保融资,担保财产的范围明显扩大,这对于生产流通类企业或中小企业尤为重要。这些企业的厂房、办公室有时也靠租赁,往往并不拥有或拥有很少的不

---

❶ 参见 [日] 近江幸治:日本民法的展开——特别法担保法 [C] 载梁慧星主编:民商法论丛(第 17 卷),香港:金桥文化出版(香港)有限公司,2000:399

❷ 域外将动产浮动抵押的抵押财产的特定化称之为"结晶",如同流动之水固化为特定形状,浮动抵押或浮动担保的英文为"floating charge","floating"的原意与结晶(crystallization)之意形成对应。动产浮动抵押结晶之后,即转化为普通的动产抵押或者说动产固定抵押,抵押权的实现与普通抵押权一致。

❸ 《物权法》第 191 条第 2 款规定,"抵押期间,抵押人未经抵押权人同意,不得转让抵押财产,但受让人代为清偿债务消灭抵押权的除外"。

❹ 《物权法》第 181 条就动产浮动抵押规定,"债务人不履行到期债务或者发生当事人约定的实现抵押权的情形,债权人有权就实现抵押权时的动产优先受偿"。

❺ 由于担保财产的范围有限,并不包括不动产和权利,我国动产浮动抵押的性质应为抵押,而非集合财产担保或浮动担保,应当适用关于抵押的一般规则。

动产，存货、原材料、半成品等动产常常构成这些企业的主要财产，且因经营活动之持续进行而不断处于变动之中，设立动产固定抵押将妨碍抵押人在经营中自由处分动产，设立动产质押又将使抵押人丧失对于动产质物的占有使用，故动产浮动抵押在某种意义上成为了这些企业开展物权担保融资的唯一选择。

浮动担保可以在集合财产之上设立，具有整体价值性，往往包括特定企业的主要财产，加之担保财产处于不确定状态，为保障债权人利益，英美法上允许浮动担保权人在特定情况下接管企业，介入企业的经营管理，我国立法并未规定动产浮动抵押中抵押权人的接管权，但学界认为原则上也应允许抵押当事人之间通过协议约定设立接管权。

动产浮动抵押与动产固定抵押一样，均实行登记对抗主义。《物权法》第 189 条第 1 款规定，"企业、个体工商户、农业生产经营者以本法第一百八十一条规定的动产抵押的，应当向抵押人住所地的工商行政管理部门办理登记。抵押权自抵押合同生效时设立；未经登记，不得对抗善意第三人"。由于动产浮动抵押设立后，无论是否办理抵押登记，抵押人仍可自由处分抵押财产，比如将抵押财产以合理价款出售，故抵押权人不得以其抵押权对抗正常生产经营中已支付合理价款并取得抵押财产的买受人。❶ 不过，在动产浮动抵押的抵押财产结晶之后，抵押权人对于已特定化之抵押财产享有优先受偿权。对于结晶之前的抵押财产，若在其全部或部分之上设立动产固定抵押，因该部分动产已特定化，即形成动产固定抵押与动产浮动抵押在同一标的物之上的竞合。我国立法并未禁止在同一动产之上设立动产浮动抵押后再行设立动产固定抵押，二者并存时应依《物权法》第 199 条规定处理顺位。❷

---

❶ 《物权法》第 189 条第 2 款规定，"依照本法第一百八十一条规定抵押的，不得对抗正常经营活动中已支付合理价款并取得抵押财产的买受人"。依此规定，正常经营活动的范围限于买卖，出租、设立担保等情形不在此范围。

❷ 《物权法》第 199 条规定，"同一财产向两个以上债权人抵押的，拍卖、变卖抵押财产所得的价款依照下列规定清偿：（一）抵押权已登记的，按照登记的先后顺序清偿；顺序相同的，按照债权比例清偿；（二）抵押权已登记的先于未登记的受偿；（三）抵押权未登记的，按照债权比例清偿"。这一安排与英国法上的浮动抵押制度有所不同，后者在结晶之前设立的固定抵押绝对优先于浮动抵押。若在已设立固定抵押的动产之上再行设立动产浮动抵押，或者说将已设立固定抵押的动产纳入动产浮动抵押的抵押财产范围，也应依此规定。参见刘玉杰：动产抵押法律制度研究 [D] 复旦大学博士学位论文，2010：89

依《动产抵押登记办法》，办理动产固定抵押应当填写《动产抵押物清单》所列事项，提交《动产抵押物清单》，但因动产浮动抵押的抵押财产无法特定，故无须也无法填写、提交《动产抵押物清单》，登记内容应当予以简化。尽管如此，在登记上仍应明确以"现有及将有的全部或部分范围的生产设备、原材料、半成品或产品抵押"。由于《动产抵押登记办法》及其配套的登记文书并未就动产浮动抵押登记进行专门规定，部分地方针对动产浮动抵押的特殊性，在登记规则和文书填写方面予以了特别安排。比如《四川省工商行政管理机关动产抵押登记实施办法》第10条规定，"当事人根据《物权法》第一百八十条的规定抵押的，应当提交《动产抵押物清单》"。"当事人根据《物权法》第一百八十九条的规定抵押的，应当填写抵押物概况"。该条前款规定针对动产固定抵押，后款规定针对动产浮动抵押，与之配套的《动产抵押登记书》专设"动产抵押物概况"专栏。

二、动产抵押适用范围的扩张

随着物权立法的不断完善，动产抵押的适用范围明显扩张，体现了鼓励担保交易、追求物尽其用的效率取向。具体而言，动产抵押适用范围的扩张主要体现在三个方面：

第一，动产抵押主体范围的扩张。《物权法》引入了动产浮动抵押制度，动产浮动抵押的抵押人范围包括企业、个体工商户和农业生产经营者，与传统的动产固定抵押相比，主体范围明显扩大。既然风险偏高的动产浮动抵押的主体范围均已扩张，举重以明轻，动产固定抵押的主体范围在实践中普遍得以扩张解释，但凡经营者均可成为动产抵押的抵押人，不限于《担保法》下拥有设备和其他动产的企业。

不过，由于《物权法》仅列举企业、个体工商户和农业生产经营者可以成为动产抵押人，某些主体性质不够清晰、但能依法从事经营活动或参与市场交易的主体是否属于企业范围，就成为了这些主体能否成为动产抵押人的关键。这类问题的存在，并非动产抵押制度自身之过，更多是当前商主体制度自身问题所致。关于何为企业的问题，显然不能只依照20世纪80年代末制定的《企业法人登记管理条例》加以认定。比如农民专业合作社虽并非依照《企业法人登记管理条例》登记，● 领取的主体资格证书是《农民专业合作社法人营业执照》而非《企业法人营业执照》，● 但该主体在实际从事经营活动，存在着盈余和剩余财产分配等商主体特有的资产制度，符合企业的本质，可以以企业的名义作为抵押人从事动产抵押交易并依法申请抵押登记，以推动农业产业发展和农村经济体制创新。再如，私立医院虽然享受着一定的优惠政策，但普遍是以企业名义办理登记的，并不是事业单位，其医疗设备并不属于《担保法》所特指的"医院等公益事业单位的医疗卫生设施"的范畴，因而也可成为合格的动产抵押人，将其医疗设备担保融资，以获得更大的发展空间。此外，某些行业协会依照国家有关规定，亦能从事经营活动，可以被视为经营者或企业，不妨亦可以其动产从事抵押交易，以增进自身发展，服务协会成员利益，更好实现自身宗旨。

至于抵押权人的范围，《担保法》第 2 条强调债权人可以在经济活动中为保障债权实现设定担保（含动产抵押权），但因经济活动的内涵和所指范围并不确定，抵押权人的资格或范围原则上应无限制，但凡具有独立民事权利能力和行为能力的民事主体，均可成为合格的抵押权人。《物权法》则明确规定债权人在民事活动中均可依法设立担保保障债权实现，主体资格要求完全放开。●

第二，被担保债权的扩张。《担保法》规定的被担保债权，原则上应当是经济活动中的债权，非经济活动中产生的债权，比如侵犯人身权产生的赔偿之债，就不能通过担保（含动产抵押权）保障债权实现。《物权法》对被担保债权的范围予以了扩张，该法第 171 条第 1 款规定，借贷、买卖等民事活动中的债权可以依法设立担保物权（含动产抵押权），不限于《担保法》规定的借贷、买卖、货物运输、加工承揽等经济活动中产生的债权，且对被担保债权的性质、种类、范围亦无强制限定，但凡民事活动中发生的债权关

● 《农民专业合作社登记管理条例》第 2 条第 1 款规定，"农民专业合作社的设立、变更和注销，应当依照《中华人民共和国农民专业合作社法》和本条例的规定办理登记"。

● 《农民专业合作社登记管理条例》第 3 条规定，"农民专业合作社经登记机关依法登记，领取农民专业合作社法人营业执照（以下简称营业执照），取得法人资格。未经依法登记，不得以农民专业合作社名义从事经营活动"。

● 参见《物权法》第 171 条。

系均可设定物权担保。因而，动产抵押的适用范围完全可以溢出经营者的经营活动这一传统范畴，经营者与经营者之间、经营者与非经营者之间以及非经营者之间的经营或非经营活动均可设立动产抵押担保。基于物权基本立法的上述变化，《动产抵押登记办法》明确规定，为"保障债权的实现"，可以依法办理动产抵押登记。

第三，动产抵押客体范围的扩张。严格地讲，《担保法》下动产抵押物的范围，已经较为宽泛，包括企业的设备和其他动产、交通运输工具、自愿向公证机构登记的当事人的其他动产。不过，因上述立法用语较为模糊，何为企业的"其他动产"并不明确，加之企业的原材料、半成品、产品通常处于不断变动中，在缺乏动产浮动抵押制度的情况下，这些动产通过动产固定抵押建立担保，仍存在不少障碍。此外，因公证机构的动产抵押登记作用并未得到充分发挥，也在一定程度上限制了动产抵押客体范围的扩张。《物权法》颁布后，动产抵押的客体范围被明确规定为企业、个体工商户和农业生产经营者的"生产设备、原材料、半成品、产品"，立法用语明确，基本涵盖了常见的动产抵押物，有助于扩张动产抵押客体的范围，推动动产抵押交易发展。

三、重复抵押及其风险防范

重复抵押是指同一抵押物担保数个债权的抵押行为。基于物尽其用的观念和交易自由的原理，同一财产的再次抵押，即重复抵押原则上不应为法所禁止。不过，重复抵押最终得到我国物权立法的基本认可，经历了相当长的过程。

《民法通则》对重复抵押未予规定。最高人民法院《关于贯彻执行〈中华人民共和国民法通则〉若干问题的意见（试行）》第 115 条第 1 款规定，抵押物如由抵押人自己占有并负责保管，在抵押期间，非经债权人同意，抵押人就抵押物价值已设置抵押部分再作抵押的，其行为无效。该条第 2 款规定，"债务人以抵押物清偿债务时，如果一项抵押物有数个抵押权人的，应当按照设定抵押权的先后顺序受偿"。有学者因此认为该条规定是对重复抵押的明确排斥，❶ 但该规定也可解释为经债权人同意，抵押人可以就抵押物

---

❶ 参见张良：动产重复抵押初探［J］西南民族大学学报（人文社科版），2009（9）：104-107

价值已设置抵押部分再作抵押，即有条件允许重复抵押，若出现重复抵押，按照抵押权设定的先后顺序清偿债务。《担保法》改进了对于重复抵押的立法安排，该法第 35 条第 1 款规定："抵押人所担保的债权不得超出其抵押物的价值"。第 2 款规定，"财产抵押后，该财产的价值大于所担保债权的余额部分，可以再次抵押，但不得超出其余额部分"。《担保法》第 35 条所指的重复抵押，是指"抵押所担保的债权超过了其抵押物的价值"，即再次抵押不得超过已抵押动产的交换价值的余额，称为"禁止超额抵押"或"禁止重复超额抵押"更妥。不过，交易实践中因当事人法律意识不高、抵押物价值难以确定等原因，超额重复抵押几乎不可避免，同一抵押物不能完全清偿其上设立的所有债务的情形比比皆是，以致《担保法》第 54 条又专门规定了重复抵押的清偿顺位问题，在事实上又允许了重复超额抵押，形成了《担保法》自身明显的逻辑冲突。为化解这一冲突，《担保法司法解释》第 51 条明确规定，"抵押人所担保的债权超出其抵押物价值的，超出的部分不具有优先受偿的效力"。即重复抵押应为法所允许，并非"不得"为之，亦非无效，如为之，只是超出抵押物价值的债权部分不具有优先受偿的效力。

很显然，禁止重复抵押或超额抵押的做法因过分注重债权保障，不利于充分发挥物的融资功能，对于市场自治欠缺尊重，加之合理确定抵押物价值这一问题始终难以解决，该规则在实践中难以得到真正遵循。即便不允许重复抵押或超额抵押，因动产价值并不恒定，随时都可能出现抵押物价值低于被担保债权的情形。同时，担保债权的实现，仅仅是一种可能性，立法刻意要求抵押物价值必须大于或等于被担保债权，反而在一定程度上妨碍了物尽其用和当事人的意思自治。《物权法》不再限制重复抵押，同一动产上可以设定多个动产抵押权，同一动产所担保的债权总额可以超过其价值，这一立法精神，在动产浮动抵押制度和重复抵押的清偿顺位安排中均有体现。❶ 比如因浮动抵押的标的数量、价值不固定，随时处在不断变化中，被担保债权的数额随时可能超出抵押物的价值范围，形成事实上的超额抵押。

---

❶ 参见《物权法》第 181 条、第 199 条。

值得注意的是，对于超额重复抵押行为，还存在追究刑事责任的可能。❶依据现行刑法，以非法占有为目的，超出抵押物价值重复担保，骗取银行或其他金融机构的贷款，数额较大的，构成贷款诈骗罪。有学者认为，这一立法安排过于偏重对银行等金融机构的债权利益保护，对于当事人自由从事融资担保构成严重障碍。❷笔者认为，尽管刑法明确要求构成贷款诈骗罪需要以非法占有目的为前提，但因行为目的存在于个体内心，终归需要借助行为的事实外观予以判断，当事人未归还到期贷款、使用虚假理由获取贷款后用于正常经营活动或者超额重复抵押（担保），均不能充分说明其具有非法占有目的。立法将其纳入刑法规制范围，极易导致司法机关仅仅依据超额抵押且不能到期归还借款的事实，认定非法占有目的的存在并进而追究抵押人的刑事责任，使得某些仅仅是轻微不诚信或者还款能力不佳的抵押贷款人随时处于危险境地，这一立法安排严重落后于《担保法》、《物权法》等担保融资制度的先进理念，应予废止。

尽管重复抵押不应禁止并需"去刑化"，但这并不意味着重复抵押本身毫无风险。事实上，由于重复抵押得到民事立法解禁，加之动产抵押登记制度转型后，形式审查成为主流，重复抵押的交易风险最近几年不降反增，经济领域前几年发生的钢材物流企业融资链不时出现崩溃的事件，即与重复抵押不无关系。结合笔者工作实践，下面就当事人如何防范动产重复抵押的风险提出以下建议：第一，认真考察债务人的履约能力和信用状况，务必办理抵押登记，确保动产抵押取得对抗效力。第二，查询抵押动产是否已办理过抵押登记，或已被抵押但未办理登记，从而明确自身抵押权的顺位。由于动产抵押登记信息可能存在的不充分、异地存放、纸面登记信息与电子登记信息不一致等问题，有必要对登记情况进行专门的、全面的查询。第三，同一

---

❶ 《刑法》第 193 条规定，"有下列情形之一，以非法占有为目的，诈骗银行或者其他金融机构的贷款，数额较大的，处五年以下有期徒刑或者拘役，并处二万元以上二十万元以下罚金；数额巨大或者有其他严重情节的，处五年以上十年以下有期徒刑，并处五万元以上五十万元以下罚金；数额特别巨大或者有其他特别严重情节的，处十年以上有期徒刑或者无期徒刑，并处五万元以上五十万元以下罚金或者没收财产：（一）编造引进资金、项目等虚假理由的；（二）使用虚假的经济合同的；（三）使用虚假的证明文件的；（四）使用虚假的产权证明作担保或者超出抵押物价值重复担保的；（五）以其他方法诈骗贷款的"。

❷ 参见张良：动产重复抵押初探 [J] 西南民族大学学报（人文社科版），2009（9）：104-107

动产之上除抵押权之间可能并存外，还可能通过动产质押、仓单质押方式融资，故应当实地查看抵押物的数量、价值、保管、市场行情等情况，并要求抵押人书面承诺已告知特定动产之上的所有抵押或其他担保信息。第四，如对于担保风险的承受力较差，还可以考虑引入第三方监管动产抵押物，并约定未还清贷款前，抵押物归抵押人所有，这也是很多银行的普遍做法。不过，因这一方式实质上是以让与担保而非动产抵押进行担保，依然存在较大法律风险。第五，要求提供组合担保，以及适时行使抵押权保全权。

四、动产最高额抵押

最高额抵押定义的立法体现最早见于《担保法》第 59 条，该条规定，"本法所称最高额抵押，是指抵押人与抵押权人协议，在最高债权额限度内，以抵押物对一定期间内连续发生的债权作担保"，《物权法》第 203 条第 1 款承袭之。最高额抵押是抵押的特殊类型，除适用自身的特别规定外，其他问题适用物权立法关于一般抵押的规定。❶ 动产最高额抵押则是指以动产为标的设立的最高额抵押类型，与普通最高额抵押相比，其特殊性主要体现在抵押物为动产。鉴于担保实践中，以动产为标的设定最高额抵押，为一定期间内连续发生的债权作担保的方式较为普遍，有必要予以相应介绍。

最高额抵押具有如下特点：第一，被担保债权是将来发生的、连续发生且不特定的债权。已经发生的债权，或者说最高额抵押权设立前已经存在的债权，经当事人同意，可以转入最高额抵押担保的范围。第二，须约定被担保债权的最高限额，未约定的不构成最高额抵押。被担保债权的这一最高限额，也应当是办理动产抵押登记时所填写的"债权数额"或"被担保债权数额"。第三，最高额抵押确定前，被担保债权转让或消灭的，最高额抵押权并不因此转让或消灭，最高额抵押权的发生也与被担保债权不具有从属性，可总称为最高额抵押权的独立性，与普通抵押权的从属性有别。❷ 第四，被担保债权确定后，最高额抵押转为普通抵押。"确定后的债权范围超过最高

---

❶ 参见《物权法》第 207 条。

❷ 《物权法》第 204 条规定，"最高额抵押担保的债权确定前，部分债权转让的，最高额抵押权不得转让，但当事人另有约定的除外"。

限额的，原则上不在抵押权担保范围内，抵押权人无优先受偿权"。❶

最高额抵押设立后，经抵押人和抵押权人协商可以变更，不过，最高额抵押关系中的被担保债权范围、最高债权额、债权确定的期间等涉及其他抵押权人的利益，故《物权法》要求变更的内容不得对其他抵押权人产生不利影响。❷《担保法司法解释》第 82 条则将之具体解释为，"当事人对最高额抵押合同的最高限额、最高额抵押期间进行变更，以其变更对抗顺序在后的抵押权人的，人民法院不予支持"。

最高额抵押担保的债权确定情形，《物权法》第 206 条列举了六种，分别是：（一）约定的债权确定期间届满；（二）没有约定债权确定期间或者约定不明确，抵押权人或者抵押人自最高额抵押权设立之日起满二年后请求确定债权；（三）新的债权不可能发生；（四）抵押财产被查封、扣押；（五）债务人、抵押人被宣告破产或者被撤销；（六）法律规定债权确定的其他情形。此外，依担保法理，抵押权人行使抵押权、抵押财产被拍卖变卖的，被担保债权亦确定。❸

除最高额抵押外，《物权法》还规定了最高额质押（权），依该法第 222条第 2 款规定，最高额质权除适用动产质权的规定外，参照《物权法》关于最高额抵押权的规定。

五、民间借贷的动产抵押登记

由于动产抵押未登记，不得对抗善意第三人，故理性当事人普遍要求办理动产抵押登记，赋予动产抵押权以对抗力。在登记实践中，设有动产抵押担保的债权类型众多，除正规金融机构如银行、小额贷款公司等与其借款人之间可能要求办理动产抵押登记担保贷款债权外，民间借贷的比例也非常高。所谓民间借贷，是指自然人、非金融法人以及其他组织之间建立的资金借贷关系，❹也可理解为商业银行金融借贷之外的其他借贷关系。

因金融体制之故，我国民事及金融立法对于民间借贷限制颇多，比如超

---

❶ 曹士兵：中国担保制度与担保方法［M］北京：法律出版社，2015：317
❷ 参见《物权法》第 205 条。
❸ 参见曹士兵：中国担保制度与担保方法［M］北京：法律出版社，2015：316
❹ 赵莹、雷兴虎：我国商事民间借贷的立法体系建构［J］湖南社会科学，2014（3）：72-76

过银行同类贷款利率四倍的无效或不予保护、企业之间名为联营实为借贷的资金拆借行为无效，企业之间违规借贷或变相借贷无效等。相关制度主要包括最高人民法院《关于如何确认公民与企业之间借贷行为效力问题的批复》、最高人民法院《关于审理联营合同纠纷案件若干问题的规定》、中国人民银行《贷款通则》、最高人民法院《关于对企业借贷合同借款方逾期不归还借款的应如何处理问题的批复》、证监会、国资委《关于规范上市公司与关联方资金往来及上市公司对外担保若干问题的通知》等。对于民间借贷中的违法犯罪行为，刑法亦予以了相应规制，比如设有非法吸收公众存款罪、集资诈骗罪等。上述限制，学界多有非议，本文不予详述。就动产抵押登记而言，民间借贷的蜂拥而至，带来的问题主要有几点：民间借贷能否办理动产抵押登记？无效的民间借贷能否办理动产抵押登记？违法甚至犯罪的民间借贷能否办理动产抵押登记？动产抵押登记机关能否、应否审查民间借贷的合法性、有效性？

对于上述问题，登记实践一般认为，由于动产抵押登记已采形式审查，登记机关并无审查借贷关系有效性的司法裁判权，也非专门负责金融监管的机构，无权判断民间借贷的合法性和有效性，对于民间借贷的动产抵押登记，原则上应允许。至于明显构成犯罪的民间借贷，则不应为其办理动产抵押登记。事实上，非法吸收公众存款、集资诈骗，涉及主体数量众多，动产抵押登记实行一申请一受理的逐件登记制，很难发现或遇到这类严重违法的民间借贷行为。

六、机动车抵押登记

《物权法》第 24 条规定，机动车物权的设立、变更、转让和消灭，未经登记，不得对抗善意第三人。依此规定，机动车抵押采登记对抗主义。❶ 鉴于在交通运输工具抵押中，机动车抵押最为常见，与普通民众关系最为密切，有必要加以起码介绍。

根据交通部新出台的《机动车登记规定》，机动车抵押的登记机关是机动车登记地的车辆管理所，具体而言，是指直辖市公安机关交通管理部门车

---

❶ 对于这一立法安排，学界颇有非议，具体可参见刘亚荣：论机动车物权变动模式的检讨与变革 [J] 重庆交通大学学报（社科版），2013（2）：20-24；程令：论机动车所有权的变动模式——兼评《物权法》第 24 条 [J] 郑州航空工业管理学院学报（社科版），2010（1）：143-146；刘玉杰：机动车物权变动公示论 [J] 行政与法，2010（5）：122-125；王森波：机动车"登记对抗"质疑——《物权法》第 24 条解读 [J] 法治研究，2010（4）：93-96。

辆管理所、设区的市或者相当于同级的公安机关交通管理部门车辆管理所。❶
为方便群众查询、办理机动车（含抵押）登记，《机动车登记规定》要求车
辆管理所应当在登记场所依法公示有关机动车登记的事项、条件、依据、程
序、期限以及收费标准、需要提交的全部材料的目录和申请表示范文本等信
息和材料，并要求省级、设区的市或者相当于同级的公安机关交通管理部门
在互联网上发布机动车登记的有关规定、表格，供群众查询、下载、使用。❷
《机动车登记规定》第 4 条要求机动车（含抵押）登记使用计算机登记系统，
确保数据库标准和登记软件全国统一。

　　机动车抵押登记申请由机动车所有人和抵押人共同提出，但申请表应当
由机动车所有人填写，并需提交下列证明、凭证：（一）机动车所有人和抵
押权人的身份证明；（二）机动车登记证书；（三）机动车所有人和抵押权人
依法订立的主合同和抵押合同。登记机关受理登记之日起一日内，经审查提
交的证明、凭证，认为符合条件的，在机动车登记证书上签注抵押登记的内
容和日期，抵押登记即告完成。❸ 申请解除抵押登记的程序与申请抵押登记
的程序类似，不同之处在于提交材料有所差异，除不需提交当事人订立的主
合同和抵押合同外，如解除抵押是由人民法院调解、裁定、判决作出的，申
请表由机动车所有人或者抵押权人填写均可，并应提交人民法院出具的已生
效的《调解书》、《裁定书》或《判决书》以及相应的《协助执行通知书》。❹
公众可以查询机动车抵押登记日期、解除抵押登记日期。

　　根据《机动车登记办法》第 9 条、第 26 条的规定，下列情形之一的，
不予以办理抵押登记：机动车所有人提交的证明、凭证无效的；机动车达到
国家规定的强制报废标准的；机动车被人民法院、人民检察院、行政执法部
门依法查封、扣押的；机动车属于被盗抢的；属于海关监管的机动车，海关
未解除监管或者批准转让的；此外，对机动车所有人提交的证明、凭证无效，
或者机动车被人民法院、人民检察院、行政执法部门依法查封、扣押的，亦
不予办理解除抵押登记。

---

❶ 参见《机动车登记规定》第 2 条、第 22 条。
❷ 参见《机动车登记规定》第 3 条第 3 款、第 4 款。
❸ 参见《机动车登记规定》第 23 条。
❹ 参见《机动车登记规定》第 24 条。

第三章　质押制度概论

第一节　质权概述

一、质权的概念与特征

质权，也称质押权，是指通过质押方式设立的担保物权。[1] 因标的不同，质权分动产质权与权利质权两种类型。《物权法》第 208 条第 1 款规定，"为担保债务的履行，债务人或者第三人将其动产出质给债权人占有的，债务人不履行到期债务或者发生当事人约定的实现质权的情形，债权人有权就该动产优先受偿"。依前款规定设立的质权为动产质权，标的为动产。质权除可以在动产之上设立外，依《物权法》第 223 条的规定，法定范围的权利之上也可设立质权，[2] 立法和学理上称其为"权利质权"，与在有形动产之上设立的动产质权相对应。动产质权是质权的一般情形，权利质权是质权的特殊类型，物权立法关于动产质权的一般规则，原则上适用于权利质权，《物权法》第 229 条规定，"权利质权除适用本节（权利质权专节。——笔者注）规定外，适用本章第一节动产质权的规定"。

质权以质押财产为客体，质权关系主体包括出质人和质权人。其中，出质人是指将其质押财产出质给债权人占有的债务人或者第三人，质权人是指其债权得到质押财产担保并占有质押财产的债权人。由于立法安排和物权观念有别，不同国家的质权制度之间存在不小差异，依我国物权立法，质权具

---

[1] 学界对于质权的详细界定诸如"质押，又称质权，是指债务人因担保其债权的实现而占有债务人或第三人提供的财产（动产或权利），于债务人不履行债务时，得就其所占有的标的物的价值优先于其他债权人受偿的一种担保物权"，参见高富平：物权法专论［M］北京：北京大学出版社，2007：547。

[2] 参见《物权法》第 223 条。

有如下特征：❶

第一，质权的标的即质押财产不限于动产，还包括权利，但不动产及用益物权不能成为质权的标的。较之不动产抵押，❷ 质权的客体范围比较广泛，除不动产和用益物权外，其他动产及各种财产权利，均可能成为质权的客体。由于权利质押标的较为特殊，考虑到我国市场经济发展水平不高，《物权法》第 223 条将权利质押的客体范围限于以下七类：汇票、支票、本票；债券、存款单；仓单、提单；可以转让的基金份额、股权；可以转让的注册商标专用权、专利权、著作权等知识产权中的财产权；应收账款；法律、行政法规规定可以出质的其他财产权利。上述立法安排与许多大陆法系国家的质权体系有所不同，比如，日本法上的质权标的包括动产、不动产、财产权利，法国法上的质权标的包括动产和不动产，因财产权被视为无体动产，故法国法上的权利质权被纳入动产质权的范畴。

第二，因标的不同，质权的公示方式包括移转占有、登记和交付权利凭证三种方式。动产质权的设立除需质权人和出质人的合意外，还需转移质押财产的占有才能设立，故移转占有为动产质权的公示方式。❸ 移转占有除具有公示动产质权的作用外，还具有间接强制债务人清偿债务的留置作用。❹ 若债务人不履行到期债务或者发生当事人约定的实现质权的情形，质权人可以依法享有就其占有的动产优先受偿的权利。以基金份额、股权、知识产权、应收账款以及无权利凭证的有价证券出质的，因权利类型之特殊性，必须到有关主管部门办理出质登记，质权方能设立，故该类质权以登记为其公示方式。汇票、支票、本票、债券、存款单、仓单、提单等出质，具有权利凭证的，质权自权利凭证交付质权人时设立。❺

---

❶ 本节对于质权特征的归纳主要以动产质权为背景，故本章第二节不再专门研究动产质权的特征。

❷ 在我国，抵押权除动产抵押可以设立于动产之上外，不动产抵押权则设立于不动产及用益物权如建设用地使用权、部分土地承包经营权之上。

❸ 这也是动产质权区别于抵押权的本质特征，故学理上将动产质权纳入移转占有型担保，而将抵押纳入非移转占有型担保。

❹ 参见杨与龄：民法物权［M］台北：五南图书出版公司，1981：213

❺ 《物权法》第 224 条规定，"汇票、支票、本票、债券、存款单、仓单、提单出质的，当事人应当订立书面合同。质权自权利凭证交付质权人时设立；没有权利凭证的，质权自有关部门办理出质登记时设立"。

第三，因动产质权需移转质物占有，故权利义务安排与抵押特别是动产抵押明显有别。动产质权人因占有质物，故有保管质物的义务，❶ 有权收取质物所生孳息，❷ 并有义务在债务人履行债务后返还质押财产。❸ 由于质权人占有质物，故出质人无法使用质物，但质物仍归出质人所有，未经出质人同意，质权人不得使用、处分质物。❹《物权法》第 214 条明文规定，"质权人在质权存续期间，未经出质人同意，擅自使用、处分质押财产，给出质人造成损害的，应当承担赔偿责任"。依此规定，如质权人擅自使用、处分质押财产给出质人造成损害的，应当承担赔偿责任，如未构成损害，通常亦构成违约责任（违反质押合同的相关约定），还可能因擅自使用获益而构成不当得利。《物权法》前条规定虽列于动产质权专节，但亦适用于权利质权。

第四，质权属意定担保物权，不同于留置权等法定担保物权，但动产质权的设立需移转质物的占有，权利质权的设立需交付权利凭证或采登记要件主义，从而既与普通动产抵押完全采意思成立登记对抗主义有别，亦与不动产及用益物权的抵押完全采登记要件主义不同。

二、质权担保的发展态势

质权担保历史悠久，但因设立动产质权除需当事人合意外，还需移转质物的占有方可产生，故出质人为获得担保融资，不得不放弃对于质物的占有和使用，而质权人则另需承担保管质物的义务，❺ 但未经出质人同意又不得使用、处分质物，可见，动产质权不能较好兼顾质物的使用价值和交换价值，关切交易安全甚于交易效率，是一种成本较高的担保方式，其发展在总体上

---

❶ 《物权法》第 215 条规定，"质权人负有妥善保管质押财产的义务；因保管不善致使质押财产毁损、灭失的，应当承担赔偿责任"。"质权人的行为可能使质押财产毁损、灭失的，出质人可以要求质权人将质押财产提存，或者要求提前清偿债务并返还质押财产"。

❷ 《物权法》第 213 条规定，"质权人有权收取质押财产的孳息，但合同另有约定的除外"。"前款规定的孳息应当先冲抵收取孳息的费用"。

❸ 《物权法》第 219 条第 1 款规定，"债务人履行债务或者出质人提前清偿所担保的债权的，质权人应当返还质押财产"。

❹ 因质权属担保物权，并非用益物权，故质权人仅能支配质物的交换价值，而不能支配质物的使用价值。

❺ 不过，因质权系为担保质权人的债权而设立，故保管质物的必要费用，应由出质人支付。参见王利明：物权法研究［M］北京：中国人民大学出版社，2013：1331

呈现衰微趋势。

不过，因动产质物由质权人占有、控制，可以防止出质人转移或不当处分质物，降低了债权风险。同时，质押合同成立生效并移交质物后，动产质权即成立，无须另行办理登记，交易较为便捷，因而，动产质权仍然是市场交易中不可或缺的动产担保方式。

现代经济的发展深刻改变了财富结构，传统的有形动产地位下降，而知识产权、金融产权、股权等无形财产日渐成为财富世界里更为重要的成员，新型权利之上的担保融资遂获得了广阔的发展空间，成为现代担保法发展的重要内容。权利质权的成长改变了质权担保的发展态势。通过将权利拟制为动产，适用动产质押的一般规则，同时辅以权利担保的特殊规则，传统质押担保亦能在知识经济和信息社会重焕生机。传统质权担保的这一变化，与其说是受英美法系开放式、功能化的动产担保法制的影响，还不如说更多是传统动产担保立法对于现代经济发展的有效回应。

第二节　动产质权

一、质物

（一）质物概述

质物为动产质权的标的，与特定财产权同为质权客体。《担保法》采"质物"称谓，《物权法》将"质物"与"可以出质的财产权利"统称为"质押财产"。我国物权立法规定的质物范围限于动产及特定权利，[❶] 不动产及其权利（如建设用地使用权等用益物权）不能成为质权标的，与之类似的准物权如探矿权、采矿权、捕捞权等也不得质押。[❷] 至于不动产收益权，虽有不动产之名，但并非物权，实为应收账款，可以成为权利质权的标的，[❸] 不能成为动产质权的标的。

---

❶ 如在动产质权框架下使用"质物"，其意只限于有形动产；如在质权框架下使用质物，其意还包括特定权利。

❷ 参见曹士兵：中国担保制度与担保方法［M］北京：法律出版社，2015：324

❸ 参见《担保法司法解释》第 97 条。

史尚宽先生认为，能够成为质押标的的条件有三，一是财产性，二是可让与性，三是适质性，即该标的适合出质。❶ 根据这一原理，质物首先需要具备"可让与性"，法律、行政法规禁止转让的动产不得出质。此外，依法不得抵押的动产在解释上也不得设质，❷ 以保护特定动产所承载的公共利益不致因标的自由流转而受损。比如，学校、幼儿园、医院等以公益为目的的事业单位、社会团体的教育设施、医疗卫生设施和其他公益设施中的动产不能设质，但这些单位的非公益动产则可设质。不过，限制流通物可以成为质权标的，比如法定范围内、依法可以流转的文物可以出质，在实现质权时，应依法律规定的方法和程序流转，比如由指定单位收购。其次，质物须为特定物，能够与其他动产相区别。我国物权立法不允许以多个动产和权利集合设质，故动产质物应为一物，质物和权利应分别设质。至于标的物的适质性问题，可参见下文关于权利质权标的的研究。

（二）特殊质物

1. 金钱质押

金钱的所有权随占有的移转而移转，作为一般等价物，金钱如无法特定化，不能成为质物，金钱能否出质历来就有争议。❸ 金钱质押常以押金担保的名目出现，大陆法系承认金钱质押的相关立法，所指的金钱质物，局限于特定化的金钱。我国物权基本立法并未规定金钱质押，但《担保法司法解释》第85条规定，"债务人或者第三人将其金钱以特户、封金、保证金等形式特定化后，移交债权人占有作为债权的担保，债务人不履行债务时，债权人可以以该金钱优先受偿"。因该条解释位于《担保法司法解释》动产质押部分，故金钱质押应纳入动产质押，而非权利质押。交易实践中，金钱特定化的形式除特户、封金外，还包括信用证开证保证金、承兑汇票的开票保证金、股民保证金、定金、订约押金等。这些金钱形式是否符合质物条件，尚需加以具体分析判断：（1）特户。特户是指金融机构为金钱出质开设的专用账户，因被特定化而区别于普通账户。由于设立动产质权须移转质物的占有，

---

❶ 参见史尚宽：物权法论［M］北京：中国政法大学出版社，2000：390-392

❷ 参见《担保法》第37条、《物权法》第184条。

❸ 如不规则质说、附解除条件说、债权质说、信托说等，参见谢在全：民法物权论［M］北京：中国政法大学出版社，1999：762

故特户出质可以通过开在质权人处实现交付；如特户开在第三人处，质权人（债权人）与出质人应明确约定特户的担保性质，出质人须书面告知该第三人，要求该第三人收到通知后，未经质权人（债权人）同意不得处分特户中的金钱。要言之，该特户出质后，质权人（债权人）和出质人（账户所有人）均不能随意处分该特户。由于质押标的为特定化之金钱，故实现质权时不需变现，质权人可以直接就特户中的金钱优先受偿。（2）保证金。保证金出质须符合特定化的条件，金融实践中的信用证保证金、承兑汇票的开票保证金、股民保证金等因按特户管理，故可以出质，如保证金未按特户管理，则不得出质。订金、押金等具有担保作用的金钱能否出质，可参考保证金出质的基本条件。至于将并未特定化的金钱交付债权人作为债权担保的情形，学界多认为不能成立质权，但其性质属于信托中的所有权让与。❶该未特定化的金钱交付后，债权人虽可依对该金钱的所有权自由处分之，但仍负有附条件的返还义务，即债务清偿后返还相同数目的金钱。

2. 交通运输工具质押

依我国物权立法，民用航空器、船舶、机动车等交通运输工具可以同时成为质权和抵押权的标的，但交通运输工具设质后，因须移转占有，必然影响出质人对其使用，同时，为防止出质人在交通运输工具上重复设立抵押权，以致影响质权实现，一般建议质权人在设质时要求出质人交付交通运输工具的权利凭证，防止过度抵押，保证交通运输工具有足够的交换价值担保质权实现。❷由于大部分交通运输工具均不存在质押登记制度，但普遍存在抵押登记制度，故交通运输工具设立担保如办理了登记，则成立动产抵押，未办理登记通过交付设立担保，则成立动产质押。

3. 营业质押

普通质押的双方当事人可以是经营者，也可以是其他民事主体，经营者成为普通质押的当事人也无特殊资格限制。营业质押的客体是典当财产，质权人是典当行等专门营业机构，与普通动产质押相比，物权立法或交易实践允许出质人与典当行等专门营业机构约定流质条款，即出典人逾期未履行债

---

❶ 亦有观点认为，因交付的金钱未特定且未许可债权人自由使用，故属于债权质，是权利质权的一种类型，参见郭明瑞：担保法原理与实务［M］北京：中国方正出版社，1995：249

❷ 日本民法即不允许在航空器、船舶等大型动产上设立质权。

务，典当行有权依据流质条款，直接取得典当财产的所有权。

二、动产质权的取得

动产质权的取得主要包括设立取得、继受取得和善意取得三种方式。通过法律行为设立取得动产质权，应当采取订立质权合同（质押合同）加出质公示的方式。

（一）动产质权的设立取得

1. 质权合同

关于质押合同的形式要求，《物权法》第 210 条第 1 款规定，"设立质权，当事人应当采取书面形式订立质权合同"，[1] 该款规定与《担保法》一致。不过，物权立法对于质权合同的形式要求宜理解为倡导性规定，并非强制安排，未采用书面形式订立质权合同，但双方达成合意，符合合同成立和生效要件的，质权合同依然成立并生效。[2]

关于质权合同的内容要求，《物权法》第 210 条第 2 款规定，"质权合同一般包括下列条款：（一）被担保债权的种类和数额；（二）债务人履行债务的期限；（三）质押财产的名称、数量、质量、状况；（四）担保的范围；（五）质押财产交付的时间"。较之《担保法》第 65 条关于质押合同内容的规定，[3]《物权法》前款规定有三方面的改进：第一，质押合同的法定内容属倡导性规定，并非强制安排，故《物权法》采用"一般包括"而非"应当包括"的立法用语。事实上，即便《担保法》第 65 条第 1 款强调质押合同"应当包括"的内容，但该条第 2 款仍规定，"质押合同不完全具备前款规定内容的，可以补正"。参照本书第二章关于抵押合同内容的相关研究，可以认为，出质人和质权人、质押财产、被担保债权应为质权合同的必备条款，缺少这三者又不能补正或依法律推定的，质权合同无法成立。第二，将"被

---

[1] 《担保法》第 64 条第 1 款规定，出质人与质权人应当以书面形式订立质押合同。

[2] 具体原理可参考本书第二章对于抵押合同形式的相关研究。

[3] 《担保法》第 65 条规定，"质押合同应当包括以下内容：（一）被担保的主债权种类、数额；（二）债务人履行债务的期限；（三）质物的名称、数量、质量、状况；（四）质押担保的范围；（五）质物移交的时间；（六）当事人认为需要约定的其他事项"。"质押合同不完全具备前款规定内容的，可以补正"。

担保的主债权"修改表述为"被担保债权"，用语更加准确。因主债权及利息、违约金、损害赔偿金、质物保管费用、实现质权的费用均可能成为动产质押担保的债权范围，而非仅主债权受担保。❶ 第三，将"质物"的表述修改为"质押财产"，用语更加合理。质权包括动产质权和权利质权，动产和权利均可成为质权标的，故统称为"质押财产"更加合理。

关于质权合同的生效问题，《担保法》第64条第2款规定，"质押合同自质物移交于质权人占有时生效"。质权合同的生效是合同效力问题，质物的交付是质权这一担保物权的设立问题，《担保法》这一规定将这两种不同性质的行为混为一体，并不利于保障质权人的利益。实践中，少数出质人在签订质押合同后，不履行交付质物的义务，因质押合同此时并未生效，以至于质权人（债权人）甚至不能依法追究出质人的违约责任。《物权法》修改了《担保法》的不合理规定，区分了物权合同的效力与物权的设立，❷ 同时，该法第212条规定，"质权自出质人交付质押财产时设立"，从而将质押合同的效力问题主要委由《合同法》安排。

2. 质物交付

动产质权属移转占有型担保物权，其设立除质押合同依法成立并生效外，尚需移转质物的占有，将质物从出质人处交付于质权人。《物权法》第212条规定，"质权自出质人交付质押财产时设立"。依此规定，质押财产的交付即为动产质权的公示方式，不需记载于特定登记簿册。质押财产的交付意味着质押财产的占有得以移转，在学理上，交付是一个过程，交付的结果则是移转占有。❸ 因此，交付可谓动产质权公示的动态表达，而占有可谓动产质权公示的静态表达。

动产上设立质权所要求的占有移转必须是直接占有的移转，这与普通债务履行所要求的占有移转并不相同，后者既可以采取现实交付，也可以采取占有改定、指示交付等方式完成交付。在占有改定方式下，原占有人继续占

---

❶ 参见《担保法》第67条，《物权法》第173条。

❷ 《物权法》第15条规定，"当事人之间订立有关设立、变更、转让和消灭不动产物权的合同，除法律另有规定或者合同另有约定外，自合同成立时生效；未办理物权登记的，不影响合同效力"。尽管该条仅针对不动产物权合同的效力问题，但其原理已为整个担保合同制度普遍采纳。

❸ 参见王利明：物权法研究［M］北京：中国人民大学出版社，2013：1313

有动产，而"质权人"通过取得标的物的间接占有代替了标的物的交付，其占有的公示作用大为削弱，第三人通常难以知悉质权的真正存在，只会注意到质物仍由出质人占有，如此种情形下仍认为质权产生，非常不利于交易安全。因此，《担保法司法解释》第 87 条第 1 款规定，"出质人代质权人占有质物的，质押合同不生效"。在指示交付场合，❶ 因从外观上，质物是由第三人占有，出质人并不直接占有质物，故权利设立公示效果较之占有改定要明显很多，如质权人认可，可以成为设立动产质权允许的交付方式，因此，《担保法司法解释》第 88 条规定，"出质人以间接占有的财产出质的，质押合同自书面通知送达占有人时视为移交。占有人收到出质通知后，仍接受出质人的指示处分出质财产的，该行为无效"。

直接占有事关质权的产生和维系，其价值体现在很多方面。首先，当质权人丧失对于质物的占有时，其质权的效力亦将受到很大影响，❷ 比如，《担保法司法解释》第 87 条第 1 款即规定，"质权人将质物返还于出质人后，以其质权对抗第三人的，人民法院不予支持"。其次，《担保法司法解释》第 91 条规定，从物未随同质物移交的，质权的效力不及于从物。再次，因动产质权的设立以占有为要件，且以直接占有为原则，同一质物之上自然不能同时成立多个质权。此外，质押合同对于质押财产的约定不明确，或者约定的质押财产与实际移转占有的财产不一致的，应以实际移转占有的财产为准。❸

（二）动产质权的其他取得方式

动产质权除可依法律行为设立取得外，继受取得和善意取得亦为其取得方式。❹ 动产质权的继受取得是指动产质权因让与（转让）和继承（受遗赠）取得：除当事人另有约定外，被担保债权转让，动产质权一并转让；被担保债权被继承的，动产质权也一并被继承。动产质权的继受取得不同于设立取

---

❶ "所谓指示交付，是指当事人在转让或设定动产物权时，如果该动产已经由第三人占有，出让人可以将其对第三人享有的返还请求权转让给受让人，以代替物的现实交付"。参见王利明：物权法研究 [M] 北京：中国人民大学出版社，2013：1316。

❷ 直接占有使得动产质权的留置效力成为可能，直接占有的丧失意味着质权人难以通过自力救济恢复动产质权的留置效力。

❸ 《担保法司法解释》第 89 条规定，"质押合同中对质押的财产约定不明，或者约定的出质财产与实际移交的财产不一致的，以实际交付占有的财产为准"。

❹ 参见曹士兵：中国担保制度与担保方法 [M] 北京：法律出版社，2015：328

得之处主要体现在：债权转让或继承开始后，受让人即取得质权，不以受让人或继承人此时占有质物为要件，属于质权的法定转移。❶《物权法》第29条规定，"因继承或者受遗赠取得物权的，自继承或者受遗赠开始时发生效力"，该条规定为物权继受取得的重要依据，可适用于动产质权的继受取得，并可扩大适用于动产质权随被担保债权转让而发生转让的情形。

动产质权依善意取得，是指"出质人在无权处分的他人动产上设立质权，第三人不知道也不应知出质人对质物无处分权的，第三人取得在他人财产上的质权"。❷第三人构成善意的要件是不知也不应知出质人对质物无处分权，如第三人明知或应知出质人对质物无处分权，则不构成善意。比如，有权利凭证并有专门登记制度的诸如船舶、民用航空器、机动车等动产，就不能仅凭出质人占有质物这一事实外观推定质权人构成善意，质权人仍应专门考察质物的权利登记状况，确认占有质物的出质人确为真实权利人时，方可构成善意。简言之，债权人（质权人）明知或者应知出质人无处分权而接受该财产作为质物的，不构成善意，该质押无效。

各国立法普遍承认动产质权的善意取得，《物权法》第106条第1款、第2款规定了所有权的善意取得，该条第3款规定，"当事人善意取得其他物权的，参照前两款规定"，该款所指的"其他物权"，在解释上应包括动产质权。事实上，早在《物权法》出台前，《担保法司法解释》第84条即从反面规定了动产质权的善意取得方式，即"出质人以其不具有所有权但合法占有的动产出质的，不知出质人无处分权的质权人行使质权后，因此给动产所有人造成损失的，由出质人承担赔偿责任"。综合上述立法，可以将动产质权善意取得要件归纳为五点：第一，标的物为动产；第二，出质人对动产的占有是合法占有，比如该占有是因保管、租赁等原因发生，因盗窃、抢夺等形成的恶意占有，不适用善意取得；第三，质押合同依法成立并生效；第四，质物已交付质权人；第五，质权人须为善意。❸

---

❶ 设立取得属于质权的意定转移。

❷ 曹士兵：中国担保制度与担保方法［M］北京：法律出版社，2015：329

❸ 参见王利明：物权法研究［M］北京：中国人民大学出版社，2013：1319；曹士兵：中国担保制度与担保方法［M］北京：法律出版社，2015：329

三、动产质权的效力

动产质权的效力主要体现在质权人与出质人在质物的占有、使用、收益、处分等方面的权利义务关系上。相比于其他担保物权特别是抵押权，移转担保物的占有是动产质权的最重要特征，动产质权的诸多制度安排也皆因占有问题而产生，比如质物由质权人占有必然衍生出质物的保管义务、保管费用、质物瑕疵的损害赔偿责任、第三人侵害质物由谁主张救济、使用处分质物的限制、质物返还等问题。基于这些原因，有别于既往研究分别从质权人和出质人权利义务的具体种类予以探讨的普遍做法，下文以因质物占有移转所生法律问题为起点，根据动产质权交易的运行实践，展开对动产质权效力问题的相应探讨。

（一）因质物占有移转所生效力问题

动产质权的设立需移转质物的占有于质权人，在被担保债权未受清偿前，质权人有权继续占有质物，以留置质物之方式担保债权实现。❶《物权法》第208条第1款明文规定，"为担保债务的履行，债务人或者第三人将其动产出质给债权人占有的，债务人不履行到期债务或者发生当事人约定的实现质权的情形，债权人有权就该动产优先受偿"。

由于出质人不再占有质物，故衍生出质物保管问题，此义务由占有质物的质权人承担自然最合适，《物权法》第215条第1款规定，"质权人负有妥善保管质押财产的义务；因保管不善致使质押财产毁损、灭失的，应当承担赔偿责任"。质权人妥善保管质物之义务，既是保障其质权所必要，也是对出质人的应尽义务。所谓妥善保管，通说认为应以善良管理人的注意为之，即应依一般交易观念判断管理人（质权人）是否达到了一个具有一定经验和责任心的人的标准履行义务。比如两个农民之间以刚刚收获但尚未晒干的稻谷出质，质权人作为农民应当知道此时稻谷尚未晒干，也知道应当及时晒干以便储藏，其履行保管义务的要求自然应当包括将稻谷及时晒干并规范储藏。质权系为担保债权而设，从根本上讲是服务于出质人的担保融资利益，故质

---

❶ 即便质物已由出质人转让他人，质权人仍享有占有权，并有权拒绝第三人提出的交付质物的请求，参见王利明：物权法研究［M］北京：中国人民大学出版社，2013：1320

物的必要保管费用应由出质人支付，不应由质权人负担。所谓必要的保管费用，意味着非必要的费用或非经出质人同意而支出的有益费用，出质人可以拒绝支付。

质物由出质人占有，出质人自然无法使用质物，但这并不意味着质权人可以当然享有使用、处分质物的权利。依担保法原理，质权为担保物权，而非用益物权，故质权人无权使用、收益质物，质权人的担保利益集中体现在符合法定情形时，可以就质物优先受偿以实现债权。对此，《物权法》第214条明确规定，"质权人在质权存续期间，未经出质人同意，擅自使用、处分质押财产，给出质人造成损害的，应当承担赔偿责任"。根据这一规定，质权人未经出质人同意使用、处分质物，给出质人造成损害的，应当承担赔偿责任；没有造成损害而从中获益的，构成不当得利；同时，擅自使用、处分质物通常违反了质押合同的约定，出质人可以选择要求质权人承担违约责任。

尽管质权人无权擅自使用、收益质物，但因质物由其保管，故由质权人收取孳息成本较低，也有利于担保债权的实现，对此，《物权法》第213条规定，"质权人有权收取质押财产的孳息，但合同另有约定的除外"，"前款规定的孳息应当先充抵收取孳息的费用"。根据这一规定，尽管孳息的所有权仍归出质人，但除非合同另有约定，质权人有权收取孳息，将其作为质权新的客体并对其享有优先受偿权。不过，依《物权法》前条规定，孳息应当先冲抵收取孳息的费用，剩余部分方可用于担保债权。

质权人处分质物的常见方式之一是将质物移转第三人占有，并在该质物上设立新的质权以担保自身债务，此即转质。依转质是否经出质人同意，转质分为承诺转质和责任转质两种类型。承诺转质是指经出质人的同意，质权人将质物质押给第三人用以担保自身债务的履行；责任转质是指质权人未经出质人的同意，以自己承担责任为条件将质物质押给第三人。❶承诺转质自应允许，责任转质虽无法绝对禁止，但如造成质物毁损、灭失的，质权人应当向出质人承担赔偿责任，《物权法》对此已予明定。❷此外，质权人经出质人同意转让质物，亦为处分质物的另一常见方式。

❶ 参见郭明瑞：担保法原理与实务［M］北京：中国方正出版社，1995：：260-261
❷ 《物权法》第217条规定，"质权人在质权存续期间，未经出质人同意转质，造成质押财产毁损、灭失的，应当向出质人承担赔偿责任"。

债务人履行债务或者出质人提前清偿所担保的债权的，质权随主债权一并归于消灭，此时质权人应当返还质物。质权人既可以向出质人本人返还质物，也可以向出质人指定或委托的受托人返还。如质权人拒绝返还质物，出质人可以请求返还质物。具体来说，如出质人以自己的财产出质的，可以选择依物权请求权或质押合同请求返还；如出质人以他人财产出质的，仍可依质押合同请求返还。

质物存在瑕疵造成质权人损害应当如何处理，《物权法》未明确规定，有学者认为应以瑕疵为隐蔽瑕疵或表面瑕疵分别而论：表面瑕疵造成损害属一般债权，不属优先受偿范围；隐蔽瑕疵造成损害属于质权担保的范围，❶即《物权法》第173条规定的担保物权所担保的"损害赔偿金"债权。❷

（二）动产质权效力的其他问题

1. 质物价值的保障问题

动产质权为价值权，以质物的交换价值担保债务履行，因而，质物价值的保障对于质权人和出质人而言均谓重要。实践中，质权人的某些行为可能导致质物毁损、灭失；因不可归责于质权人的事由，质物亦可能毁损或者价值明显减少，并足以危害质权人的权利；在质权人占有质物期间，质物还可能被第三人侵夺、遭受损害。对于这些情形，《物权法》均有相关制度安排，以保障质物价值，确保债权充分实现。

因质权人的行为可能致使质物毁损、灭失，危及出质人利益的，《物权法》第215条第2款规定，"质权人的行为可能使质押财产毁损、灭失的，出质人可以要求质权人将质押财产提存，或者要求提前清偿债务并返还质押财产"。此情形下，出质人还享有请求质权人除去侵害的请求权。因提存质物是由质权人的原因引起，故提存费用由质权人承担更显合理。出质人要求返还质物，须以提前清偿债务为前提，被担保债权和质权将因债务清偿和质物返还而一并归于消灭。有观点认为，如果提前清偿债务损害了债权人的利益，

---

❶　参见谢在全：民法物权论（下册）[M] 台北：自版，2003：269。《担保法司法解释》第90条规定，"质物有隐蔽瑕疵造成质权人其他财产损害的，应由出质人承担赔偿责任。但是，质权人在质物移交时明知质物有瑕疵而予以接受的除外"。

❷　《物权法》第173条规定，"担保物权的担保范围包括主债权及其利息、违约金、损害赔偿金、保管担保财产和实现担保物权的费用。当事人另有约定的，按照约定"。

债权人可以拒绝提前清偿。❶ 笔者认为，此时提前清偿债务是因债权人（质权人）自身行为危及质物价值所引起，出质人通过提前清偿债务要求返还质押财产，对自身亦是一种额外负担，故债权人（质权人）此时应当承担期限利益的损失，不应拒绝出质人的提前清偿。

除质权人的行为可能危及质物价值外，某些不可归责于质权人的事由亦可能危及质物价值和质权人利益，质权人于此情形可以行使质物价值恢复请求权，以保障自身债权。对此，《物权法》第216条规定，"因不能归责于质权人的事由可能使质押财产毁损或者价值明显减少，足以危害质权人权利的，质权人有权要求出质人提供相应的担保；出质人不提供的，质权人可以拍卖、变卖质押财产，并与出质人通过协议将拍卖、变卖所得的价款提前清偿债务或者提存"。

至于质物被侵夺、遭受损害或可能遭受损害，虽质权并未因此消灭，但质物价值明显受损或有受损威胁，质权担保债权的功能受到妨害。此时，质权人可以依据《物权法》物权请求权和占有保护请求权的规定，请求第三人返还质物、排除妨害或消除危险。❷

市场经济条件下，质物价格随时可能变动。为保障出质人利益，防止质物价格下跌影响债权清偿，《物权法》赋予了出质人请求质权人及时行使质权的权利，该法第220条规定，"出质人可以请求质权人在债务履行期届满后及时行使质权；质权人不行使的，出质人可以请求人民法院拍卖、变卖质押财产"。"出质人请求质权人及时行使质权，因质权人怠于行使权利造成损害的，由质权人承担赔偿责任"。

2. 出质人对质物的处分权和质权人对质权的处分权

在质权关系中，质权人享有质权，占有质物，但质物的处分权仍归出质人，未经出质人同意质权人不得处分质物，不过质权人可以依法处分其质权。出质人对于质物的处分权和质权人对于质权的处分权均得到物权立法的

---

❶ 参见全国人大常委会法制工作委员会民法室：中华人民共和国物权法条文说明、立法理由及相关规定 [M] 北京：北京大学出版社，2007：212

❷ 《物权法》第34条规定，"无权占有不动产或者动产的，权利人可以请求返还原物"。该法第35条规定，"妨害物权或者可能妨害物权的，权利人可以请求排除妨害或者消除危险"。

肯定。❶

出质人对于质物的处分不得影响质权的行使，出质人有权允许质权人处分质物，也可以自行在质物上再行设立动产质权之外的其他担保物权。❷ 质权存续期间，质物由质权人占有，虽然理论上出质人享有质物的处分权，可以转让质物甚至抛弃质物，但转让质物如未征得质权人同意，质物最终将难以交付，转让合同将无法履行，故宜参照《物权法》关于限制抵押物转让的相关规定处理出质人转让质物的问题。❸ 当然，过分限制出质人转让质物的权利确有不妥之处，具体可参考本书第二章关于限制抵押人转让抵押物的相关研究。

质权人对质权的处分权，除体现在转让主债权时一并转让质权，还体现在质权人对质权的抛弃。质权人抛弃质权的，质权自然归于消灭。《物权法》第218条规定，"质权人可以放弃质权。债务人以自己的财产出质，质权人放弃该质权的，其他担保人在质权人丧失优先受偿权益的范围内免除担保责任，但其他担保人承诺仍然提供担保的除外"。

3. 质权的优先受偿问题

质权作为担保物权，自然具有优先受偿效力。所谓优先受偿效力，是指实现质权时，有质物担保的债权较之无担保的债权具有优先受偿的效力，《物权法》第208条第1款已予明确规定。如果出质人为第三人，当其在质权实现中代替债务人清偿债务后，在出质人（第三人）和债务人之间形成了新的债权债务关系，出质人（第三人）对债务人即享有追偿权。《担保法》第72条对此明确规定，"为债务人质押担保的第三人，在质权人实现质权后，有权向债务人追偿"。

四、动产质权的实现与消灭

动产质权的实现，是指债务人不履行到期债务或者发生了当事人约定的

---

❶ 参见《物权法》第214条、第218条。

❷ 因质权须以直接占有为要件，故同一质物上不得同时成立两个质权，参见王利明：物权法研究 [M] 北京：中国人民大学出版社，2013：1328

❸ 《物权法》第191条第2款规定，"抵押期间，抵押人未经抵押权人同意，不得转让抵押财产，但受让人代为清偿债务消灭抵押权的除外"。

实现质权的情形，质权人可以与出质人协议以质物折价，也可以就拍卖、变卖质物所得价款优先受偿。质权实现的条件主要包括"债务人不履行到期债务"和"发生当事人约定的实现质权的情形"两点。❶ 债务到期既包括正常到期，也包括发生约定或法定的情形提前到期，比如借贷合同可以约定延期一个月支付利息视为债务提前到期。当事人约定的可以实现质权的情形很多，比如可以约定债务人违约，质权人可以要求实现质权。

质权实现的方式，依《物权法》第 219 条第 2 款规定，既可以由质权人与出质人协议以质物折价，也可以由质权人依法拍卖、变卖质物并以质物变现价款优先受偿。质权人通过拍卖、变卖质物的方式实现质权，既可以自行依《拍卖法》规定的程序实现，也可以申请人民法院依非诉程序拍卖、变卖，均无须与出质人协商或取得出质人同意。除质权人可以依法实现质权外，出质人也可以在债务履行期届满后，请求质权人及时行使质权；质权人不行使的，出质人可以请求人民法院拍卖、变卖质物，以防止质物闲置或价值下跌，影响出质人和质权人利益。❷ 出质人请求质权人及时行使质权，因质权人怠于行使权利造成损害的，由质权人承担赔偿责任。❸

质权实现，质权自然归于消灭，除此之外，动产质权还可因下列原因消灭：第一，质权人丧失对质物的占有，且不能依返还请求权恢复对质物的占有；❹ 第二，质物灭失无代位物的，质权消灭；❺ 第三，质权因被担保债权的消灭而消灭；❻ 第四，质权因被抛弃而消灭，抛弃质权应以明示方式为之，故返还质物并不意味着质权消灭，还须有抛弃质权的明确意思表示。

---

❶ 参见《物权法》第 219 条第 2 款。

❷ 参见《物权法》第 220 条第 1 款。

❸ 参见《物权法》第 220 条第 2 款。

❹ 《担保法司法解释》第 87 条第 1 款规定，"出质人代质权人占有质物的，质押合同不生效；质权人将质物返还给出质人后，以其质权对抗第三人的，人民法院不予支持"。该款规定并非指质权因返还质物而当然消灭，只是质物返还后，质权人不能以其质权对抗质物的善意取得人、新质权人、经登记的动产抵押权人等第三人，但仍可对抗出质人的一般债权人。参见曹士兵：中国担保制度与担保方法［M］北京：法律出版社，2015：348。

❺ 与之相关的问题是，当质物发生添附时应如何处理，可参照《担保法司法解释》第 62 条关于抵押物添附的规定，本书第二章动产抵押权部分有所述及。

❻ 《担保法》第 74 条规定，"质权与其担保的债权同时存在，债权消灭的，质权也消灭"。

第三节　权利质权概论

一、权利质权的概念与特征

权利质押是指以具有可转让性的、依法可以质押的财产权利为标的而设立的质权。《物权法》第十七章设"权利质权"专节，该法第 229 条规定，"权利质权除适用本节规定外，适用本章第一节动产质权的规定"。可见，我国物权立法将权利质权视为质权的一种特殊类型，《物权法》仅规定权利质权的特殊问题，权利质权的一般问题适用动产质权的一般规则。

与动产抵押、动产质押和权利抵押等担保权相比较，权利质押具有如下主要特征：

第一，权利客体不同。依我国物权立法，动产所有权担保采抵押、质押、留置方式，不动产所有权、用益物权担保采抵押方式。权利质权突破了传统物权的客体限于有体物的原则，其与动产质权的最大区别在于标的不同，动产质权的标的为有形动产，而权利质权的标的是法定范围内、具有可转让性的无形财产权利。由于《物权法》采取了限制权利质权种类的立场，该法第 223 条明文规定财产权利能否出质应以"法律、行政法规规定可以出质"为前提，与动产抵押、动产质押较为宽松的标的范围形成明显对比。❶

第二，公示方法不同。权利质权因不移转标的占有，主要采取移转权利凭证的占有、办理出质登记的方式进行公示。❷ 设立权利质权的目的在于支配权利的交换价值，出质人仍可享有权利的使用价值，质权人即便需要保管权利凭证，较之动产质押，其成本明显偏低。

第三，权利义务安排具有特殊性。比如《物权法》第 227 条规定，知识产权出质后，未经出质人与质权人协商同意，出质人不得转让或许可他人使用；出质人转让或者许可他人使用出质的知识产权所得价款，应当向质权人

---

❶　参见《物权法》第 209 条、第 180 条及前文相关研究。

❷　参见《物权法》第 224 条、第 226 条、第 227 条、第 228 条规定。

提前清偿债务或者提存。类似规定在应收账款出质、基金出质、股权出质中亦存在。

第四，实现方式较特殊。除传统的拍卖、变卖、折价方式外，因标的不同，权利质权的实现具有某些特殊性，比如应收账款出质后，当债务人不履行债务时，质权人可以取代出质人的地位，直接向出质人的债务人收取账款。

二、权利质权的性质

权利质权的性质之争主要有三点：第一，权利质权是转让权利还是以权利出质；第二，权利质权是否是一种独立的质权；第三，权利质权是质权还是抵押权。

就权利质权究系转让权利还是权利出质，有观点认为，物权的客体限于有体物，担保物权亦不例外，无体物包括权利不能成为质权的标的，质权的标的应当限于有体物，故权利出质实质上是为担保目的将权利暂时让与债权人。至于权利转让的具体形态，有人认为是以债务的履行作为停止条件而将权利让与，有人认为是将权利中的部分权能以创设的方式转让给债权人，也有人认为权利出质并未使出质人的权利完全丧失，实质上仅使质权人在担保目的范围内取得权利。❶ 不过，财产权与动产均可交易，其交换价值可以与其使用价值相互分离，成为担保物权支配的对象，故可转让的财产权可以成为质权标的，以有效回应利用新兴财产权担保融资的现实需求，实现物尽其用。在实践中，在权利上设立担保权已为各国立法广泛采用，权利出质与动产出质并无本质差异，是经济发展的正常产物，符合担保物权的发展趋势。设立权利质权的目的并不在于转让权利，而是创设一种质权担保债务履行。权利质权设立后，出质人对于出质权利所享有的权利并未完全丧失，质权人则享有出质权利之上的质权这一担保物权。因而，权利质权的本质为权利出质成为通说。准质权说将权利质权视为一种准质权，❷ 认为权利出质并未设立真正的质权，与权利出质说应无本质差异。

---

❶ 参见郭明瑞：担保法原理与实务 [M] 北京：中国方正出版社，1995：282
❷ 其立法例可参见我国台湾地区"民法"第 901 条规定，即"权利质权，除本节另有规定外，准用关于动产质权之规定"。

权利质权因其在客体、设立、效力、实现等方面具有特殊性，自然可以视为一种独立的质权类型。因而，权利质权不论是"准用"还是"适用"动产质权的规定，不论是专节安排权利质权还是将其完全纳入动产质权或质权专节，只是逻辑方法问题，并不是判断权利质权独立性的主要依据。

大陆法系传统担保物权是以权利客体为动产还是不动产来区分质押和抵押的。动产抵押以动产作为权利客体，与传统质押相同。同时，许多权利质押并不需要移转担保财产的占有，也不需交付权利证书，甚至与抵押一样通过登记设立，故权利质押与不动产抵押、动产抵押相同点更多，在性质上更近似于抵押，以至于学界对于权利质押究竟是质押还是抵押颇有争议。史尚宽先生对此总结道，"权利质权，尤其以债权、股权或无形财产权为标的之权利质权，其担保的作用反近于抵押权，谓之介于一般质权与抵押权之中间区域，亦无不可"。❶

三、权利质权的标的

权利质权的标的是可供出质的财产权利，主要包括除所有权和用益物权以外的财产权。《物权法》第223条规定，"债务人或者第三人有权处分的下列权利可以出质：（一）汇票、支票、本票；（二）债券、存款单；（三）仓单、提单；（四）可以转让的基金份额、股权；（五）可以转让的注册商标专用权、专利权、著作权等知识产权中的财产权；（六）应收账款；（七）法律、行政法规规定可以出质的其他财产权利"。该规定所设置的权利质权的标的范围较之《担保法》明显扩张，新增可以转让的基金份额、商标权专利权著作权之外的知识产权中的财产权和应收账款。不过，《担保法》第75条第1款第4项"依法可以质押的其他权利"这一兜底性规定，在《物权法》前条规定中被修改为"法律、行政法规规定可以出质的财产权利"。因《担保法》中"依法"所指之"法"可以不限于法律、行政法规，还可能包括地方立法和部门立法（如地方性法规、地方政府规章和部门规章），❷ 故《物权法》力图统一权利质权标的范围的立法意图，在一定程度上限制了地方和部

---

❶ 史尚宽：物权法论［M］北京：中国政法大学出版社，2000：388
❷ 当然，此理解与物权法定原则是否存在冲突，仍待商榷。

门主动拓展权利质权标的范围、推进权利质押融资的能动性。❶

权利作为质权标的是质押的特殊情形，确有必要由物权立法明确规定或列举，但不应当反而产生不当限制担保交易自由的效果。比较各国立法，有采用概括方式规定权利质权标的的模式，比如德国民法规定质权的标的是（可以转让的）权利，也有采用列举方式规定的。我国《物权法》采用概括加列举方式，但因具体立法用语的前述限制，权利质权标的的范围仍有继续拓展的空间。

一般认为，权利质权的标的应当具备如下条件：❷

第一，须为财产权。人身权因无法估价，不能与人身完全分离，故人身权不能出质。比如知识产权中的署名权、保护作品完整权等人身权即不能出质，但知识产权中的财产权可以出质。权利质权的标的通常是无形财产权，依我国物权立法，有形财产可以设立不动产抵押权、动产抵押权、动产质权和留置权这四类担保物权。

第二，具有可转让性。我国《物权法》第 223 条明确要求可以出质的财产权利必须"可以转让"，与许多国家的立法一致。比如《日本民法典》第343 条规定，"质权，不得以不可让与物为标的"，《德国民法典》第 1274 条亦规定，"不得转让的权利不得设立权利质权"。抵押权、质权、留置权等担保物权因不能与被担保债权分离而单独转让，故不能成为质权标的，但如被担保债权成为质权标的，则从属于被担保债权的担保物权亦可以一并成为质权标的。❸

第三，具有"可出质性"或"适质性"。强调权利质权的标的的可转让性，与其"可出质性"或"适质性"可谓同一问题的两个方面。立法是否允许某项财产权利出质，首先考虑的是该财产权利是否具有可转让性，不具有可转让性的财产权因实现质权时，无法通过拍卖、变卖或折价等方式变现，

---

❶ 也有学者认为《担保法》所指的"依法"之"法"，仅指法律，不包括行政法规以及行政法规之下的立法，故《物权法》强调"法律、行政法规"可以规定出质权利的范围，更具灵活性。参见刘保玉：物权法学 [M] 北京：中国法制出版社，2007：365。此外，有学者认为，普通债权质权规定的缺失，也限制了权利质权标的的扩张，参见李双元、杨德群：权利质权标的的探究 [J] 深圳大学学报（人文社会科学版），2013（2）：83-88

❷ 参见史尚宽：物权法论 [M] 北京：中国政法大学出版社，2000：390-392

❸ 参见曹士兵：中国担保制度与担保方法 [M] 北京：法律出版社，2015：351

当然不能出质。除财产权本身必须具有可转让性外，某项财产权能否出质或适合出质，立法者还需结合社会经济状况进行政策权衡，比如考虑某种财产权利出质是否能够较好兼顾鼓励交易和保障交易安全的多重利益，探讨其出质的必要性等。因而，可出质性或适合出质的要求，严格讲略高于可转让性。某项财产权利具有"适质性"，自然具有可转让性，而具有可转让性的财产权利，并不必然具有"适质性"。

四、权利质权的取得、效力及实现的特殊问题

（一）权利质权的取得

与动产质权一样，权利质权的取得也分为原始取得和继受取得。原始取得是指依法律行为设立权利质权，继受取得是指通过继承、转让、遗赠等取得权利质权。权利质权的设立除质押合同需成立和生效外，还需履行权利公示手续，依法表彰权利质权的状况。交付权利凭证或办理出质登记，是权利质权的主要公示方式。对于权利的行使与权利凭证的持有不可分离的财产权利，占有权利凭证的事实即表达了对权利的占有。票据、存款单、仓单、提单等之上设立的权利质权均自权利凭证交付质权人时设立。❶ 不过，因仓单、存款单与其表达的权利并非绝对一体，可以适度分离，比如存款单挂失止付，权利人已丧失对存款单的持有，但仍可依法兑付存款。对于这类权利质权，交付权利凭证后，出质人或质权人应当将出质事实通知出质权利的义务人（第三义务人），比如存单质押中的存款银行、仓单质押中的仓储企业等，以防止第三义务人因不知情仍向原权利人履行义务，影响质权人利益，危及交易安全。"权利出质后，出质人不再享有受领的权利，第三义务人在收到通知后，知悉出质人已经丧失受领的权利，仍然向出质人履行义务的，对质权人不生效力"。❷

对于无权利凭证或虽有权利凭证但为保障交易安全，其质押交易纳入国家管理的权利，以登记取得权利质权。依我国物权立法，基金份额、股权、知识产权、应收账款出质的，质权自有关主管部门办理出质登记时设

---

❶ 参见《物权法》第 224 条。

❷ 曹士兵：中国担保制度与担保方法［M］北京：法律出版社，2015：353

立。❶ 没有权利凭证的债券，如记账式国债等，质权亦自办理出质登记时设立。❷

(二) 权利质权的效力

权利质权取得后，即在出质人和质权人之间产生了相应的权利义务关系，依《物权法》第 229 条规定，除法律另有规定外，权利质权准用动产质权的规定。由于出质标的差异，权利质权与动产质权相比，在出质权利的处分、利用、瑕疵担保、权利保全、权利凭证保管等方面，仍有不少差异，需予以起码梳理。

权利出质后，出质人对于所出质的权利仍享有一定的处分权。不过，为防止转让所出质的权利损害质权人利益，影响债权实现，❸ 我国物权立法规定，❹ 股权、基金份额、知识产权、应收账款出质的，未经质权人同意，出质人不得转让所出质的权利。❺ 未经质权人同意转让已出质的权利，属无权处分。经质权人同意转让已出质权利，受让人取得的权利上仍存在质权负担。这一立法安排，与大陆法系国家的做法不尽一致。德国、瑞士、我国台湾地区的立法并不限制对已出质权利的转让。❻ 同时，我国物权立法并未规定出质人是否可以依法律行为消灭或变更出质权利，与大陆法系立法明令禁止也有不同。不过，在解释上宜认为出质人通过法律行为消灭、变更已出质权利，违反了对于质押财产（包括出质权利）的价值维持义务，可依《物权法》第215 条、第 216 条规定处理。当然，变更已出质权利有助于增加该权利内容的，对质权人利益并无妨害，故不在此限。

与动产质权不同，权利出质后，出质人对于出质权利仍享有一定的利用权，比如股权出质后，出质人仍享有股东投票权、参与经营管理权等非财产权利，但票据、存单、债券、仓单、提单等出质的，出质人不再享有债务人

---

❶ 参见《物权法》第 226 条、第 227 条、第 228 条。

❷ 参见《物权法》第 224 条。

❸ 参见胡康生：中华人民共和国物权法释义［M］北京：法律出版社，2007：480

❹ 参见《物权法》第 226 条、第 227 条、第 228 条。

❺ 对于通过交付权利凭证设立的质权，如仓单、提单、存单、债券等，因转让权利需同时交付权利凭证甚至还需背书，出质人无法私自转让已出质权利，故《物权法》未予规定。

❻ 因在学理上，质权可以对抗出质权利的受让人和后顺位质权人，故无限制已出质权利转让的必要。参见谢在全：民法物权论［M］北京：中国政法大学出版社，1999：826。

对于出质债权的清偿或物权凭证所指向的动产的受领权。❶

　　权利出质后，出质人和质权人对于出质权利及其凭证享有保全或保管义务。比如，债权质权的出质人和质权人均有义务采取措施中断出质债权的诉讼时效，以保全债权权利，防止债权因诉讼时效届满而丧失胜诉权。因权利凭证由质权人保管，质权人负有妥善保管义务，如票据丧失，质权人应立即申请启动公示催告程序以保全票据权利。

　　出质权利存在瑕疵，如质权人知道或应当知道，出质人不承担瑕疵担保责任。❷ 如出质人以其不享有所有权的无记名债券、无记名股票出质的，虽权利存在瑕疵，但依善意取得制度，质权人因此取得的质权受法律保护，并可对抗真实权利人。

（三）权利质权的实现

　　虽然权利质押多采登记方式设立，与抵押权近似，但其性质仍为质权，并非抵押权，故权利质权适用动产质权的相关规定。❸ 由于《物权法》并未专门规定权利质权的实现问题，权利质权的实现亦应适用动产质权实现的基本规则，《物权法》第219条规定，"债务人不履行到期债务或者发生当事人约定的实现质权的情形，质权人可以与出质人协议以质押财产折价，也可以就拍卖、变卖质押财产所得的价款优先受偿"。"质押财产折价或者变卖的，应当参照市场价格"。❹ 依据该规定，符合权利质权实现条件时，权利质权人可以不通过法院与出质人协议以折价、拍卖、变卖方式实现质权。不过，由于出质权利的性质、交易及管理制度有异，不同出质权利的实现各有其特点，比如债权质权或应收账款质押，因第三债务人给付的标的是金钱，该标的价值确定，故质权人可以通过直接向债务人收取债务的方式实现质权，不需经拍卖、变卖等变价程序。

---

❶ 参见曹士兵：中国担保制度与担保方法［M］北京：法律出版社，2015：356
❷ 《担保法司法解释》第90条规定，"质物有隐蔽瑕疵造成质权人其他财产损害的，应由出质人承担赔偿责任。但是，质权人在质物移交时明知质物有瑕疵而予以接受的除外"。类似规定还可见于《合同法》第150条，即"出卖人就交付的标的物，负有保证第三人不得向买受人主张任何权利的义务，但法律另有规定的除外"。该法第151条同时规定，"买受人订立合同时知道或者应当知道第三人对买卖的标的物享有权利的，出卖人不承担本法第一百五十条规定的义务"。
❸ 参见《物权法》第229条。
❹ 《物权法》第219条第1款、第2款。

　　需要注意的是，权利质权人同时也是债权人，在交易中，其以债权人身份申请法院对出质权利采取财产保全措施后，仍可主张质权，依其质权人身份享有对已采取财产保全措施的出质权利的变价权和优先受偿权。诉讼法上的财产保全措施是辅助权利质权实现的重要方式，有助于降低质权实现风险、保障债权安全。

第四章　权利质押各论

第一节　知识产权质押

一、知识产权质押概述

（一）知识产权质押的概念与特征

知识产权是兼具人身性和财产性的民事权利。知识产权中的财产权具备可转让性，可以成为权利质权的标的，通过质押方式担保融资。关于知识产权质押的概念，有从我国《担保法》的规定出发，将其界定为"以专利权、商标权、著作权中的财产权为标的设定的质押"。[1] 该定义因界定时《物权法》尚未出台，知识产权质押的标的范围在当时仅限于专利权、商标权、著作权中的财产权，故可称为"狭义的知识产权质押概念"。除前述从实定法角度进行的界定外，有学者从学理角度认为，"知识产权质押是以可转让的知识产权为标的而设定质权对债权予以担保的一项法律制度"。这一界定强调"可转让的"知识产权方可质押，抽象出了知识产权质押的基本内涵，并未具体列举可予质押的知识产权范围，可称为"广义的知识产权质押概念"。综上观点，结合担保物权立法的相应变革，本书将知识产权质押定义为债务人或第三人以其合法拥有的、具有可转让性的注册商标专用权、专利权、著作权等知识产权中的财产权设定质权，以担保债权实现的权利质押方式、权利质权或权利质押制度。

知识产权质押是权利质押的重要类型，遵循权利质押的基本规则。知识产权质押的特征，是与动产质押、其他权利质押相比较而得出的，主要体现为以下几点：

---

[1] 参见陈华彬：物权法［M］北京：法律出版社，2004：582

第一，知识产权质押的标的具有特殊性。动产质押的标的是动产，范围相对广泛，是指除土地及其定着物之外的其他财产，但不包括权利；权利质押的标的范围虽然在《物权法》中已有拓展，但仍限于法律、行政法规允许出质的财产权利。根据《物权法》第 213 条第 1 款第 5 项的规定，知识产权质押的标的包括"可以转让的注册商标专用权、专利权、著作权等知识产权中的财产权"。

第二，知识产权质押的设定具有特殊性。依《物权法》第 212 条规定，动产质权的设立除要求当事人达成合意外，还须移转质物的占有，其他权利质押的设定多要求以交付权利凭证或在有关部门办理登记为要件，比如以汇票、支票、本票、存款单等出质的，除当事人订立质权合同外，质权自权利凭证交付质权人时设立。❶ 知识产权质押的标的是知识产品，具有无形性，专利权等还具有公开性，移转占有既无必要也无不可能，故其质押不以移转质物的占有为生效条件，❷ 依《物权法》第 227 条的规定，知识产权质押除要求订立书面质押合同外，另需到有关主管部门办理出质登记方可设立。

第三，知识产权质押相对复杂，不确定性强。动产质押、权利质押特别是其中的有价证券质押，标的价值相对确定，但知识产权质押的标的价值恒定性较差，比如发明专利因所在领域技术进步日新月异往往处于不断贬值的过程中，且著作权、专利权保护期届满将不再予以专有保护。除商标权外，❸长远来看，知识产权的价值在总体上呈下跌趋势。即便最终为担保债权实现知识产权质权时，其变现能力也往往较弱，质权人不易便捷、高效处分已出质的知识产权。此外，知识产权的最终价值需要付诸应用才能真正体现，故评估程序通常必不可少，相应增加了知识产权质押融资的成本。

---

❶ 参见《物权法》第 224 条。

❷ "知识产权担保强调的不是标的物的实体利用，而是追求质物的使用价值和交换价值，这与质押制度强调事实上的实体控制力的初衷不同"。参见龚玮敏：知识产权质押贷款的法律问题及其对策［D］中国政法大学硕士学位论文，2011：14

❸ 事实上，商标权的价值也不具有类似物权的恒定性，"商标的价值完全来自它所标记的商品或服务，是由商品或服务质量建立起来的商业信誉注入而产生的"，一旦经营失策或产品出现质量问题，商标价值将会大幅下跌，参见刘春田：商标与商标权辨析［J］知识产权，1998（1）：10-14。

（二）知识产权质押的标的范围

依据权利质押的基本原理，可供质押的权利首先应当是财产权，人身权不得转让乃为民法传统；其次，为确保担保债权实现的可能，具有可转让性的财产权方可出质，禁止流通的财产权利不得出质；最后，可予转让的财产权需适合出质，比如因知识产权而获得的奖励，虽属于财产权，从理论上可以转让甚至还可以依法继承，但因与人身太过密切，"如果允许领奖权质押，让质权人到领奖大会上去领取奖品，未免太煞风景"。❶ 基于上述原理，尽管知识产权质押确系以知识产权为标的的质押，"但知识产权并非全为质押的标的，此在各国法上也有不同规定"，❷ 知识产权质押的标的范围，既可以从理论角度对其要件进行抽象概括，也可以从知识产权的具体类型角度逐一研究。学者刘叔恒将知识产权质押标的应当具备的条件归纳为四个方面：❸

第一，作为质物的知识产权须为合法、有效的知识产权。首先，知识产权具有时间性，"依法取得的知识产权只能在法律规定的有效期内受到法律的保护。任何一项知识产权，一旦超过法律规定的有效期，就会进入公共领域，成为全人类共同的精神财富。任何人在不侵犯原知识产权所有人精神利益的前提下，都可以自由使用相应的智慧创作物"。❹ 我国《专利法》第42条、《商标法》第39条、第40条、《著作权法》第20条、第21条明确规定了专利权、注册商标权、著作权的有效期，超过法定有效期或续展未获批准的知识产权不得出质。其次，知识产权具有地域性，依某国或某地区法律取得的知识产权，原则上限在该国或该地区有效，比如一项在国外合法有效的专利如未在我国依法申请专利或该国与我国并未签署或共同参加知识产权共同保护方面的相关协定，原则上该专利不受我国法律保护，自然不能用于质押。最后，违反法律规定的知识产品不能用于质押，比如《著作权法》依法禁止出版、传播的作品。❺

第二，出质的知识产权须为知识产权中的财产权。知识产权中的人身权，

---

❶ 李开国：民法基本问题研究［M］北京：法律出版社，1997：404

❷ 郭明瑞：担保法［M］北京：法律出版社，2004：209

❸ 参见刘叔恒：知识产权质押问题刍议［D］山东大学硕士学位论文，2008：9-10

❹ 曹新明：知识产权法［M］北京：东北财经大学出版社，2006：4

❺ 参见《著作权法》第4条第1款。

比如著作权中的署名权、修改权、保护作品完整权等，专利权中的署名权等，因属人身权，具有专属性，不得用于出质。

第三，出质的知识产权须为依法可以出质的财产权。《物权法》考虑到我国市场经济发展尚处于初级阶段，理性程度不高，允许所有财产权利均可出质不免带来交易成本过高、交易风险偏大、不易管控等问题，故强调财产权利出质应以法律、行政法规允许为前提。

第四，出质人须为合法的知识产权人。质押是处分行为，出质人通常应为知识产权的合法所有人。共有的知识产权因处分权归全体共有人，须经全体共有人同意方可出质。

关于知识产权质押标的的具体类别或法定范围，《担保法》第 75 条第 1 款第 3 项之规定略显保守，仅限于"依法可以转让的商标专用权、专利权、著作权中的财产权"，除商标专用权、专利权、著作权之外的知识产权，均不属于《担保法》允许出质的知识产权范围。《担保法》的这一安排，既对于知识产权的普遍认知不符，也偏离了世界知识产权担保融资发展的趋势。按照世界贸易组织 TRIPs 协定的规定，除商标、专利、著作权外，地理标志、商业秘密、集成电路布图设计以及植物新品种等权利均属于知识产权，其中都包含财产权利，如符合相关法理和基本制度，也可纳入知识产权质押标的范围。

《物权法》明显扩大了知识产权质押的标的范围，除该法第 223 条第 1 款第 5 项明确规定"可以转让的注册商标专用权、专利权、著作权等知识产权中的财产权"可以出质外，该条第 1 款第 7 项规定，"法律、行政法规规定可以出质的其他财产权利"可以出质。综合《物权法》的两项规定，可以得出两点结论：第一，注册商标专用权、专利权、著作权以外的知识产权中的财产权可以出质，物权基本立法不再予以限制；第二，某项财产权比如商业秘密权因其知识产权属性仍有争议，如有关主管部门在办理出质登记时不予认可，❶ 其他法律、行政法规规定其可以出质，则可以将这类"知识产权"的出质问题纳入非知识产权出质制度予以解决。由于后文将专门研究商标权、

---

❶ 因《物权法》第 227 条规定，知识产权出质除需订立书面合同外，还需自有关主管部门办理出质登记时方可设立，如有关主管部门不认可特定权利的知识产权属性，或者虽然认可其知识产权属性，但认为其"不宜"出质，则《物权法》放开知识产权质押标的范围的立法初衷势必落空。

专利权、著作权质押，故本节仅探讨商号权、植物新品种权、商业秘密权这三种特殊知识产权的出质问题。

1. 商号权

商号权是指经营者对于自己使用或注册的商号（名称）享有的专有权，兼具人身权和财产权的双重属性。一方面，商号如同自然人在民事活动中的姓名，依附于经营者的人格，具备人身权的属性；另一方面，商号权与特定经营者的商誉密切相关，商誉较佳的经营者在市场竞争中处于有利地位，其商号的经济价值往往较高，故商号权的财产权属性明显。商号权中的财产权具备可转让性，《民法通则》第 99 条第 2 款规定，"企业法人、个体工商户、个人合伙有权使用、依法转让自己的名称"。因此，商号权出质原则上不存在立法障碍。不过，因商号权依附于经营者的人格，又与商誉密不可分，各方对于商号权的可转让性或可出质性虽无甚争议，但对于商号权能否单独出质则有不同观点。反对者认为，商号权（字号权）应与营业一同设定担保，只能随同所指企业或企业的一部分一并转移，而不能单独设质。❶ 这一观点得到了很多国家立法的赞同，比如《发展中国家商标、商号和不正当竞争行为示范法》也认为，商号可以转移，但只能随同该商号所指的企业或部分企业一起转移。我国《企业名称登记管理规定》第 23 条第 1 款、第 3 款亦规定，"企业名称可随企业或本企业的一部分一并转让"，"企业名称转让后，转让方不得继续使用已转让的企业名称"。史尚宽先生则认为，"商号权，依商业登记法，非必与商业同时转让，应解释为得单独设质"。❷ 笔者赞同史尚宽先生的观点，不管从立法还是理论上，硬性要求商号必须与企业一并出质担保，容易造成资产闲置，不能物尽其用。至于商号权单独出质可能导致的变价转让问题，虽然的确可能在一定程度上暂时妨碍交易秩序，影响消费者或其他经营者对特定企业的识别，但经营者识别这一竞争利益在此场合似应让位于鼓励担保交易这一更大利益。《企业名称登记管理规定》系部门规章，且制定较早，彼时高度关切交易秩序确在情理之中，但明显与民事立法鼓励交易的基本精神不相协调，故可予适时修正，放开对于商号权单独出质或转

---

❶ 参见郭明瑞：担保法［M］北京：中国政法大学出版社，1999：233
❷ 史尚宽：物权法论［M］北京：中国政法大学出版社，2000：418

让的过度限制。

2. 植物新品种权

植物新品种权，是指依法授予植物新品种育种人或单位的一种知识产权，❶利用受保护植物新品种从事商业行为，须得到植物新品种知识产权人的许可。❷植物新品种权是农业科技进步和农业产业发展在知识产权立法上的重要体现，其财产价值是毋庸置疑的，其可转让性亦得到了立法认可，❸因而，植物新品种权（不论是其申请权还是其品种权）可以成为知识产权质押的标的。

3. 商业秘密权

《反不正当竞争法》第 10 条第 3 款规定，"本条所称的商业秘密，是指不为公众所知悉、能为权利人带来经济利益、具有实用性并经权利人采取保密措施的技术信息和经营信息"。依此规定，商业秘密权应为商业秘密持有人对其持有的商业秘密所享有的专属性权利。❹商业秘密的知识产权属性得到了世界贸易组织《与贸易有关的知识产权协定》（TRIPs 协定）的认可，该协定所指的"未披露的信息"（undisclosed information）与商业秘密并无本质区别。尽管大多数国家特别是大陆法系国家将商业秘密纳入反不正当竞争法的保护范围，但这并不是对其知识产权性质和可转让性的否认，比如我国刑法就将"侵犯商业秘密罪"纳入"侵犯知识产权罪"专节，商业秘密的交易活动早已颇为寻常。由于商业秘密处于秘密状态，需采取保密措施，一旦丧失秘密性，将无法给予专门保护。同时，知识产权质权的设立和实行，通常都要经过专业的评估、公开的拍卖等程序，其秘密性因此极易丧失。因而，商业秘密权出质必然面临如何确保其秘密性的难题。❺正因为如此，不少学

---

❶ 《植物新品种保护条例》第 2 条规定，"本条例所称植物新品种，是指经过人工培育的或者对发现的野生植物加以开发，具备新颖性、特异性、一致性和稳定性并有适当命名的植物品种"。

❷ 《植物新品种保护条例》第 6 条规定，"完成育种的单位或者个人对其授权品种，享有排他的独占权。任何单位或者个人未经品种所有人（以下称品种权人）许可，不得为商业目的生产或者销售该授权品种的繁殖材料，不得为商业目的将该授权品种的繁殖材料重复使用于生产另一品种的繁殖材料；但是，本条例另有规定的除外"。

❸ 《植物新品种保护条例》第 9 条第 1 款规定，"植物新品种的申请权和品种权可以依法转让"。

❹ 参见吴汉东、胡开忠：无形财产权制度研究（修订版）［M］北京：法律出版社，2005：334

❺ 比如交易实践中为防止泄密，可将商业秘密信息载入软盘、硬盘等物质载体，通过动产质押方式担保融资。参见赵英：权利质权公示制度研究［D］中国社会科学院博士学位论文，2009：171。

者否认商业秘密权的可出质性，认为商业秘密出质与商业秘密的本质存在冲突。❶

不过，部分学者认为，商业秘密权出质与其秘密性之间的矛盾并非不可协调，为鼓励商业秘密质押融资，可以创新商业秘密质押及其登记规则，❷具体而言：首先，应当明确商业秘密质押的登记机关，比如对商业秘密提供行政保护的工商机关或各地知识产权局均可办理商业秘密质押登记，二者可择一而定；其次，简化商业秘密质押登记的内容，不要求提交质押合同，实行"通知登记制"；再次，允许当事人自由约定商业秘密的价值，不要求强制评估，这样既能降低评估成本，也杜绝了评估程序可能导致的泄密风险；最后，在商业秘密质权的设立、实现的其他具体环节强化保密措施，完善质押合同相关条款。

（三）知识产权质押的效力问题

知识产权质押的效力问题主要涉及知识产权质押的设立和效力范围，后者包括知识产权质押担保的债权范围、知识产权质押效力所及的标的物范围以及质押当事人的权利义务安排等内容。

1. 知识产权质押的设立

知识产权具有无形性、公开性和可复制性，仅仅依靠自身力量，质权人无法排除他人利用知识产权、无法实现对于知识产权的实际控制，故实际占有不能成为知识产权质权的权利公示方式。我国知识产权质权的设立采登记要件主义，《物权法》第 227 条第 1 款规定，"以注册商标专用权、专利权、著作权等知识产权中的财产权出质的，当事人应当订立书面合同。质权自有关主管部门办理出质登记时设立。"因质押标的之差异，知识产权质押合同的内容除参照动产质押合同外，还有必要明确知识产权的权利范围、权利保护期、使用状况等内容。比如专利权需要缴纳年费，如不及时缴纳年费可能导致专利失效，损害债权人的担保利益，故知识产权质押合同应当明确由何方当事人承担年费缴纳义务。知识产权质押合同成立并生效后，经有关主管部门办理出质登记，质权即成立。其中，专利权、商标权、著作权的出质登

---

❶ 参见谢在全：民法物权论 [M] 北京：中国政法大学出版社，1999：808
❷ 参见谢黎伟：商业秘密质押初探 [J] 哈尔滨大学社会科学学报，2012（3）：34-38

记分别由国家知识产权局、国家商标局、国家版权局负责办理，法律依据包括《专利权质押登记办法》、《注册商标专用权质权登记程序规定》、《著作权质权登记办法》。

知识产权出质无须移交权利证书。知识产权证书的交付并不等同于权利占有的转移，著作权甚至无权利证书可供移交，有关主管部门的出质登记即已起到质权公示作用。如将权利证书移交质权人占有，可能妨碍出质人使用该知识产权，加之知识产权权利证书还可能因挂失失效，是证权证书而非设权证书，故上述规定均未要求知识产权出质应当移交权利证书。德国《专利法》第6条即明确规定，专利权设质为不要式行为，无须交付专利权证书。

关于知识产权能否重复设质这一问题，各方观点不尽一致。允许知识产权重复设质，自然有助于实现物尽其用。知识产权具有无形性，同一知识产权之上原则上可以成立数个质权，有别于有形动产不得重复设质。不过，为维护交易安全，专利权的重复出质并未得到专利主管机关的认可。国家知识产权局关于《如何办理专利权质押合同登记》明文规定，"在目前条件下专利权不可以重复质押"，"除非另有约定，出质人不得将已出质的专利权重复质押给其他债权人。"学界则认为这一安排的法理和立法依据存在问题，没有充分反应知识产权交易实践的真实需要，应予修正。至于知识产权重复出质后，多个质权之间的实现顺位，可以参照《物权法》关于重复抵押的相关规定，即按知识产权质权成立（登记）的先后确定顺位，同时成立（顺位相同）的，按债权比例清偿。

关于知识产权能否部分出质或分项出质的问题。一般认为，因知识产权是由若干权利组成的权利束或权利群，并非是一项抽象的或单独的权利，知识产权中的财产权包括多项内容，比如著作权中的财产权包括复制权、发行权、出租权、展览权、表演权、放映权、广播权、信息网络传播权等内容。依照现行立法，知识产权中的部分财产权可以分别转让，❶ 这使得知识产权分项出质成为可能。以知识产权中的部分财产权出质的，在质押合同和质押登记时应予明确，知识产权质押的效力应仅限于所出质的单项或多项财产权，已出质的财产权和未出质的财产权相互独立。不过，如财产权之间的关联性

---

❶　比如《著作权法》第25条、第26条。

较大，为保障担保利益，有必要将具有关联性的财产权一并"打包出质"。

至于知识产权质押的担保模式，有学者将国内的主要做法归纳为下图，颇值参考：

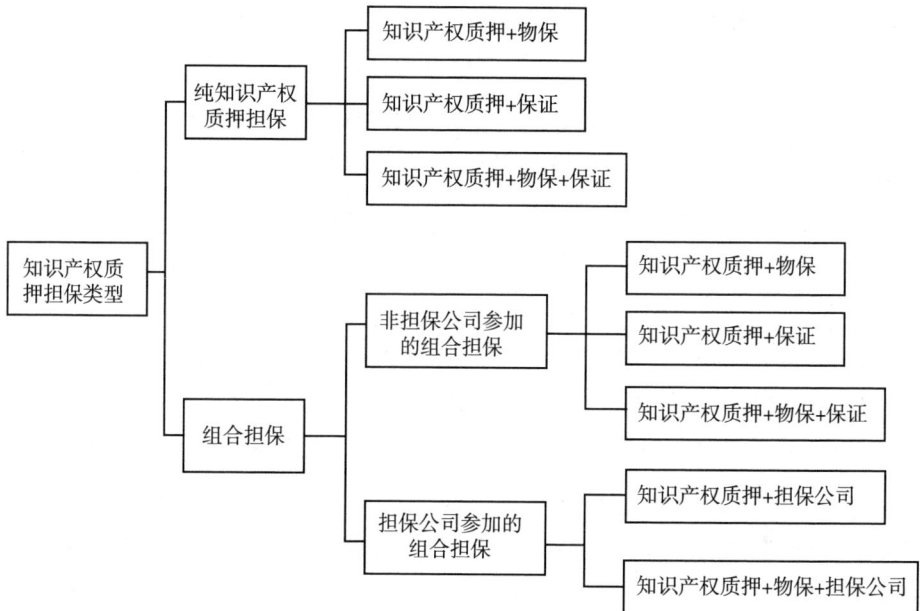

资料来源：龚玮敏：知识产权质押贷款的法律问题及其对策［D］中国政法大学硕士学位论文，2011：26

2. 知识产权质押的效力范围

知识产权质押所担保的债权范围，《物权法》第 173 条和《担保法》第 67 条均可适用，特殊之处主要在于，因知识产权为权利质权，无须移转标的物的占有，故无质物（担保财产）的保管费用。

知识产权质权所及标的物的范围，涉及知识产权的从权利、孳息、代位物等，情况略显复杂。《物权法》第 213 条承袭了《担保法》第 68 条的规定，明确规定了动产质权所涉孳息问题，即"质权人有权收取质押财产的孳息，但合同另有约定的除外。""前款规定的孳息应当先充抵收取孳息的费用。"上述规定均非专门针对权利质权而设，并不必然适用于知识产权质权。除此之外，仅《担保法司法解释》第 104 条就股权质押所涉孳息问题有所规定，即"以依法可以转让的股份、股票出质的，质权的效力及于股份、股票的法定孳息。"由于立法层面的上述不足，在实践中出现的问题主要有三：一是以知识产权中的部分财产权出质的，质押效力能否及于其他权利。有学者认为，如允许知识产权质押的效力及于其他权利，对于出质人而言过于苛刻，并影响其利用质物，导致质权人与出质人之间的利益显失平衡。❶ 本文赞同该观点。二是专利权的后续改进技术，如有重大突破、已形成新的独立的技术方案，不论是否产生专利权，均不应为质权的效力所及，相反，后续技术依附于已出质的专利权且仍为出质人所有的，则可为质权效力所及。三是知识产权出质前的实施许可，如延续至质押期内，则质押期间所获收益可以用于优先偿付债权或向第三人提存。允许知识产权质权的效力扩张至该收益，对于作为第三人的被许可使用人通常并不构成妨碍，但有助于保障债权。❷

知识产权质押当事人的权利义务安排与普通的权利质权基本一致，实践中值得注意的地方主要有五点：

第一，知识产权价值的恒定性差，因不可归责于质权人的事由导致知识产权的价值波动影响质权人的债权时，依照《物权法》第216条的规定，质权人有权要求出质人提供相应担保，如出质人不提供的，质权人可以拍卖或变卖该知识产权并与出质人协议将卖得价款用于提前清偿债务或者提存。同理，依照《物权法》第220条第1款的规定，当债权已届清偿期，出质人亦可以请求质权人及时行使质权，如质权人不行使的，出质人可以请求人民法院拍卖变卖、变卖质押财产，以防止知识产权价值下跌影响债权实现，并损及出质人利益。《物权法》前两规定虽列于"动产质权"专节，但对于权利质权和知识产权质押同样适用。

第二，出质人转让、许可使用知识产权的权利受到法律限制。依照《物权法》第227条第2款规定，"知识产权中的财产权出质后，出质人不得转让或者许可他人使用，但经出质人与质权人协商同意的除外。出质人转让或者许可他人使用出质的知识产权中的财产权所得的价款，应当向质权人提前清

---

❶ 参见江云丰：论知识产权质权［D］西南政法大学硕士学位论文，2007：22
❷ 亦有不同观点认为，出质权利的使用收益仍归出质人，设质前后的许可使用收益，均不应为质权效力所及。参见彭磊：知识产权质权研究［D］郑州大学硕士学位论文，2004：22。

偿债务或者提存。"《物权法》该款规定承袭了《担保法》第 80 条的规定，学界认为这一立法安排限制了出质人对于出质知识产权的处分权，有过分干预私法自治、偏向质权人利益之嫌，妨碍了知识产权质押融资。❶ 事实上，出质人转让或允许他人使用知识产权，只要其所得交换价值或使用费能够得到质权人的有效控制，同样能起到保障债权实现的作用，没有必要强制要求转让或许可使用知识产权必须经质权人同意。质权人往往更加重视自身担保利益而有意或无意间忽视出质人使用、处分知识产权的利益，过分限制出质人转让或许可他人使用知识产权的自由，实际上并不真正有助于保障质权人的债权。

第三，因部分知识产权质押当事人习惯在设质时交付知识产权权利证书，故质权人应妥善保管该证书，因保管不善而产生的补办费用或其他损失，应由质权人承担。

第四，如出质前出质人已使用或许可他人使用知识产权的，根据在先权利优先的法理，该在先使用权原则上仍可在原定范围内继续使用，但双方或三方当事人另有约定的除外。

第五，因被担保债权消灭等原因，需要办理质押注销登记的，质权人应当协助出质人办理注销登记。

（四）知识产权质押的现状评析

尽管《物权法》实施后，知识产权质押制度有了一定改进，比如区分了质押合同的生效与质权的设立、扩大了知识产权质押的标的范围、修改或新出台了相关知识产权质押登记制度，此外，在有关部门和地方的积极推动下，知识产权质押交易得到了较快发展，但仍存在以下主要问题有待解决：

第一，物权基本立法原则性强，更为重视权利质押与动产质押的相似性，对于权利质押包括知识产权质押的特异性重视不够，某些适于动产质押的规定并不一定适合知识产权质押，导致知识产权质押的某些制度安排针对性不强、操作性较差。

第二，注重债权安全而忽视了知识产权使用价值和担保价值的充分实现，不利于鼓励交易、实现物尽其用。比如限制知识产权出质人的转让权和使用

---

❶ 参见胡开忠：权利质权制度研究 [M] 北京：中国政法大学出版社，2004：185-186

许可权、限制专利权的重复出质等制度安排，就有可资商榷之处。

第三，尽管《物权法》扩大了知识产权质押的标的范围，但因该法同时强调未明确列举的财产权的出质需要以法律、行政法规规定可以出质为前提，加之知识产权质权需经登记才能设立，故《物权法》未明确列举的知识产权的出质仍然存在不少限制。

第四，知识产权质押融资发展迟缓，与知识产权申请数量的高速增长极不匹配，且多以专利权质押为主，其他知识产权质押融资没有得到同步发展。

第五，金融机构观念保守，对于知识产权质押融资顾虑过多，比如常常要求提供有形财产作为辅助担保、强行指定评估机构等，这在一定程度上限制了知识产权质押交易的发展，加大了知识产权质押融资的成本。

第六，知识产权评估体系发展滞后，未能有效支持知识产权质押融资。知识产权的价值恒定性差，其价值评估原本不易，加之我国现行知识产权评估体系在评估机构、评估程序、评估标准、评估理论、评估监管、评估环境等方面均存在某些欠缺，这些因素均可能影响到评估结果的准确性、合理性和可信度，这构成了知识产权质押融资的又一障碍。

第七，现行知识产权质押登记制度仍待完善。目前依照知识产权类型不同所建立的多部门分别登记制在一定程度上降低了登记的统一性和登记效率，加之采登记成立主义而非登记对抗主义的登记模式，未经登记将无法设立知识产权质权，从而限制了当事人通过知识产权进行设质融资的意思自治空间。

第八，知识产权质权的实现制度不尽合理。由于知识产权交易市场有欠发达，知识产权的价值变现或许可使用原本颇受限制。与其他权利质权一样，知识产权质权的实现适用动产质权的实现程序和方法。不过，不论是拍卖、变卖还是折价均不是最适合知识产权自身特质的实现方法。知识产权的价值最终需要通过产业化才能体现，知识产权的使用许可应当是其价值实现的主流选择，❶ 但并未被立法明确规定为知识产权质权的实现方式，加之知识产权质权人多为银行，依法不能从事信托、实业投资活动，无法自主消化、使用出质的知识产权，使得知识产权质权的实现机制颇为不畅。

---

❶ 有学者亦持类似观点，认为"知识产权的价值是通过其利用而反映出来，知识产权的可虚拟占有的特性与知识产权权能多样化的特点在客观上要求弱化知识产权的支配功能而强化知识产权的利用功能"。参见吴汉东、胡开忠：无形财产权制度研究［M］北京：法律出版社，2001：84

针对上述问题，学界就如何完善知识产权质押制度，推进知识产权担保融资发展进行了诸多有价值的研究，提出了不少真知灼见，综合来说包括以下几个方面：

第一，落实《物权法》鼓励知识产权出质的立法意图，实质性扩大知识产权质押的标的范围。部分金融机构过分担心信贷风险，不予接受专利权、商标权、著作权之外的知识产权质押融资申请，不符合知识产权担保交易的发展趋势，不利于我国知识产权交易的发展。因而，应当增加可以出质的知识产权类型，比如明确将商号权、商业秘密权、集成电路布图设计权中的财产权纳入知识产权出质范围。

第二，减少行政干预，尊重市场自治。与产业资本、金融资本等传统资本相比，知识资本日益成为 21 世纪世界经济发展最重要推动力，国家间的竞争在一定程度上就是知识资本的竞争，❶ 知识产权的发展业已成为重要的国家战略，但这并不意味着国家可以代替市场包办知识产权质押融资。目前对于知识产权融资的行政干预较多，比如与知识产权融资扶持政策相对接的高新技术企业资格的行政认定措施等，就与发达国家风险投资机构自主参与对高新技术企业的融资支持明显不同。美国的发展经验表明，政府主导只是知识产权担保融资发展的起点或过渡，依靠市场组织比如 M-CAM 这样强大的知识产权管理公司为知识产权融资提供服务，才是知识产权担保交易发展的长远方向。❷ 因而，应当引导市场主体普遍通过市场途径解决知识产权质押融资问题，逐步淡化政府的角色，贴息、补贴、税收优惠、政策性担保等鼓励措施必须依照法定权限和规范程序实施。❸

第三，改进登记制度，实行登记对抗主义，统一登记机关和登记程序。知识产权设质并非必须实行登记成立主义，日本和我国台湾地区专利质权的成立即采登记对抗主义，这一模式有助于降低交易成本，可予今后改革借鉴。

---

❶　参见郑成思：知识产权论［M］北京：法律出版社，2003：13-14

❷　此外，美国硅谷银行与风险投资机构共同参与知识产权担保融资的经验也值得参考，参见史然：我国专利权质押法律制度研究［D］中国政法大学硕士学位论文，2010：30

❸　事实上，除基本立法和登记制度外，各地、各部门单独或联合制定的知识产权质押制度多集中发布于 2008 年金融危机后，立法主体、立法层次、调整范围均有较大差异，统一性、规范性和协调性均待提升。参见龚玮敏：知识产权质押贷款的法律问题及其对策［D］中国政法大学硕士学位论文，2011：17-18。

依照现行知识产权质押登记制度，办理知识产权质押通常要到北京办理登记，省级以下（含省级）相关主管部门无权办理登记，登记成本明显偏高，这与动产抵押登记普遍实行的基层登记制有所不同，故有必要在能够保障交易安全、规范担保登记的前提下逐步改进。

第四，完善评估程序，降低设质成本，允许以双方认可的价值作为知识产权出质登记的内容。自由与高效是当今动产担保交易发展的重要特点和基本要求，在动产抵押领域已经实现了担保物价值的自由约定。尽管知识产权管理较为严格，知识产权自身承载着重要的公共利益，但知识产权交易也应追求高效迅捷，是否评估应当由当事人自主决定，评估不应成为办理知识产权质押的强制程序。专业评估机构作为中介机构进行的评估是一种方式，但当事人协商确定知识产权的价值亦是可供采取的方式。❶

第五，推进知识产权交易市场建设，健全知识产权交易的制度体系，为知识产权担保融资提供良好的交易平台。知识产权质押融资发展迟缓，归根在于知识产权产业化水平低，融资难的问题根源于对接难，知识产权的交换价值和使用价值无法通过市场充分实现，不能实现物尽其用。

第六，构建政府、企业、金融机构共同参与治理的知识产权质押担保机制，❷ 增强中介机构的服务功能。比如，美国中小企业管理局（SBA）作为联邦政府专门为中小企业提供服务的机构，并不直接向企业提供资金，而是通过建立贷款标准，保证中小企业的还款行为等方式，与银行、社区发展机构及小型贷款机构合作，服务中小企业知识产权融资。❸ 同时，国外经验表明，在成熟的知识产权交易市场中，中介机构包括评估机构、律师事务所积极参与知识产权担保交易的风险分担和贷后处置等活动，是推动知识产权担保融资发展的重要力量。

第七，在保障债权安全的前提下，允许重复出质，不限制出质人转让或

---

❶ 参见李培林：企业知识产权战略理论与实践探索［M］北京：知识产权出版社，2010：223

❷ 比如，政府通过政策性担保、贴息、补贴等方式推动各方积极达成交易；担保公司分担担保责任，评估机构依法评估并在过错范围内承担担保责任；保险公司分担评估机构责任，减轻中介机构风险，鼓励相关主体参与知识产权担保交易。参见谭果林：知识产权质押贷款风险控制的实践与探讨［J］科技与法律，2010（4）：43

❸ 参见黄珂：专利权质押制度研究［D］华中师范大学硕士学位论文，2009：9-10

处分知识产权，建立符合知识产权质权自身特点的实现制度。知识产权价值波动大，自由流通、及时变价、不限制处分，反而有助于保障债权。

二、专利权质押

专利权质押属权利质押，是以可以转让的专利权中的财产权作为质押标的设立的质权。"专利权质押实际上就是以质押的方式来发挥专利权的交换价值，利用专利权的交换价值为相关债权提供担保，使债权人可以优先受偿的担保物权"。❶ 专利权质押具有如下主要特征：

第一，质押标的是专利权中的财产权。专利权是具有人身因素的财产权，或者说既包括人身权，也包括财产权，但只有专利权中的财产权比如独占权、许可权等具有让与性的财产权可以依法出质。

第二，专利质押的设立无须移转标的物的占有。因专利权具有公开性，专利技术方案可以轻易获取，故占有无法作为专利权质权的公示方式，依我国物权立法，专利质权以登记作为成立要件。

第三，专利权质押风险较高。专利权具有知识产权特有的无形性、时间性、地域性等特征，无法参照生产普通商品所需要的社会必要劳动时间确定其价值，市场条件、技术进步等因素随时可能影响专利权的价值评估。作为依法定程序产生的知识产权，专利权还可能因无效程序而丧失。❷ 正因为如此，银行发放专利质押贷款普遍较为慎重。中国银监会早在2006年年底发布的《关于商业银行改善和加强高新技术企业金融服务的指导意见》即体现了对于专利权质押贷款的审慎态度，该意见第10条第1款规定，"对拥有自主知识产权并经国家有关部门评估的高新技术企业，还可以试办质押贷款"。

专利权质押既能利用专利权的交换价值担保融资，又不影响专利权人对专利权的实际利用。较之专利权的转让或许可使用，专利权质押通常更具优势。如专利权人获取融资支持后自行实施专利，因其更熟悉专利技术及其所属领域的情况，往往比受让方或被许可方更容易实现专利权的价值。我国大

---

❶ 梁慧星、陈华彬：物权法［M］北京：法律出版社，1997：375

❷ 相关调查发现，已授权的实用新型专利，经无效等程序后，能够维持其全部或部分专利权的仅40%~50%。参见郭红珍：专利评估与交易中的有关法律权属问题研究［J］科技创业月刊，2004：3

部分专利技术都是由中小企业提供，支持专利权质押融资，有助于支持自主创业，促进中小企业发展，打破技术垄断，鼓励科技创新，防止少数大企业通过转让方式大量购买专利权后弃而不用，利用对所购专利权的排他独占地位妨碍技术进步。

1995 年《担保法》和 1997 年《物权法》均允许专利权设质，1996 年国家专利局即颁布了《专利权质押合同登记管理暂行办法》，该办法经修订后于 2010 年 10 月 1 日实施，全称《专利权质押登记办法》。此外，部分经济较发达的地区纷纷出台专利权质押的地方立法或规范性文件，以规范专利权质押贷款。不过，专利权质押融资发展依然不甚理想，以专利权质押期限为例，2009 年办理的专利权质押登记中，专利权质押期限不足三年的占登记量的七成，体现了对于专利权质押的信心不足，同年，全国办理专利权质押登记仅 168 份。❶

我国《物权法》第 223 条第 1 款第 5 项规定，债务人或第三人有权处分的专利权中的财产权可以出质，该法第 227 条规定，专利权出质的，当事人应当订立书面合同，质权自有关主管部门办理出质登记时设立。较之《担保法》，专利权质押合同的生效与专利权质权的设立相互分离，专利权质押合同的效力不再取决于是否办理出质登记。除上述涉及专利权质押的基本立法外，专利权质押融资需要注意如下问题：

第一，办理专利权质押贷款，除应遵循国家知识产权局的《专利权质押登记办法》等基本制度外，还需要符合各类地方性规定包括金融机构的相关规定。比如部分地方性制度对出质人或借款方的注册地、专利实施情况、贷款额度、经营业绩、信用状况均有相应要求。为保障交易安全，部分地方专门规定不得质押的专利范围。❷ 如此种种，均体现了国家对于专利权交易市场无微不至的关切，这在专利权质押融资发展初期，确有必要。

---

❶ 参见规划：质押、许可推动专利产业化——2009 年我国专利权质押登记及专利实施许可合同备案情况 [J] 中国发明与专利，2010（7）：22-23

❷ 比如《湘潭市专利权质押贷款管理办法》第 10 条规定，有下列情况之一者不得申请专利权质押贷款：1. 专利申请未获得专利权的；2. 专利权被提出撤销请求或已终止的；3. 专利权被启动无效宣告程序的或被宣告无效的；4. 专利权有效期已过或贷款期限超过专利权有效期的；5. 存在各种纠纷的（包括民事纠纷、行政纠纷）；6. 出质人非专利文档所记载的专利权人或非全部专利权人。

第二，专利申请权的出质问题。物权立法已经明确专利权中的财产权可以设质，但是否意味着专利权中的所有财产权均可设质，比如专利申请权能否设质的问题就存在争论。《专利权质押登记办法》第 12 条第 2 款第 3 项规定，"专利申请尚未被授予专利权的"，不予登记。国家知识产权局在《如何办理专利权质押合同登记》一文中认为，申请专利能否最终获得专利权尚不确定，故不能质押。上述观点与物权基本立法可能存在冲突，《专利法》第 10 条第 1 款明确规定了专利申请权具有可转让性，❶ 其财产属性亦应无争议：未申请专利前，如当事人自由转让之，法律并无限制；提出专利申请后，申请人即享有请求授予专利权的请求权、发明创造的使用权和转让权以及要求利用实施其发明创造的单位和个人支付从公开日到授权日期间的适当的使用费。故专利申请权具有财产内容和可转让性，完全可以成为专利权质押的标的。专利申请权质押的风险应由当事人自行承担，立法应当尽量尊重。虽然我国台湾地区"专利法"第 6 条规定专利申请权权不得设质，但宜理解为针对因申请专利而产生的请求专利管理机关授权的公法上的资格不得设质，而不应视为是对专利申请权的财产性、转让性和可出质性的否认。专利申请权的出质争议涉及专利权质押的标的模式问题，由于专利权的财产内容彼此关联性较大，有学者认为，专利权人对于专利的独占实施权、专利实施许可权和专利转让权不宜单独作为质权标的，专利权担保融资宜以整体设质为妥。❷

第三，专利权评估的相关因素。专利权评估始终是困扰专利权质押融资的一大问题，专利权价值评估"应考虑专利权的类型、专利权保护范围的大小、专利权的实施状况、专利技术的革新程度、专利技术创造性的大小、专利产品的实用性、市场需求量的大小、该专利产品的功能是否能被其他商品替代、该专利产品被仿制程度的难易、专利的有效期限等方面因素。"❸

第四，出质人的处分权限制问题。动产质押可以通过质权人占有和留置动产保障债权，但专利权等知识产权无法借助占有和留置方式保障债权，故立法对出质人处分知识产权的权利予以了必要限制，未经质权人同意，出质

❶　即"专利申请权和专利权可以转让。"

❷　参见史然：我国专利权质押法律制度研究［D］中国政法大学硕士学位论文，2010：27

❸　蒋逊明：中国专利权质押制度存在的问题及其完善［J］研究与发展管理，2007（3）：78-84

人不得处分知识产权。❶

第五，专利权的实行问题。因专利权价值的恒定性差，质权的实行期应当不限于债权到期而未受清偿的特定期间，质权人可以依照《物权法》第216条的规定，当出现因不能归责于质权人的事由可能使专利权毁损或价值明显减少、足以危害质权人权利时，有权要求出质人提供补充担保或提前拍卖、变卖专利权，以保障债权实现。此外，除传统的折价、拍卖、变卖外，应将专利权许可使用作为专利质权实现的重要方式，以充分发挥专利权的使用价值和担保价值。

第六，专利权质押融资的风险控制。专利权质押融资因受种种因素的制约，其价值评估较之有形资产和其他无形资产更为复杂，加剧了专利权价值的不确定性，也增大了专利权的实现风险，因而，专利权质押融资风险较高。为有效控制这一风险，有学者认为，有必要建立企业担保联盟，降低专利权质押的实现风险；建立化解专利权质押贷款风险的风险补偿金制度；鼓励专业贷款机构、风险投资者等为专利权质押贷款提供金融服务；加强信贷管理制度，防范质押风险。❷ 上述观点，颇值各方参考。

三、商标权质押

（一）商标权质押标的

《物权法》第213条第1款第5项规定，债务人或第三人有权处分的可以转让的注册商标专用权中的财产权可以出质。根据该规定，商标权质押的标的应为注册商标专用权中的财产权，非注册商标尽管具有财产价值，甚至可以转让，但因未纳入国家制度的传统管理范围，如允许出质，交易风险更大，故不属于商标权质押的标的范围。实践中争议较大的问题是，注册商标许可使用人获得的商标独占许可使用权、排他使用权、普通使用权能否出质？日本商标法和专利法即允许商标权以及专用使用权、通常使用权成为质权标的，但以被许可人获得原权利人的许可为前提。我国有学者认为，许可使用权本质上是债权，不是物权，被许可人无权处分商标权人的注册商标专用权，包

---

❶　参见《物权法》第227条第2款。

❷　参见史然：我国专利权质押法律制度研究［D］中国政法大学硕士学位论文，2010：30-31

括不能未经商标权人同意以许可使用权设质，除非得到商标权人的特别授权。[1] 除被许可人的使用权可以依法出质外，商标权人在许可使用期间，因仍享有对于商标的最终处分权，故可以在告知质权人并为质权人所接受的前提下，依法将其许可使用权出质或许可他人使用其注册商标，从而充分实现商标权的用益价值和担保价值。

实践中，商标注册人常常在同一种或类似的商品上注册相同或近似的商标，在交易中，这些商标通常一并转让，故在设质时宜一并设质为妥。另外，现行立法对于集体商标、证明商标的受让人资格予以了某些限制，但并不等于集体商标、证明商标不能设质。[2] 集体商标、证明商标质权实现时，取得该类商标的主体应当符合法定的资格条件，但质权人可以不是符合这类资格条件的民事主体。

（二）商标权质押登记程序

除物权基本立法的相关规定外，商标权质押登记程序主要体现在国家工商总局 2008 年颁布实施的《商标权质押登记办法》。依照这些规定，商标质权的设立采登记要件主义，质权自国家商标局办理出质登记时设立。尽管立法并未规定商标权设质应否移交商标注册证书，但实务界多认为商标注册证仍由出质人持有更妥，以方便出质人使用商标、办理注册商标续展手续等。因出质登记制度的客观存在，出质人擅自转让或许可他人使用注册商标、危及质权安全的风险大大降低。

无形财产的价值是由所有权形成的权益和未来收益共同确定，因而，衡量无形财产的价值需要考虑诸多因素，比如形成成本、当前和未来收益、有效年限，政治经济文化条件的影响等。就商标而言，商品或服务质量、消费者评价、历史积淀、企业经营状况、经营者的竞争地位、商标权交易市场的活跃度等均是决定商标价值的因素。因而，无形财产价值评估相对复杂，评

---

❶ 参见王鹏超：商标权质押的困境及化解困境的路径选择［D］河南大学硕士学位论文，2011：3

❷ 《集体商标、证明商标注册和管理办法》第 16 条规定，"申请转让集体商标、证明商标的，受让人应当具备相应的主体资格，并符合商标法、实施条例和本办法的规定"。"集体商标、证明商标发生移转的，权利继受人应当具备相应的主体资格，并符合商标法、实施条例和本办法的规定"。该办法第 17 条规定，"集体商标注册人的集体成员，在履行该集体商标使用管理规则规定的手续后，可以使用该集体商标"。"集体商标不得许可非集体成员使用"。

估程序应当仅具有专业性的参考价值，加之当前无形资产评估存在着行政依附性强、市场规范化理性化程度不高、恶性竞争突出等问题，更不宜普遍、强行要求知识产权交易必须进行价值评估。商标权出质登记是否进行价值评估，应当委由当事人自主决定，评估不当所致交易风险应由评估方和当事人依照各自责任承担。

四、著作权质押

（一）著作权质押的概念与特征

著作权质押是指债务人或者第三人将其著作权中的财产权依法出质作为债权的担保，债务人不履行债务时，债权人有权将该财产权折价或者以拍卖、变卖该财产权的价款优先受偿。❶ 简言之，著作权质押就是以著作权中的财产权为质押标的设立的权利质权（押）类型。著作权质押的当事人包括出质人和质权人。

有学者认为，著作权质权"由于债权，包含于物权，并受制于著作权"。❷ 换言之，著作权质权为担保债权而设，其性质属于权利质权，并因其标的为著作权中的财产权而有别于其他权利质权。如是观之，著作权质权的最大特征即在于以著作权中的财产权为标的。

一般认为，符合著作权质权的标的应当具备如下要件：

第一，出质人应当是著作权的所有人，既包括作品的原始权利人，也包括著作财产权的合法受让人。前者享有著作权的全部权利，后者仅享有著作权中的财产权，但均可将其著作权中的财产权出质。❸

第二，著作权本身合法有效。与传统物权相比，著作权具有时间性，❹ 出质人的著作权应当在著作权的有效保护期内，并至少应持续到担保期届满为止，❺ 超过著作权保护期限的著作权不得设质。同时，著作权具有地域性，

---

❶ 参见原《著作权质押合同登记办法》第 2 条。

❷ 周溪：论著作权质权的重新定位——兼评《著作权质权登记办法》[D] 中国社会科学院硕士学位论文，2011：2

❸ 著作权中的发表权、署名权、修改权、保护作品完整权等权利在本质上是作者人格的反映，属于人身权，无法估价或转让，故不能成为著作权质权的标的。

❹ 参见《著作权法》第 21 条。

❺ 参见刘瑛：版权质押合同及其质权人的利益保障 [J] 知识产权，2001（3）：24-26

出质的著作权应当处于有效的地域范围之内。除非双边或国际条约另有约定，著作权的效力原则上限于一国之内，因而，在他国享有著作权的作品，在另一国并不当然受到保护并可有效设质。

第三，著作权的财产价值受多种因素制约，其质权担保交易相对复杂。比如作者自身的声誉变化对于著作权财产权的价值实现常有影响，故有学者认为著作权人不当行使人身权，有可能妨碍质权实现。❶ 因而，为保障债权安全和质权实现，著作权人的人身权应当受到必要限制，但至少应以不损害基本人权或善良风俗为前提。在著作权担保交易实践中，既可以著作财产权直接设质，也可以著作权人与出版社签订的出版合同这一普通债权设质。

（二）我国著作权质押的立法状况

我国著作权质押立法发展较晚，从制度层面可以分为三个阶段：第一，《担保法》和《著作权质押合同登记办法》主导的初始阶段；第二，《物权法》和《应收账款质押登记办法》共同作用的混合阶段；第三，《物权法》和《著作权质权登记办法》主导的暂新阶段。❷

传统上，民法典并不规定知识产权质权制度，或仅有一些原则性规定，即便知识产权专门立法涉及知识产权质押的规定也比较简单。《物权法》颁布前，《担保法》是调整著作权质押关系的基本法律，该法第 75 条第 1 款第 3 项规定著作权中的财产权可以依法出质。不过，《担保法》第 79 条将著作权质押合同的生效与著作权出质登记绑定在一起，未经出质登记著作权质押合同不生效，著作权质权亦无从产生。❸《担保法》实施后，为规范著作权出质登记，国家版权局 1996 年出台了《著作权质押合同登记办法》。遗憾的是，因多种因素影响，著作权质权交易的发展一直不甚理想，该办法颁布后

---

❶ 参见马波：论权利质权的机制设计——以对著作权人身权的限制为视角 [J] 法制与社会，2007 （11）：37-38

❷ 参见周溪：论著作权质权的重新定位——兼评《著作权质权登记办法》 [D] 中国社会科学院硕士学位论文，2011：7-12

❸《担保法》这一安排，与著作权自动产生而非登记产生的原则存在一定冲突。《著作权法》也未专门规定著作权质押必须办理登记，《著作权法实施条例》第 25 条对于著作权专有许可使用合同、著作权转让合同也仅要求可以备案而非应当备案。要言之，担保法对于权利质权交易安全的过度关心，在一定程度上干涉了《著作权法》强调创作自由、交易自由，放松法律干预的固有观念。

五年内全国竟无一件著作权质押实例产生。

《物权法》颁布后，明确区分了物权的生效和合同的生效，不再规定知识产权质押合同以登记作为生效要件，知识产权质权均自有关部门办理出质登记时设立，❶ 并规定《担保法》的规定与《物权法》不一致的，以《物权法》为准。❷ 因而，原《著作权质押合同登记办法》中的相关规定因物权基本立法的前述重大变化，实已名存实亡。❸ 在此期间，知识产权许可使用所产生的应收账款债权，亦被纳入《应收账款质押登记办法》进行出质登记。这一操作模式，虽然较之原《著作权质押合同登记办法》更为方便快捷，并得到了银行的大量采用，但仍然存在明显的不足之处，并不是著作权质押的最佳模式：首先，著作权质押的标的是著作财产权，而应收账款质押的标的仅仅是著作权许可使用产生的债权，后者并没有充分利用著作权的全部经济价值。其次，因著作权直接质押可以限制出质人对著作权的转让和许可使用，而应收账款出质并未排除著作权再次许可使用，加之被担保债权无法实现时，是由被许可人承担清偿责任，而不是由著作权人直接承担责任，著作权应收账款出质的风险明显偏大。基于上述原因，《著作权法》2010 年修订时，专门强调了著作权出质登记程序。❹ 国家版权局同期颁布了新的《著作权质押登记办法》，以更好服务著作权质押融资的现实需求。

（三）著作权质押的几个具体问题

1. 邻接权可否出质

邻接权属于广义的知识产权，即《著作权法》所称的"与著作权有关的权益"，包括出版者权、表演者权等具体权利。❺ 邻接权具有财产性、可转让性，符合成为质押财产的条件，应当纳入可以出质的著作财产权的范围，并得到《著作权质权登记办法》的认可。❻ 由于邻接权依附于著作权，邻接权出质应当取得作品的著作权人认可，以免质押无效。

---

❶ 参见《物权法》第 227 条第 1 款。

❷ 参见《物权法》第 178 条。

❸ 参见周溪：论著作权质权的重新定位——兼评《著作权质权登记办法》[D] 中国社会科学院硕士学位论文，2011：10

❹ 参见《著作权法》第 26 条。

❺ 参见《著作权法实施条例》第 36 条、第 38 条。

❻ 即《著作权质权登记办法》第 3 条所指的"与著作权有关的权利"。

2. 著作权价值评估的必要性

知识产权质押融资普遍要求进行价值评估，以尽可能控制"知识产权价值不确定"的固有风险，但价值评估并非著作权质押的必经程序。《著作权质权登记办法》第 6 条第 1 款第 7 项规定，"出质著作权进行过评估，质权人要求评估，或依据法律、法规规定需要进行价值评估的，提交有效的价值评估报告"。依据该规定，是否进行著作权价值评估，主要应由质押当事人自主决定。实践中，协商评估、委托专业评估机构评估、参照已作出的判决裁定或原出质情况，均可成为确定著作权价值的可选方式。❶

3. 质权登记证书和质权登记簿的法律地位

著作权质权登记簿是质权登记的原始档案，其效力原则上高于质权登记证书。《著作权质权登记办法》第 20 条第 2 款规定，"《著作权质权登记证书》的内容应当与《著作权质权登记簿》的内容一致。记载不一致的，除有证据证明《著作权质权登记簿》确有错误外，以《著作权质权登记簿》为准"。新办法的这一安排，解决了旧办法下信息不统一、不完整、查询不方便等问题，如登记证书丢失，还可以根据登记簿的记载，请求补发登记证书。❷

4. 著作权质押的风险控制

著作权的财产价值最终需要借助文化产业市场实现，与有形财产相比，其本身并未体现直接的财产利益，且因受知识产权特有的时间效力、空间效力的限制，其价值具有很大的"不确定性"，担保融资风险较大。因而，著作权质押交易发展一直较为迟缓。有资料显示，"2000 年至 2010 年 8 月，中国版权保护中心共办理著作权质押登记 934 件，其中计算机软件著作权登记 747 件，一般作品著作权质押登记 187 件"。❸ 针对这一问题，有学者认为，有必要建立"银行+评估机构+担保机构"的风险共担机制，鼓励支持担保公

---

❶ 刘珊：专家详解《著作权质权登记办法》［N］中国知识产权报，2011-1-7：008

❷ 刘珊：专家详解《著作权质权登记办法》［N］中国知识产权报，2011-1-7：008

❸ 参见国家版权局关于《著作权质权登记办法》答记者问［EB/OL］［2010-12-17］http：//news.cntv. cn/20101217/108991. shtml

司服务著作权质押融资交易。❶ 笔者认为，著作权质押风险过大，与著作权质押发展迟缓乃至著作权产业发展水平不高，实为同一问题的不同表现。繁荣发达的文化产业市场，以及与之配套的交易规则和机制，应当是从根本上解决著作权质押风险控制问题的基础。前文对知识产权质押交易发展的相关研究已经予以充分证明。

5. 著作权的重复出质问题

著作权具有无形性，著作权出质实际上是利用著作权的交换价值，而非使用价值，著作权质权人对于著作权的占有系观念占有，而非实际占有，故同一著作权之上可以并存数个质权，著作权重复出质应无限制，相关立法亦未禁止。

第二节　股权质押

一、股权质押概述

股权质押是指出质人以其拥有的股权作为担保物而设立的权利质权。作为一种新兴的融资手段，股权质押是随着市场经济的发展而逐步产生发展起来的。《担保法》第 78 条是我国关于股权质押的最早规定，此后，《担保法司法解释》、新《公司法》、《物权法》均有股权质押的基本规定，股权质押制度相应也处于不断变化的过程中。2008 年，国家工商总局《工商行政管理机关股权出质登记办法》出台后，股权质押的基本制度体系初步成型、稳定。

股权质押的最大特点在于质押标的是股权。股权质押融资的风险性较大，主要原因即在于股权价值受公司经营业绩、市场环境等多种因素的影响，恒定性差，如在股权价值较高时不及时套现，待担保债权实现时恰逢股价下跌或股市疲软，质权人的债权实现将面临较大风险。尽管广义的股权不仅包括当事人在有限责任公司和股份有限公司持有的股权，还包括在其他法人或非法人组织比如合伙企业、合作企业等商主体中因投资所形成的股份，但因权

利担保类型法定，我国仅存在以有限公司和股份有限公司的股权设质的情形。

尽管《物权法》等均规定股权质押的标的为依法可以转让的股权，但因学界普遍认为股权不是纯粹的财产权，❶ 因而，股权质押标的的具体所指，仍待探讨。关于股权财产权性质的研究中，股权自益权和股权共益权之分最具代表。股权自益权的标的限于经济利益，是指"股东为从公司获取财产利益而享有的一系列权利"，"主要包括发给出资证明或股票的请求权、股份转让过户的请求权、新股认购优先权、分配股息红利的请求权以及分配公司剩余财产的请求权等"，❷ 股权共益权则体现了股东个人利益与公司利益的有机结合，又称参与权，是指"股东为参与公司决策、经营、管理、监督和控制而享有的一系列权利"，❸ 比如表决权、知情权、查阅权等。股东出资的目的最终在于从公司分得利润或在公司终止时分配剩余财产，参与公司管理的共益权在此意义上只是实现自益权的手段。一般认为，股权质押的标的只能是自益权，共益权并未直接体现财产内容，不能单独转让，不能成为质权标的。《瑞士民法典》第 905 条即规定股票出质后，表决权仍由出质人即股东行使，不得由质权人代表。如果允许共益权出质，可能导致债务人以其股权质权为依据介入公司内部治理，损及公司的人合性，这对于非上市公司特别是有限公司的发展和股东权益保障往往不利。当然，如质押标的为非记名股票，原则上应允许上述情形。

二、股权质押的设立

（一）股权质押设立的一般问题

《担保法》将股权质押分为股份出质和股票出质两种类型，《物权法》第223 条将其统称为"股权"出质。❹《担保法》下的股份质押专指以有限责任公司的出资额为质押标的设立的质押，股票质押专指以依法可以转让的股票出质。对于股票出质，《担保法》第 78 条第 1 款规定，"质押合同自登记

---

❶ 关于股权的性质，学界主要有所有权说、债权说、社员权说、独立民事权利说等观点。参见范健、王建文：商法学［M］北京：法律出版社，2012：172-174

❷ 范健、王建文：商法学［M］北京：法律出版社，2012：170

❸ 范健、王建文：商法学［M］北京：法律出版社，2012：170

❹ 参见《担保法》第 75 条、第 78 条，《物权法》第 223 条。

（证券登记结算机构。——笔者注）之日起生效"，质押合同生效，股票质权即告成立；对于股份出质，《担保法》第 78 条第 3 款规定，"质押合同自股份出质记载于股东名册之日起生效"，质押合同生效，股份质权即告成立。《担保法》的上述规定，混淆了质押合同生效与质权设立的相互关系。《物权法》第 226 条第 1 款将股权质权的设立统一为在证券登记结算机构或工商行政管理部门办理出质登记时设立，质押合同的生效不再取决于是否办理出质登记。

《物权法》第 226 条第 1 款规定，以证券登记结算机构登记的股权出质的，登记部门为证券登记结算机构；以其他股权出质的，登记部门为工商行政管理部门。《物权法》统一要求股权出质必须登记，不能通过记载于股东名册的方式出质，有助于更好公示股权出质信息，方便查询和监督，维护交易安全。仅凭合意、交付或背书，股权质权亦不能设立。

关于股权质押的登记机关，我国数部立法之间存在很大冲突，以致实践中一直存在争议。❶《担保法》并未规定非上市的股份公司的股权出质登记机关，《担保法司法解释》第 103 条第 3 款则将非上市公司股权（有限责任公司和未上市的股份公司）统一规定为通过将"股份出质记载于股东名册"的方式出质，没有将非上市的股份公司的股权出质登记权设在证券登记结算机构。不过，《证券登记结算办法》第 2 条第 2 款则规定，"非上市证券的登记结算业务，参照本办法执行"，从而将非上市股份公司的股权出质纳入证券登记结算机构办理。当然，实践中，非上市股份公司的股权出质问题，并未在该办法下得以很好解决。《物权法》出台后，不再以公司类别来划分股权出质登记机关，❷ 只区分证券登记结算机构登记的股权和没有在证券登记结算机构登记的股权，二者分别在相应登记机关办理出质登记，《工商行政管理机关股权出质登记办法》第 2 条明确规定，"以持有的有限责任公司和股份有限公司股权出质，办理出质登记的，适用本办法。已在证券登记结算机构登记的股份有限公司的股权除外"。根据上述立法安排，有学者认为，上市公司的股权、公开发行股份的公司的股权、非公开发行但股东在 200 人以上的公司的股权，其出质登记应由证券登记结算机构办理；有限责任公司的

---

❶ 参见孟强：我国股权质押登记机关的演化及辨析——对《工商行政管理机关股权出质登记办法》相关规定的分析 [J] 暨南学报（哲学社会科学版），2009（1）：20-23
❷ 即区分公司是有限公司还是股份公司，是上市公司还是非上市公司。

股权、非公开发行的股东在 200 人以下的股份有限公司的股权，则在工商部门办理出质登记。❶ 不过，实践情况与此理解有时不尽一致，比如部分地方通过设立产权交易所，对非上市股份公司的股权进行集中托管和交易，这类股权因已经被托管在相关机构，则在相关机构办理股权出质登记更有利于权利公示。❷ 有学者认为，我国股权质押登记机关设置的上述模糊或不尽合理之处，有待今后通过修改相关立法特别是《证券登记结算办法》逐步予以统一、明确和完善。❸

（二）股权设质的限制

1. 非上市公司股权质押的限制

股权质押后，符合法定情形实现质权时，可能导致股权转让。为维护非上市公司特别是有限责任公司人合性，有学者认为，非上市公司股权出质除需订立质押合同和办理出质登记外，还需取得其他股东过半数同意，否则股权质押无效。❹ 不过，股权出质可能导致的股权对外转让，仅仅是一种可能性，并不是现实的转让，且交易实践中，股权出质人往往通过其他财产偿还债务，通过拍卖、变卖出质股权或将出质股权折价的方式实现质权的情形相对不多。因而，股东不能以其优先购买权限制质权出质，要求股权出质必须事先经其他股东过半数同意。❺

2. 股权质权实现日期的限制

我国《公司法》对于特定主体如发起人、公司高管持有的本公司股份，规定了不得转让的法定期限。❻ 股权质权的实现日期应当在法律限制股权转

---

❶ 参见赵英：权利质权公示制度研究 ［D］中国社会科学院博士学位论文，2009：154、158

❷ 参见赵英：权利质权公示制度研究 ［D］中国社会科学院博士学位论文，2009：159

❸ 参见孟强：我国股权质押登记机关的演化及辨析——对《工商行政管理机关股权出质登记办法》相关规定的分析 ［J］暨南学报（哲学社会科学版），2009（1）：20-23

❹ 黄建文、李银芬：论《物权法》中有限责任公司的股权质押制度 ［J］学术界，2008：11；165-170

❺ 参见《公司法》第 72 条。

❻ 《公司法》第 141 条规定，"发起人持有的本公司股份，自公司成立之日起一年内不得转让。公司公开发行股份前已发行的股份，自公司股票在证券交易所上市交易之日起一年内不得转让"。"公司董事、监事、高级管理人员应当向公司申报所持有的本公司的股份及其变动情况，在任职期间每年转让的股份不得超过其所持有本公司股份总数的百分之二十五；所持本公司股份自公司股票上市交易之日起一年内不得转让。上述人员离职后半年内，不得转让其所持有的本公司股份。公司章程可以对公司董事、监事、高级管理人员转让其所持有的本公司股份作出其他限制性规定"。

让的期限以外，以免股权质权与公司法的强制规定形成冲突。

3. 国有股出质的限制

国有股因其承载的公共利益，转让或出质均有相关制度限制。比如财政部《关于上市公司国有股质押有关问题的通知》（财企〔2001〕651 号）第 7 条第 1 款就上市公司国有股出质审批问题规定："以国有股质押的，国有股东授权代表单位在质押协议签订后，按照财务隶属关系报省级以上主管财政机关备案，并根据省级以上主管财政机关出具的《上市公司国有股质押备案表》，按照规定到证券登记结算公司办理国有股质押登记手续"。由于国有资产管理制度比较复杂，相关限制措施往往不是以立法名义出现，虽然未经审批或备案并不必然导致出质无效，但因股权质押登记部门普遍尊重国有资产管理的制度安排，故未经其同意通常无法办理出质登记。

4. 禁止接受以本公司股票为标的的质押

为维持公司资本，防止股权质权实现时，作为债权人的公司被迫接受以本公司股票作价抵偿，以致产生减少公司出资、变相抽逃出资的后果，《公司法》第 143 条第 4 款规定，"公司不得接受本公司的股票作为质押权的标的"。

5. 外资股质押的限制

外资股是指外商投资企业的投资者对丁在中国境内依照中国法律设立的中外合资经营企业、中外合作经营企业、外商独资企业的相应出资额所享有的股权。依照《外商投资企业投资者股权变更的若干规定》（外经贸法发〔1997〕267 号）的相关规定，外资股出质需要具备以下主要条件：第一，出质股权已实际缴纳出资。第二，投资者全体同意。第三，未经出质人和企业其他投资者同意，质权人不得转让已出质股权，未经质权人同意，出质人不得将已出质股权转让或再质押。第四，除非外方投资者向中国投资者转让其全部股权，股权出质不得产生导致外方投资者的投资比例低于企业注册资本25%的可能。第五，依照国家投资管理制度和产业政策，不允许外商独资的产业，股权出质不得导致外国投资者持有企业的全部股权，需由国有资产占控股或主导地位的产业，股权出质不得导致外国投资者或非中国国有企业控股或占据主导地位。第六，投资者不得将其股权质押给本企业。第七，企业应在获得审批机关同意其投资者股权出质的批复后 30 日内，持有关批复文件向原登记机关办理备案，未按规定办理审批和备案的质押行为无效。上述条件限制，虽然立法层次并不高，个别制度安排也有争议，比如规定"未按规定办理审批和备案的质押行为无效"，就与物权法定和合同自由原则存在冲突，质押行为的效力问题不宜由部门规章这类层次的立法文件安排。不过，因该制度出台较早，基本内容并无大碍，在实践中仍然得到普遍遵循。当然，随着投资自由化政策的不断改革，上述制度安排亦有改进的必要空间。

三、股权质押效力的特殊问题

较之其他权利质权或动产质押，股权质押的效力主要体现在以下方面：

第一，股权质押所担保的债权范围，一般不包括质押财产的保管费用。当然，除《担保法》和《物权法》的明定范围外，当事人可以自行约定股权质押担保的债权范围。比如有学者认为，质权人为保持出质股权价值而经济抛售股票所支出的费用，可以通过约定纳入担保范围。❶

第二，股权质权的标的范围除股权本身外，及于其孳息。《担保法司法解释》第104条规定，"以依法可以转让的股份、股票出质的，质权的效力及于股份、股票的法定孳息"。除此之外，《证券公司股票质押贷款管理办法》第35条亦规定，"质物在质押期间所产生的孳息（包括送股、分红、派息等）随质物一起质押"。"质物在质押期间发生配股时，出质人应当购买并随质物一起质押。出质人不购买而出现质物价值缺口的，出质人应当及时补足"。

第三，股权质押风险较大，受制于公司的经营发展状况。股权质押关系主要涉及出质人、质权人和公司本身。股权质权实现，质权人通过折价或其他方式成为出质股权所属公司的股东，在公司资不抵债、面临破产清算时，因清偿顺位偏后，其实际地位不仅低于其他担保权人，甚至低于公司的一般债权人。

第四，因股权质押需在证券登记结算机构或工商部门办理登记，未经出质人同意，质权人很难擅自在已出质股权上再行设立质权，故股权转质仅能

---

❶ 参见胡开忠：权利质权制度研究［M］北京：中国政法大学出版社，2004：275

实行承诺转质，并无责任转质的存在空间。

第五，股权价值受股市行情、公司盈利状况等多种因素制约，随时可能发生变化。为保障质权人利益，我国物权立法赋予了质权人质权保全权，当质押财产有毁损或价值明显减少的可能性，威胁质权人利益时，如出质人拒绝提供相应担保，质权人可以拍卖、变卖质押财产，并与出质人协议将拍卖、变卖所得价款用于提前清偿债务或提存。《证券公司股票质押贷款管理办法》第 27 条对此予以了具体规定，❶ 但该办法适用范围相对较窄，质权标的仅为在证券交易所上市流通的、证券公司自营的人民币普通股票（A 股）、证券投资基金券和上市公司可转换债券（统称股票）。因而，其他股权质权的保全权如何行使、何为价值明显减少、如何认定质权人利益受威胁，尚待实践中予以细化完善。

第六，如出质人占有股票或其他股权凭证，应当妥善保管，尽到善良管理人的注意义务。如遇纸质股票毁损或遗失，应依《民事诉讼法》启动公示催告程序。

第七，新股认购权是因股东身份所享有的权利，虽具有财产利益，但仍应由股东即出质人享有。此外，质权人返还质物的义务，在股权质押中体现为双方共同到登记机构办理注销登记手续。不过，关于股权出质撤销登记，《工商行政管理机关股权出质登记办法》第 6 条第 1 款规定，"申请股权出质撤销登记，可以由出质人或者质权人单方提出"。该办法第 10 条、第 12 条分别规定了注销登记和撤销登记的不同适用情形。

第八，股权出质后，不得转让，但经出质人与质权人协商同意的除外。出质人转让股权所得的价款，应当向质权人提前清偿债务或者提存。❷

---

❶ 即 "为控制因股票价格波动带来的风险，特设立警戒线和平仓线。警戒线比例（质押股票市值/贷款本金×100%）最低为 135%，平仓线比例（质押股票市值/贷款本金×100%）最低为 120%。在质押股票市值与贷款本金之比降至警戒线时，贷款人应要求借款人即时补足因证券价格下跌造成的质押价值缺口。在质押股票市值与贷款本金之比降至平仓线时，贷款人应及时出售质押股票，所得款项用于还本付息，余额清退给借款人，不足部分由借款人清偿"。

❷ 参见《物权法》第 226 条第 2 款规定。

第三节　票据质押

一、票据质权的概念和性质

票据属有价证券中的债权证券，具有流通性，是权利质权的传统标的。我国票据法规定的票据包括汇票、本票、支票三种。票据质权，是指以票据为标的设立的权利质权。我国关于票据质押的立法主要包括《物权法》、《担保法》、《票据法》及后两立法的司法解释。票据质押性质的认定，需要结合上述立法确定。

《票据法》第 35 条第 2 款规定，"汇票可以设定质押；质押时应当以背书记载'质押'字样。被背书人依法实现其质权时，可以行使汇票权利"。依照该款规定，汇票背书设质的，被背书人实现质权时，即可行使汇票权利，即付款请求权和追索权。此外，《物权法》第 225 条规定，汇票、支票、本票的兑现日期先于主债权到期的，质权人可以兑现，并与出质人协议将兑现的价款用于提前清偿债务或提存。❶ 依据该条规定，符合质权实现条件，票据质权人可以依法"兑现"票据，行使付款请求权，这同样说明了汇票质权人享有票据权利。❷ 因而，汇票质押背书和转让背书均能取得票据权利，汇票质权之实质内容，与转让取得汇票的人享有的权利相同，比如，"票据质权人以持有的票据要求付款人付款时，付款人不得以持票人系质权人而非受让人为由予以拒绝"。❸ 由于《票据法》第 80 条，第 93 条规定本票、支票准

---

❶ 《担保法》第 77 条亦同。

❷ 学界对于票据质权的性质有两种观点，一种认为票据质权人的权利属票据权利；另一种认为不属于票据权利，票据质权人行使权利应当通过出质人或诉讼程序，票据设质的目的不在于移转权利，或者并不当然移转票据权利，与背书转让存在很大差异，票据质权人行使票据质权的范围与票据权利自身相比，也有不同。参见曹士兵：中国担保制度与担保方法［M］北京：法律出版社，2015：362-363；谢怀栻：票据法概论（增补版）［M］北京：法律出版社，2006：159

❸ 曹士兵：中国担保制度与担保方法［M］北京：法律出版社，2015：363

用关于汇票的规定，❶ 故本票、支票出质亦适用汇票出质的前述规定。❷

不过，由于质权的行使应以债务人不履行到期债务或者发生当事人约定的实现质权的情形为前提，票据质权人享有的票据权利并非其持有票据时即可行使，该票据权利附发生条件，仅条件具备时，即符合质权实现条件时，方可行使。如债务人到期履行了债务，质权人应返还票据且不再享有票据权利。

二、票据质权的设立

依照《物权法》第 224 条规定，以汇票、支票、本票出质的，当事人应当订立书面合同，质权自权利凭证交付质权人时设立。❸ 不过，《票据法》明文要求票据通过背书"质押"字样设质，没有背书记载"质押"字样，将影响票据质权的效力。票据设质是否必须"背书设质"，或者说票据设质背书的性质，成为票据质权设立中的关键性问题。❹

对于这一问题，《担保法司法解释》第 98 条规定，票据出质，没有背书记载"质押"字样，质权人以票据出质对抗善意第三人的，人民法院不予支持。按照这一规定，质押背书仅是票据质权的对抗要件，而非取得要件。不过《最高人民法院关于审理票据纠纷案件若干问题的规定》第 55 条则规定，"依照票据法第三十五条第二款的规定，以汇票设定质押时，出质人在汇票上只记载了'质押'字样未在票据上签章的，或者出质人未在汇票、粘单上

---

❶ 《票据法》第 80 条规定，"本票的背书、保证、付款行为和追索权的行使，除本章规定外，适用本法第二章有关汇票的规定"。"本票的出票行为，除本章规定外，适用本法第二十四条关于汇票的规定"。该法第 93 条规定，"支票的背书、付款行为和追索权的行使，除本章规定外，适用本法第二章有关汇票的规定"。"支票的出票行为，除本章规定外，适用本法第二十四条、第二十六条关于汇票的规定"。

❷ 当然，因支票见票即付，其并无信用事实，与票据质押的信用工具本质存在冲突，即便确实发生支票质押，持票人随时即可将该支票提示付款。故有学者认为，支票质押并非不可，但关键是没有实际意义，域外支票立法亦存在未规定支票质押的情形。参见杨忠孝：票据质押三问 [J] 华东政法大学学报，2010（6）：44-51

❸ 《担保法》第 76 条亦同。

❹ 关于票据设质背书的性质，有对抗要件说（《担保法司法解释》第 98 条）、生效要件说（《票据法》第 35 条、《最高人民法院关于审理票据纠纷若干问题的规定》第 55 条）、非要件说（票据质权的成立及其完整性与票据质押没有关系）。参见李景义：票据质押的设立与效力——兼论设质背书的性质 [J] 学习与探索，2011（3）：135-137

记载'质押'字样而另行签订质押合同、质押条款的，不构成票据质押"。
按照这一规定，质押背书是票据质权的取得要件，票据未背书或未有效背书
（如出质人仅记载"质押"字样未签章），票据质权不成立。涉及票据质权的
两个主要司法解释之间存在明显冲突，票据法司法解释制定在后，且是特别
立法，似应优先适用。

　　不过，《物权法》和《担保法》均未规定交付票据权利凭证设质是否需
背书记载"质押"字样。《票据法》虽规定了票据质押需背书记载"质押"
字样，但并未规定未"质押背书"的质押无效。依照《票据法》第11条第1
款和第31条的规定，因税收、继承、赠予取得票据的，没有票据背书，持票
人可以依法证明其享有票据权利。可见，根据票据基本立法，背书并非是取
得票据权利的唯一方式，将"质押背书"作为票据质权的成立要件，立法基
础并不充分。事实上，在《担保法》及其司法解释的框架下，质押合同生
效，质权人占有票据，票据质权即成立。《物权法》虽然将票据质押合同的
生效与票据的交付予以分离，但亦未另行规定票据出质必须背书记载"质
押"字样。因而，"质押背书"宜解释为票据质权的对抗要件更妥。❶ 无"质
押背书"，票据付款人可以拒绝票据质权人的付款请求。票据质权人非经
"背书"方式质押，而是以其他合法方式取得票据的，比如通过签订质押合
同、质押条款等方式取得票据质权的，可以依法举证（如提供书面的质押合
同），证明其享有票据权利（质权）。❷ 既无"质押背书"，也无书面质押合
同等证明，票据质权不成立。

　　上述冲突的成因，有学者将其归纳为三点：第一，票据质押实行分散立
法模式，《物权法》、《担保法》追求的平等自愿的民法思维未能与《票据
法》体现的商法思维协调一致。第二，《票据法》与《担保法》、《最高人民
法院关于审理票据纠纷案件若干问题的规定》与《担保法司法解释》几乎同

---

❶　不过，相当一部分学者认为，票据质权的设立采背书构成要件说更有利于维护交易安全，体现了
　　商事立法强调"行为规则"的技术性特质。参见杨忠孝：票据质押三问［J］华东政法大学学报，
　　2010（6）：44-51；左慧玲：论我国票据质押法律规则之冲突及其调整之思维进路［D］中国政
　　法大学硕士学位论文，2010：16

❷　《票据法》第31条第1款规定，"非经背书转让，而以其他合法方式取得汇票的，依法举证，证
　　明其汇票权利"。

一时期出台，丧失了通过实践不断检验问题，协调前法后法关系的机会。第三，立法出台较晚，技术准备不足，加之理论研究分歧较大，未能有效指导司法实践。❶ 关于如何解决上述冲突，有学者认为，长远来看应通过统一立法规定加以解决，短期而言，对于设质背书形式的票据质押，适用《票据法》等商事立法的规定，不采用设质背书的票据质押，则适用《担保法》等民事立法的规定。❷

三、票据出质的限制

融资实践中，对于票据出质的限制主要有三种情形，一是已出质的票据能否再出质；二是注明"不得转让"的票据能否出质；三是空白票据能否出质。

对于已出质的票据能否再出质的问题，《担保法司法解释》和《关于审理票据纠纷案件若干问题的规定》均持否定观点❸。不过，《物权法》颁布后，已不再限制责任转质，上两解释是否依然有效，尚存争议。

对于已注明不得转让的票据能否出质的问题，《关于审理票据纠纷案件若干问题的规定》第 53 条规定，"依照票据法第二十七条的规定，出票人在票据上记载'不得转让'字样，其后手以此票据进行贴现、质押的，通过贴现、质押取得票据的持票人主张票据权利的，人民法院不予支持"。如果"不得转让"是由持票人记载，而非出票人记载，该记载仅对持票人的后手产生限制，对持票人的前手并无约束力，即持票人的后手不得将票据出质，但不得因此否认持票人的前手已参与的票据出质的效力。由于票据属文义性证券，相对人接受票据出质时应能轻易知悉"不得转让"字样，故接受已记载"不得转让"字样的票据出质的，质权未设立。

空白票据能否设质，存在不同观点。所谓空白票据，是指"出票人在签

---

❶ 参见左慧玲：论我国票据质押法律规则之冲突及其调整之思维进路［D］中国政法大学硕士学位论文，2010：19-21

❷ 参见李景义：票据质押的设立与效力——兼论设质背书的性质［J］学习与探索，2011（3）：135-137

❸ 《担保法司法解释》第 101 条规定，"以票据、债券、存款单、仓单、提单出质的，质权人再转让或者质押的无效"。《关于审理票据纠纷案件若干问题的规定》第 47 条规定，"因据质权人以质押票据再行背书质押或者背书转让引起纠纷而提起诉讼的，人民法院应当认定背书行为无效"。

发票据时，有意将票据上记载的事项不记载完全，留待持票人补充的票据"。❶ 一般认为，票据记载事项分绝对必要记载事项和相对必要记载事项。绝对必要记载事项欠缺，票据无效，不能质押。换言之，空白票据本身有效，即可设质。不过，空白票据设质的其他要求，亦应遵循《票据法》的相关规定。

四、票据质权的实现

关于票据质权的实现方式，《票据法》第 35 条规定，"被背书人依法实现其质权时，可以行使该票据权利"。所谓行使该票据权利，意味着票据质权人可以行使包括"付款请求权、追索权以及为实现该票据权利而进行的一切行为，包括进行诉讼的权利等"。❷ 票据法规定的质权实现方式，较之《物权法》、《担保法》更为有限。当然，这与票据属金钱证券，物权立法关于动产质权或权利质权实现方式的相关规定无法全部或直接适用于该特殊标的上所设质权导致。

第四节　存款单质押

一、存款单质押的设立和法律性质

存款单质押，也称存单质押，是指以存款单债权为标的设立的权利质权。关于存单的性质，有学者认为，存单应为债权凭证而非物权凭证，且是普通债权凭证而不是债权性有价证券（比如债券），更不是票据。❸《物权法》第224 条规定，以存款单出质的，当事人应当订立书面合同，质权自权利凭证交付质权人时设立。存款单质押属债权质权，质押标的是存款单（以下简称存单）所体现的银行等储蓄机构与存款人之间的债权关系，而非存单凭证这一物。严格讲，存单出质与票据出质均为债权出质，但票据具有法定的流通

---

❶ 王利明：物权法研究［M］北京：中国人民大学出版社，2013：1357
❷ 张德荣：票据诉讼［M］北京：法律出版社，2002：164
❸ 参见罗欢平：论普通债权质押［M］北京：法律出版社，2012：82-89

性，票据权利与票据不可分离，但存单并不具有普遍流通性，能否流通取决于国家的金融政策，存单所表彰的债权可以与存单凭证本身分离，比如存单灭失时，存款人通过挂失止付程序后，可以受领存单债权。除物权基本立法对于存单质押的基本问题有所规定外，最高人民法院《关于审理存单纠纷案件的若干规定》（法释〔1997〕8 号）及《个人定期存单质押贷款办法》和《单位定期存单质押贷款管理规定》，是调整存单质押的主要立法。

二、存款单质押的主要法律问题

（一）以虚开的存单质押如何处理

虚开的存款单是指无实际存款内容或与实际存款内容不符的真实存款单。❶ 比如实际存 1 万元，银行存款底联记载为 1 万元，但存款单上却记载为 10 万元。虚开的存款单形式合法，普通人很难知悉存款单的真实存款状况，通常是金融机构员工与持有人内外勾结方可完成虚开。虚开存单涉嫌犯罪，虚开的存款单上所表彰的金融机构与存款人之间的债权债务关系并不存在。因标的不合法不真实，以虚开存单出质，骗取或占有他人财产的，该质押关系无效，存单持有人应承担赔偿责任，出具存单的金融机构在过错范围内承担连带赔偿责任。❷ 不过，依《关于审理存单纠纷案件的若干规定》第 8 条规定，接受存单质押的债权人明知存款单为虚开而接受的，金融机构不承担民事赔偿责任；接受存款单质押的债权人在审查存款单真实性上有重大过失的，金融机构的责任相应减轻，仅在出质人之后对债权人的损失承担补充赔偿责任。

（二）以伪造、变造的存单质押如何处理

依照《关于审理存单纠纷案件的若干规定》第 8 条第 2 款规定，利用伪造、变造的存款单出质的，因标的虚假，质押合同无效，质权自始不设立。因伪造、变造的存款单本身虚假，存单持有人与金融机构之间并无有效的债权债务关系，故债权人无权以伪造、变造的存单所涉质权为依据起诉金融机构，要求金融机构兑付存单。债权人起诉的，判决驳回诉讼请求，并可告知

---

❶ 参见曹士兵：中国担保制度与担保方法［M］北京：法律出版社，2015：358
❷ 参见《关于审理存单纠纷案件的若干规定》第 8 条。

另案起诉出质人。不过，如存单虚假，但持有人对金融机构的债权真实存在的，金融机构仍应承担清偿责任，存单质权人应受保护。❶

（三）以第三人的存单质押如何处理

以第三人的存单出质，应当有第三人愿意为债务人提供质押担保的意思表示或者出质行为事后得到第三人的追认，存单质权方可设立。若无证据证明第三人有为债务人提供质押担保的意思表示或者出质行为事后未得到第三人追认的，质押合同无效，质权不能设立，并应返还占有的第三人的存单。实践中，以合法占有的第三人存单出质，比如以保管、借用的存单出质，如债权人不知情，在接受存单质押时主观上构成善意，并已支付合理对价，根据《物权法》第166条和《担保法司法解释》第84条规定，可以依善意取得制度取得存单质权。不过，因实行存单实名制后，不记名存单已经不存在，债权人接受债务人以第三人存单质押时，完全能够知悉存款人与出质人不是同一人，故善意取得存单质权已无存在空间。至于以偷盗、诈骗等不法手段不法占有第三人存单并以其出质的，因不符合质权善意取得需以出质人合法占有质押财产之前提条件，无论接受存单质押的债权人是否知悉存单的真实情况，均不能依善意取得制度取得存单质权。很显然，如债务人得到第三人的授权，以第三人的存单出质的，质押合同有效。不过，因债务人是第三人的代理人，存单出质的法律后果应由第三人承担，即第三人成为存单质押的出质人。交易实践中，未取得家庭成员授权，比如子女未取得父母授权将父母的存单出质的，因该民事代理行为超出了家事代理限于日常家务活动的原则，对于家庭成员的财产安全以及交易安全均为不利，故一般认为质权不能成立。❷

（四）如何认识存单核押程序

依《物权法》第224条规定，存单出质的，除质押合同成立并生效外，出质人将存单交付质权人时，质权始设立。如果质权人不是开具存单的银行，出质人完全可能在存单出质后向银行申请存单挂失，继而取走存款，以致存单质权落空。❸为防范此类风险，融资实践普遍要求进行存单核押，以保障

---

❶ 参见曹士兵：中国担保制度与担保方法［M］北京：法律出版社，2015：359
❷ 参见曹士兵：中国担保制度与担保方法［M］北京：法律出版社，2015：361
❸ 参见高言：担保法理解适用与案例评析［M］北京：人民法院出版社，1996：221

质权人的债权安全。所谓存单核押，即指"质权人将存款单质押的情况告知金融机构，并就存款单的真实性向金融机构咨询，金融机构对存款单的真实性予以确认并在存款单上或依其他方式签章的行为"。● 存单核押是存单质权的对抗要件，未经核押，不影响存单质权设立，但不得对抗第三人（比如签发存单的金融机构）。

存单核押的目的在于向存款机构为出质通知，作为辅助人的存款机构在收到通知后不得向存款人兑付存款，亦不得接受存款人的挂失止付，存款人此时已成"虚有权利人"。《担保法司法解释》第 100 条规定，"以存款单出质的，签发银行核押后又受理挂失并造成存款流失的，应当承担民事责任"。

存单核押还表明了金融机构对存单真实性的确认，已核押的存单应推定具有完全的权利内容。《关于审理存单纠纷案件的若干规定》第 8 条第 3 款规定，"以金融机构核押的存单出质的，即使存单系伪造、变造、虚开，质押合同均为有效，金融机构应当依法向质权人兑付存单所记载的款项"。

（五）存单质权的实现

被担保债权到期未受清偿，存单质权人可以直接向存款银行要求兑付存单。《担保法司法解释》第 106 条规定，"质权人向出质人、出质债权的债务人行使质权时，出质人、出质债权的债务人拒绝的，质权人可以起诉出质人和出质债权的债务人，也可以单独起诉出质债权的债务人"。依此规定，存单质权人可以单独起诉银行，也可以一并起诉出质人和银行。如单独起诉银行的，原则上不能追加出质人为共同被告，但出质人有义务参与法庭调查并提供有关证据。

存单质权实现时，为方便提取存款，质权人常常将存单返还出质人，让出质人提取存款后立即向质权人清偿债权。由于大陆法系民事立法普遍规定质权人丧失对质物或质权凭证占有的，质权消灭。❷ 故质权人向出质人返还存单应特别慎重，并可要求出质人提取存款后即时结清债务。我国《物权法》、《担保法》对于返还权利凭证未予规定，《担保法司法解释》第 87 条规定，"质权人将质物返还于出质人后，以其质权对抗第三人的，人民法院不

● 参见曹士兵：中国担保制度与担保方法［M］北京：法律出版社，2015：359
❷ 参见曹士兵：中国担保制度与担保方法［M］北京：法律出版社，2015：361

予支持"。参照该规定，存单返还出质人的，存单质权不消灭，但存单质权人不能以其质权对抗第三人。如出质人重新占有存单后，将其转让或再出质，原质权人将丧失对抗受让人或新质权人的权利，其担保利益极易因此落空。

存单到期日与主债权到期日往往不一致，如存单到期日先于主债权到期的，依《物权法》第 225 条规定，质权人可以兑现，并与出质人协议将兑现的价款提前清偿债务或者提存；如存单到期日后于债务履行期限的，依《担保法司法解释》第 102 条，质权人只能在兑现日期届满时兑现款项；如存单到期日与主债权清偿期一致的，存单质权人无须经存单出质人同意，可以直接请求存款行兑付存单实现质权。

（六）存单质押的风险防范

存单质押贷款的风险防范一直是该问题研究的重点和热点，相关建议大致归纳为如下几点：❶ 第一，把好存单质押的准入关，确保存单真实、有效，比如所有权有争议、已挂失止付、伪造变造或虚开的存单不得设质。单位定期存单设质，应经存款单位确认（单位负责人签字并加盖单位印章）。第二，认真审查《贷款合同》和《质押合同》的合法性和有效性。第三，存单设质一定要办理核押手续。第四，坚持移转存单占有，妥善保管存单，严格存单保管责任和已出质存单的挂失制度。

第五节　仓单质押

一、仓单的概念、性质和效力

依照《合同法》第 387 条、第 385 条的规定，仓单是提取仓储物的凭证。在仓储交易中，存货人交付仓储物的，保管人应当给付仓单。仓单的性质是有价证券中的实物证券，仓单权利与仓单合一，具有财产性、可转让性和适质性。《物权法》和《担保法》均允许仓单出质。仓单的制作主体分为期货交易所或期货交易所之外的仓储机构。前者制作的仓单称为标准仓单，后者

---

❶ 参见刘宝霞：浅析存单质押贷款风险防范 [J] 时代金融，2012（11）中：33-35；李珂丽：存单质押的风险防范及债权人的利益保护 [J] 法学论坛，2009（6）：92-97

制作的仓单称为普通仓单。对于从事生产制造、商贸流通的一般经营者而言，与普通仓单质押业务的关系更密切，故本节仅探讨普通仓单质押中的基本问题。

关于仓单的性质，有学者将其归纳为三方面：❶ 第一，仓单是要式证券，符合法定格式才能生效。《合同法》对仓单的格式和记载事项有严格规定。第二，仓单是背书证券，通过背书转让或设质。《合同法》第 387 条规定，"存货人或仓单持有人在仓单上背书并经保管人签字或盖章的，可以转让提取仓储物的权利"。强调仓单背书转让须经保管人签字或盖章，旨在使保管人知悉仓单已转让的事实，防止他人不法获取仓单后提取仓储物。第三，仓单既是物权证券，也是债权证券，与提单兼具债权证券和物权证券的双重性质一致。仓单是提取仓储物的凭证，取得仓单即取得提取仓储物的权利，故仓单是物权证券。同时，仓单体现了仓单持有人与保管人之间就保管仓储物所建立的债权关系，故仓单也是债权证券。不过仓单并非仓储合同，亦不能代替仓储合同。虽然仓单记载了仓储合同的主要内容，但只能作为仓储合同的证明，是仓储合同订立和履行所产生的单据和凭证，正如提单是海上货物运输合同的凭证一样。❷ 第四，仓单是文义证券。仓单之权利义务依仓单记载的文义确定，不能依记载之外的其他因素认定。第五，仓单是记名证券。依我国《合同法》规定，仓单应载明存货人的名称或姓名、地址，因仓单属记名证券，故通过背书等方式转让，并可在灭失时申请公示催告程序补救。第六，仓单是无因证券。无论仓单持有人是否为存货人，均可行使仓单权利，实行"认单不认人"，仓单效力与制作仓单的原因完全分离。

依据我国《合同法》，保管人只填发一张仓单，采一单主义。该仓单既是收取仓储物的凭证，也是提取仓储物的凭证；既可背书转让，也可用于出质。故仓单的效力主要体现在三个方面：第一，提取仓储物的效力。《合同法》第 387 条规定，"仓单是提取仓储物的凭证"。仓单持有人持有仓单即可主张权利，提取仓储物。只要仓单形式合法，保管人即应将仓储物交付仓单持有人，实行认单不认人。如仓单记载的仓储物与实际的交付不一致，仓单

---

❶　参见宋建君：仓单质押法律关系分析［D］华东政法大学硕士学位论文，2007：3-5

❷　参见《海商法》第 44 条。

持有人有权依仓单的记载要求保管人交付与仓单记载一致的货物。由于仓单仅是仓储合同的证明，仓单记载有误的，应以仓储合同为准。第二，转移仓储物的效力。仓单转移，仓单所代表的仓储物的所有权即转移。第三，仓单设质的效力。仓单持有人可以将仓单设质，设立仓单质权。

二、仓单质押的概念和标的

仓单质押是指债务人或第三人以仓单为标的设立的权利质权，当债务人不履行到期债务或者发生当事人约定的实现质权的情形，债权人（质权人）有权就仓单项下的仓储物优先受偿。《物权法》第 224 条规定，以仓单出质的，当事人应当订立书面合同，质权自权利凭证交付质权人时设立。因仓单质押与转让类似，宜以背书设质为原则。

仓单质押的标的应为仓单所记载的权利，而非仓单本身或仓储物。仓储实践中，入库单、提货单也常被称为"仓单"，但二者均不能成为仓单质押的标的。仓单的法律地位、记载事项和转让等均有立法明定，❶ 而入库单的形式和记载内容往往比较简单，是保管人出具的证明存货人存放的特定货物为存货人所有的凭证，并非要式证券，不具有仓单效力，不能成为仓单质押的标的，故入库单往往标有"本单不得转让、不得出质"之类的字样。至于提货单，因在仓储业务中不具有流通性，并非有价证券，用途较为单一，虽然记载了出货人和提货人，但保管人并非是凭提货单出货，故不能成为仓单质押的标的。动产担保交易实践中，动产仓储物既可以实物形态通过动产质押的方式担保融资，也可以通过仓单质押这一权利质押方式进行担保融资，采用何种方式质押融资，由动产担保交易双方斟酌相关因素自行确定。质押方式不同，则权利义务安排将明显有别。

❶ 《合同法》第 386 条规定，仓单包括下列事项：（一）存货人的名称或者姓名和住所；（二）仓储物的品种、数量、质量、包装、件数和标记；（三）仓储物的损耗标准；（四）储存场所；（五）储存期间；（六）仓储费；（七）仓储物已经办理保险的，其保险金额、期间以及保险人的名称；（八）填发人、填发地和填发日期。上述记载事项是否均为绝对记载事项，学界争议较大，有专门研究仓单质押的学者认为，仅"存货人的名称或者姓名和住所"、"仓储物的品种、数量、质量、包装、件数和标记"、"储存场所"、"填发人、填发地和填发日期"这四项为绝对必要记载事项，欠缺其中之一，仓单即无效。参见宋建君：仓单质押法律关系分析［D］华东政法大学硕士学位论文，2007：16-18

三、仓单质押的主要法律问题

（一）仓单质押法律关系的范围

仓单质押业务通常始于存货人将仓储物交付保管人保管，取得仓单后，再将仓单背书给银行并取得银行贷款，同时，存货人、银行与保管人三方就监管仓单项下仓储物建立专门的仓单质押监管关系。因而，仓单质押的当事人主要包括存货人、保管人、银行三方。具体而言，仓单质押业务所涉法律关系通常包括四方面的内容：第一，存货人和保管人之间的仓储法律关系，其基本体现是《仓储合同》；第二，存货人和银行之间的借贷法律关系，其基本体现是《借款合同》；第三，存货人与银行之间的质押法律关系，亦可称为狭义的仓单质押法律关系，其基本体现是《仓单质押合同》；第四，存货人、银行和保管人三方之间的仓单质押监管法律关系，这一法律关系是辅助仓单质押业务、保障债权安全的重要交易安排，其基本体现是《仓单质押监管合同》。

（二）仓单质押的效力问题

根据物权立法和相关法理，仓单质押的效力问题中，较为特殊之处有以下几点：

第一，仓单背书质押后，应当通知保管人，不过，仓单设质不以保管人签字或盖章为必要。❶ 尽管相关立法对此并无明文规定，但依《合同法》第387 条规定，"仓单是提取仓储物的凭证。存货人或者仓单持有人在仓单上背书并经保管人签字或者盖章的，可以转让提取仓储物的权利"，也就是说，转让仓储物需要通知保管人，通知方式是在背书转让仓单的同时，由保管人在仓单上签字或盖章。由于仓单出质意味着仓单质权实现时，仓单项下的仓储物必然易主，因而，仓单设质亦应当通知保管人，这也符合《仓储合同》、《仓单质押合同》本身的性质、目的和交易习惯，❷ 避免出质人将仓单出质后恶意提取仓储物、放弃或消灭仓单权利等情况。如仓单出质已通知保管人，出质人将无法通过申请挂失的方式妨碍质权人的质权实现。基于同理，质权消灭返还仓单后，质权人也应当通知保管人，使得保管人可以向存货人或仓

---

❶ 参见宋建君：仓单质押法律关系分析［D］华东政法大学硕士学位论文，2007：22
❷ 《合同法》第60 条第2 款，"当事人应当遵循诚实信用原则，根据合同的性质、目的和交易习惯履行通知、协助、保密等义务"。

单持有人交货。

第二，质权人对仓储物是否享有留置权。严格地讲，仓单质押中，质权人占有的是仓单，而非仓储物，故逻辑上即便存在留置，留置的对象也不是仓储物。不过，仓单是提取仓储物的凭证，被担保债权届期未受清偿，质权人自然可以依据占有的仓单向保管人请求提取仓储物，以之变价并优先受偿。对仓单的留置和对仓储物的留置，在担保债权的作用上具有同样的意义。

第三，仓单未背书出质，是否有效。与票据出质、债券出质不同，我国物权立法均未要求仓单设质需要背书，故仓单出质未记载背书字样，质权同样成立，只是不具有对抗效力。实践中，签订质押合同并交付仓单后，未予背书的情形颇为常见。由于仓单属记名证券，未背书出质，仅凭持有仓单，将无法证明质权人的仓单质权。如仓单出质时已背书，因债权实现等原因返还仓单的，质权人应当背书"质押终止"字样，以便存货人或仓单持有人重新处分仓单。❶

第四，仓单出质后，质权人将仓单再次设质，即转质的，应当允许。《担保法司法解释》第 101 条禁止仓单转质，❷但《物权法》已经不再限制转质，只是未经出质人同意转质的，即责任转质情形下，造成质押财产毁损、灭失的，应当向出质人承担赔偿责任。

第五，仓单质权关系的变更问题。实践中，仓单质权的变更主要包括仓单分割、置换、补值等。仓单分割是指"仓单持有人请求保管人将仓储物分割为数部分，并填发各部分的仓单。"❸ 仓单分割的目的是便于仓单持有人对仓储物分别加以处分，比如存货人已经部分还贷，被担保债权减少，如继续以原来的仓单项下的全部仓储物提供担保，则未免造成仓单担保价值的浪费，故有必要分割原有仓单，保管人收回原仓单，以分割后新签发的仓单代替原仓单提供质押担保。仓单置换主要是便于出质人处分原仓单项下的全部或部分仓储物，通过以"仓单换仓单"的方式，仓单质权继续维系，但出质的仓单已变更。至于仓单补值，实际上是质权保全权的体现，通过补充仓储物（补值），确保仓单项下的仓储物拥有足够交换价值担保债权。至于仓单质押变更业务的具体操作方法，因篇幅限制，不予详述。

---

❶ 参见宋建君：仓单质押法律关系分析［D］华东政法大学硕士学位论文，2007：38
❷ 该条规定"以票据、债券、存款单、仓单、提单出质的，质权人再转让或者质押的无效"。
❸ 宋建君：仓单质押法律关系分析［D］华东政法大学硕士学位论文，2007：30

第六节　应收账款质押

一、应收账款质押的概念、类型和特征

应收账款原本为会计学上的概念，应收账款质押是我国担保制度中的新事物，主要是借鉴《美国统一商法典》的产物，其范围较之一般债权质押更窄，但能基本满足市场交易特别是银行界对于此类财产的担保融资所需。❶ 按照《应收账款质押登记办法》第 4 条第 1 款的规定，应收账款是指"权利人因提供一定的货物、服务或设施而获得的要求义务人付款的权利，包括现有的和未来的金钱债权及其产生的收益，但不包括因票据或其他有价证券而产生的付款请求权"。《物权法》第 223 条规定，债务人或者第三人有权处分的应收账款可以质押。根据《应收账款质押登记办法》第 4 条第 2 款规定，可以出质的应收账款类型包括：（一）销售产生的债权，包括销售货物，供应水、电、气、暖，知识产权的许可使用等；（二）出租产生的债权，包括出租动产或不动产；（三）提供服务产生的债权；（四）公路、桥梁、隧道、渡口等不动产收费权；（五）提供贷款或其他信用产生的债权。

一般认为，可以成为质权客体的应收账款具有如下特征：第一，具有可转让性。与人身联系密切的债权、不能强制执行的债权，如劳务之债等，依其性质不具有可转让性，故不得设质。第二，限于金钱债权。借贷、租赁、买卖、加工承揽等产生的应收账款债权属于金钱债权，可以出质；提供劳务等不涉及金钱给付的债权不能出质。原则上，应收账款出质的标的以已经发生的应收账款为主，以未来的应收账款出质，原则上其基础关系必须存在，债务人也必须能特定。比如经营者未来的总体营业收入，不仅基础关系未发

---

❶ 参见李峰：应收账款质押的登记模式与效力［J］江淮论坛，2011（3）：109-112、53

生，债务人也不特定，故不能出质。❶ 不过，公路、桥梁、隧道、渡口等不动产收费权，虽债务人不特定，但基础关系确定，并经过了有关部门的批准和许可，依法可以出质。❷ 第三，应收账款债权并未证券化。广义的应收账款包括证券化的债权，但因证券化的债权如债券等已有专门质押制度，故不纳入应收账款质押范围。域外立法对此规定不一，比如《美国统一商法典》第9编所指的应收账款，不包括证券化债权，而《美洲国家组织动产担保交易示范法》则将之纳入。❸

《物权法》允许应收账款出质，扩大了质押财产范围，为当事人提供了更多的融资途径，有助于鼓励交易，但应收账款本质上是"应收而未收"的债权，应收账款质押融资存在一定风险，需要充分评估、科学控制。

二、应收账款质权的设立

应收账款质权的设立采登记要件主义，但需要订立书面合同，❹ 应收账款质权自信贷征信机构办理出质登记时设立。未经登记前仅存在质押合同债权，应收账款质权未产生。❺ 通过应收账款质权登记，可以公示应收账款质权的权利状况，有利于保护交易安全。目前，负责办理应收账款质押登记的信贷征信机构是中国人民银行征信中心，其已建立了全国联网的电子化信息系统，登记查询均较为便捷。中国人民银行征信中心建立的这一应收账款质押登记系统，在《物权法》实施当日即开始运行，被视为第一个也是唯一一个完全电子化、网络化的动产担保登记系统，对于支持应收账款质押融资起

---

❶ 企业经营权不得纳入应收账款出质的原因也类似。

❷ 《担保法司法解释》第97条将其纳入《担保法》第75条第1款第4项"依法可以质押的其他权利"办理出质。

❸ 参见王利明：物权法研究 ［M］ 北京：中国人民大学出版社，2013：1371-1372

❹ 书面合同的形式既包括专门的质押合同，也包括主债权合同中的质押条款。

❺ 实务界有观点认为，以美国为代表的包括应收账款担保在内的动产担保制度采用登记对抗主义，我国引入应收账款担保后，亦实行或应实行登记对抗主义。尽管在语源和制度上，我国应收账款质押主要来自《美国商法典》，但《物权法》第228条已就应收账款质权的设立采登记要件主义予以了明文规定，上述理解缺乏必要的立法依据。参见李峰：应收账款质押的登记模式与效力 ［J］ 江淮论坛，2011（3）：109-112，53

到了巨大作用。❶ 除中国人民银行制定的《应收账款质押登记办法》外，其所属征信中心依据该办法制定了《应收账款质押登记操作规则》，该制度现已被《中国人民银行征信中心中征动产融资统一登记平台操作规则》所取代。

依照《应收账款质押登记办法》的相关规定，应收账款质押登记实行形式审查，采单方申请主义。❷ 登记前，需事先注册为登记公示系统的用户。质权人可亲自或委托他人办理登记，依法或依约填写登记内容，并可依法办理变更登记、异议登记、注销登记和重复登记。与其他权利质押登记相比，应收账款质押登记制度设有登记期限，❸ 但这与物权法定原则强调物权设立、变更、消灭应由法律而不是低层级的规章规定有所冲突，也不符合我国物权立法的相关规定。❹

由于《物权法》和《应收账款质押登记办法》均未规定办理质押登记是否需要通知债务人，未履行通知义务，应收账款质权亦得设立。不过，如债务人因此不知债权已设质，仍然向原债权人清偿，该清偿有效。因而，"通知债务人并不是应收账款的设立条件，而只是质权人能否向债务人收取债权

---

❶ 有学者结合应收账款质押登记制度和公示系统建设运行情况，将应收账款质押登记公示系统的特点归纳为以下八点："一是登记机构，即中国人民银行征信中心不承担对登记内容进行实质性审查的责任；二是登记内容的真实性、合法性和准确性由登记当事人负责；三是公示性登记，登记内容有限，包括质权人、出质人身份识别信息、质押财产描述等，目的是通过公示权利对抗第三人；四是登记公示系统是基于互联网的全国集中统一的数据库，凡是接通互联网的电脑均可成为登记公示系统的信息录入终端；五是登记过程简单，登记内容由当事人录入，只要登记要素齐备、提供信息的格式符合登记机构要求，就可以完成登记；六是查询方便，社会公众可以通过互联网查询质押登记信息；七是高效便捷、成本低廉"。参见葛力伟、段维明、张 芳、吴中明：析应收账款质押登记制度的立法缺陷 [J] 金融论坛，2008：（12）：18-25。

❷ 有学者认为，单方申请主义如缺乏充分的辅助措施，尚不能完全杜绝质权人对出质人利益的可能损害，同时，因我国采登记生效主义而非登记对抗主义，应收账款质押登记机构对于登记资料应当负有高于形式审查低于实质审查的责任，而依照现行的登记规则和登记实践，看不出"登记审查"的影子，征信中心的责任主要体现为建立维持登记公示系统，制定登记规则，并对因登记公示系统原因造成的登记错误负责。参见高圣平：应收账款出质登记制度研究 [J] 烟台大学学报（哲学社会科学版），2009（2）：17-23

❸ 参见《应收账款质押登记办法》第 12 条、第 13 条第 1 款。

❹ 参见高圣平：应收账款出质登记制度研究 [J] 烟台大学学报（哲学社会科学版），2009（2）：17-23

的条件"。❶ 这一立法安排，与我国《合同法》第 80 条规定的普通债权转让无须债务人同意，但需通知债务人才生效的通知主义有所不同。

三、应收账款质权的效力

应收账款质押当事人的权利义务内容，与普通权利质押基本相同。应收账款设立后，为保障质权人利益、维护交易安全，有必要限制出质人的处分权利。依《物权法》第 228 条第 2 款规定，未经质权人同意，应收账款出质后，不得转让。依不得转让的权利亦不得出质的原理，未经质权人同意，应收账款出质后，不得再出质。未经质权人同意再次出质的，即便已办理登记，该登记也不具有法律效力。❷ 应收账款经出质登记并设立后，可以公开查询，因公示而产生对抗第三人的效力，未经质权人同意的转让或再出质行为，不得对抗应收账款质权人已取得的质权。

四、应收账款质权的实现

严格地讲，应收账款质权属权利质权，其实现应当参照适用动产质权的基本规定，协议折价、拍卖、变卖是应收账款质权实现的主要方式或法定方式。❸ 不过，这一立法安排明显忽视了应收账款这一质押财产的特殊性，也与域外先进立法有所不同，后者存在质权人向第三人直接收取债权这类便捷高效、符合应收账款质权自身特点的实现方式，亦称质权人"直接收取债权"，我国应予借鉴。❹

按照"直接收取债权"的普遍做法，应收账款出质后，出质人不再享有应收账款的受领权，经通知应收账款债务人后，质权人即有权受领债务人的清偿，成为应收账款的"实际权利人"。由于应收账款是债权，数额相对确定，故不经过变现程序，即可由质权人直接受领。略显特殊之处是，不动产收费权因质押标的并非收取的费用，而是收费权本身，故其既可以通过债权

---

❶ 王利明：物权法研究 [M] 北京：中国人民大学出版社，2013：1376。

❷ 参见曹士兵：中国担保制度与担保方法 [M] 北京：法律出版社，2015：370。

❸ 这一制度在整个权利质押部分均应体现，故各相关部分不予赘述。

❹ 参见费安玲、龙云丽：论应收账款质权之实现 [J] 河南大学学报（社会科学版），2009（4）：39-44

人直接控制并行使收费权的方式实现质权，也可以通过传统的拍卖、变卖方式，经法定审批手续后，将收费权变现价款用于清偿债务。因收费权质押的标的不是已收费用或已收费用所设立之账户，故对于收费权人已收取的费用，质权人不享有优先受偿权，只能通过一般执行程序申请从已收取的费用中支取一定数额的货币用以清偿债务。要言之，质权人不能直接就已收费用或收费账户主张优先受偿权。

应收账款的到期日与被担保债权的到期日往往不一致，解决这一矛盾，可以区别两者先后分别处理：如出质的应收账款债权先于主债权到期的，可参照《物权法》第225条的规定，将应收账款到期后的受领价款提前用于向债权人清偿债务或者提存；如出质的应收账款债权后于主债权到期的，出质人不能直接向应收账款的债务人（或称出质人的债务人、第三债务人）请求清偿，需待应收账款债权到期后方可请求第三债务人清偿债务，以免损害应收账款债务人的期限利益。当然，如应收账款的债务人自愿放弃期限利益，提前清偿债务的，质权人可以提前受领。

第七节　其他权利质押概述

除本章前六节论及的权利质押类型外，基金份额质押、提单质押、债券质押也为《物权法》明文规定的权利质押类型。不过，因基金份额类似股权，基金份额出质的基本规则与股权出质颇有相同，《物权法》亦将基金份额质押与股权质押一并予以规定，加之基金份额质押的相关问题仍待深入研究，普通当事人较少涉及，故本节仅对其略加提及，债券质押亦如此。提单质押因属海商和国际贸易中的担保方式，与仓单质押最为接近，但普通当事人较少涉及，故不予专门论及。

一、基金份额质押

依照《证券投资基金法》第2条规定，基金（证券投资基金）是指在中国境内公开或非公开募集资金设立的，由基金管理人管理，基金托管人托管，为基金份额持有人的利益以资产组合方式进行证券投资活动的一种利益共享、风险共担的集合投资方式。基金份额质押，是指以可以转让的基金份额为标的设立的权利质权。依照《证券投资基金法》的相关规定，基金份额持有人享有基金财产收益分享权、清算后剩余基金财产参与分配权、基金份额赎回权等财产权利，并可依法转让其基金份额，因而，基金份额适合设质。尽管《物权法》出台前，基金份额质押即已开展，但立法依据并不充分。《物权法》出台后，该法第 223 条、第 226 条明确了基金份额质押的基本规则。

基金份额出质的标的究竟是基金、基金份额还是基金份额受益权，学界颇有争议。在融资实践中，就有"基金质押"、"基金份额质押"、"基金份额受益权质押"等不同称谓。由于基金份额属于信托财产，依照信托原理，所有权与受益权分离，信托财产独立，委托人并不拥有该信托财产的所有权，即便其为受益人，亦只能以受益人名义取得受益权，而无权处分管理信托财产。因此，基金份额持有人因对基金份额不享有管理权和处分权，不能以基金份额出质，至多只能以基金份额受益权出质，不能以委托人身份办理质押。如是理解，则基金质押的称谓过于笼统，基金份额出质也略欠妥当，唯基金份额受益权出质最妥。❶ 当然，《物权法》规定具有转让性的基金份额可以出质，亦无大碍。

基金分开放式基金和封闭式基金。开放式基金的规模不固定、开放式运作，可以根据市场供求发行新份额或被投资者赎回。不论是一般开放式基金，还是特殊的开放式基金，即 ETF 和 LOF，严格讲都具有可转让性。❷ 不过，因基金份额出质须在证券登记结算机构登记，故不在该机构交易的一般开放式基金自然无法登记设质，不能成为质押标的。封闭式基金规模固定、封闭运作，并可依法申请上市交易，其基金份额具有可转让性，可予出质。❸

二、债券质押

债券是指政府、金融机构、企业依法定程序对外发行的，约定在一定期限内还本付息的有价证券。依据发行主体的不同，债券可以分为政府债券、金融债券、企业债券；依债券形式的不同，可以分为纸质债券、记账式债券和凭证式债券；依是否记名，分为记名债券和不记名债券。

---

❶ 相关研究参见朱彦策：基金份额受益权质押法律问题探讨 [J] 现代金融，2004 (9)：45-46
❷ 参见赵英：权利质权公示制度研究 [D] 中国社会科学院博士学位论文，2009：143
❸ 参见王利明：物权法研究 [M] 北京：中国人民大学出版社，2013：1362

债券属于有价证券，可以依法转让或出质。学理上认为，记名债券出质需背书交付债券，无记名债券通过交付权利凭证出质，无权利凭证的记名债券则在债券登记机构通过登记出质。❶

《物权法》第 224 条规定，"以汇票、支票、本票、债券、存款单、仓单、提单出质的，当事人应当订立书面合同。质权自权利凭证交付质权人时设立；没有权利凭证的，质权自有关部门办理出质登记时设立"。依照这一规定，结合债券登记实务，债券出质分三种情况：❷ 第一，中央国债登记结算有限责任公司托管的国债、政策性金融债、中央银行债、记账式企业债，在该公司办理出质登记。第二，中国证券登记结算有限公司托管的证券债券、企业债券等，在中国证券登记结算有限公司办理出质登记。第三，纸质、凭证式债券通过交付债券凭证出质，是否背书不影响质权成立。1999 年以后（含 1999 年）财政部发行的、各承销银行以"中华人民共和国凭证式国债收款凭证"方式销售的凭证式国债，仍然通过交付债券凭证出质。❸

依照权利质押的相关原理和制度，❹ 债券出质后，质权人享有债券的实际权利，出质人成为债券的形式权利人。质权人有权收取出质后产生的法定孳息，未经质权人同意，出质人不得处分债券权利。被担保债权到期未受清偿的，质权人有权直接收取出质债券的给付利益以清偿被担保债权。

❶　参见曹士兵：中国担保制度与担保方法［M］北京：法律出版社，2015：366
❷　参见曹士兵：中国担保制度与担保方法［M］北京：法律出版社，2015：366
❸　参见《凭证式国债质押贷款办法》第 6 条。
❹　参见曹士兵：中国担保制度与担保方法［M］北京：法律出版社，2015：366

第五章　留置权概述

第一节　留置权的立法概况

我国关于留置权的立法规定，始于《民法通则》第 89 条第 1 款第 4 项，该项规定，"按照合同约定一方占有对方的财产，对方不按照合同给付应付款项超过约定期限的，占有人有权留置该财产，依照法律的规定以留置财产折价或者以变卖该财产的价款优先得到偿还"。该留置权的立法安排，强调留置动产的发生前提是一方根据合同约定占有对方的财产，但并未明确哪些合同可以发生留置。《担保法》出台后，该法第 84 条第 1 款明确规定，保管合同、运输合同、加工承揽合同发生的债权，债权人可依法行使留置权。此外，《合同法》第 422 条对行纪合同中行纪人对委托物的留置权也予以了规定。上述关于留置权的立法安排，适用范围较窄，[1] 加之解释上强调留置权的发生须以有牵连关系为要件，[2] 而"牵连关系的概念过于模糊，范围不确定，法律适用中容易产生分歧"，[3] 以致留置权的成立要件较为苛刻，未能充分发挥其担保债权、督促债务履行的作用。基于上述原因，有学者将《民法通则》、《担保法》、《合同法》框架下的留置权称为特别留置权。[4]

《物权法》实施后，留置权的立法规定有了较大改进，留置权的类型和成立要件更为宽松：首先，正式引入了商事留置权，即企业之间留置，留置动产与债权可以不属于同一法律关系。这一立法安排，充分考虑了企业之间

---

❶ 《担保法》第 84 条第 2 款规定，"法律规定可以留置的其他合同，适用前款规定"。根据这一规定，可以留置的合同范围，以法律规定为前提。结合当时立法，这类合同屈指可数。

❷ 《担保法司法解释》第 109 条规定，"债权人的债权已届清偿期，债权人对动产的占有与其债权的发生有牵连关系，债权人可以留置其所占有的动产"。

❸ 胡康生：中华人民共和国物权法释义［J］北京：法律出版社，2007：499

❹ 此外，《海商法》第 25 条规定的船舶留置权，亦属于特别留置权的范畴，参见曹士兵：390-391

的经济往来讲求效率和信用的特点，解决了以往立法妨碍交易迅捷和交易安全的缺陷。❶ 其次，成立留置权不要求牵连关系的存在，留置动产与债权属于同一法律关系成为留置权成立的核心标准，该法律关系的发生不限于合同，因事实行为或事件发生的法律关系亦可能适用留置权。

第二节　留置权的制度安排

一、留置权的成立要件

根据《物权法》第230条规定，留置权的成立要件有三：

第一，债务人不履行到期债务。债务人不履行到期债务，则债权安全面临威胁，但在交易实践中，即便债权未到期，但债务人丧失支付能力的，债权安全同样面临威胁，并有提前行使留置权的必要，学理上称为紧急留置权。我国《担保法司法解释》第112条规定，"债权人的债权未届清偿期，其交付占有标的物的义务已届履行期的，不能行使留置权。但是，债权人能够证明债务人无支付能力的除外"。此条规定，即为紧急留置权。

第二，债权人合法占有债务人的动产。债权人对债务人动产的占有必须合法，包括直接占有和间接占有（比如由第三人代替债权人占有），但恶意占有、非法占有不得产生留置效力。同时，占有的动产原则上应当属于债务人所有，不过，债权人不知债务人无权处分该动产，并合法占有该动产的，可以依照善意取得制度享有留置权。❷ 由于《物权法》允许其他物权（含留置权）的善意取得，故《担保法司法解释》关于留置权善意取得的规定继续有效。

第三，占有的动产与债权属于同一法律关系。所谓同一法律关系，既包括因为法律行为占有动产，也包括因为事实行为或事件合法占有动产，比如拾得遗失物产生的债权与对遗失物的合法占有，就属于同一法律关系，但并非法律行为所产生的法律关系。商事留置权的成立不要求留置动产与债权属

---

❶ 参见胡康生：中华人民共和国物权法释义［M］北京：法律出版社，2007：499

❷ 《担保法司法解释》第82条规定，"债权人合法占有债务人交付的动产时，不知债务人无处分该动产的权利，债权人可以按照担保法第八十二条的规定行使留置权"。

于同一法律关系，但仍应以债务人不履行到期债务（或者说对债务人享有合法到期债务）和债权人合法占有债务人的动产为前提。

根据民法理论，留置权的行使除具备上述要件外，仍有某些限制，比如留置动产不得违背公序良俗，❶ 不得与债权人承担的义务或当事人的特殊约定相抵触，我国《担保法》第84条第3款、《担保法司法解释》第107条、第111条、《物权法》第232条对此亦有相关规定。❷ 此外，为减少价值浪费、实现物尽其用，留置动产的范围，应当限于债务金额之内。只有当留置动产为不可分物时，债权人方可留置动产整体，❸ 有学者称为留置物与担保债权之间的比例原则。❹

二、留置权的效力

留置权作为担保物权，自然具有优先于一般债权人受偿的效力。同时，因留置权属法定担保物权，与同一动产之上的抵押权或质权发生竞合时，留置权优先受偿，❺ 对此问题，本书第二章在研究动产抵押权与其他担保物权的竞合时，已予充分探讨。

关于留置权担保的债权范围，《担保法》第83条规定，"留置担保的范围包括主债权及利息、违约金、损害赔偿金、留置物保管费用和实现留置权的费用"。不过，因留置权的产生原因等差异，留置权所担保的债权的具体范围，仍然有所不同，比如非因法律行为产生的留置权，因并无合同存在，被担保债权的范围自然不应包括违约金等内容。

---

❶ 比如实践中发生债权纠纷特别是劳动债权纠纷，经营者或用人单位"留置"对方的身份证、工作证，即属违背公序良俗、应予禁止的行为。此外，未给付火化费，火葬场留置"骨灰"，亦属禁止之例。

❷ 《担保法》第84条第3款规定，"当事人可以在合同中约定不得留置的物"。《担保法司法解释》第107条规定，"当事人在合同中约定排除留置权，债务履行期届满，债权人行使留置权的，人民法院不予支持"。该解释第111条规定，"债权人行使留置权与其承担的义务或者合同的特殊约定相抵触的，人民法院不予支持"。《物权法》第232条规定，"法律规定或者当事人约定不得留置的动产，不得留置"。

❸ 参见《担保法》第85条、《物权法》第223条。

❹ 参见王利明：物权法研究 [M] 北京：中国人民大学出版社，2013：1418

❺ 《物权法》第239条规定，"同一动产上已设立抵押权或者质权，该动产又被留置的，留置权人优先受偿"。

三、留置权的实现和消灭

债务人不履行到期债务，符合留置权行使要件的，留置权人可以依法实现留置权。《物权法》第236条第1款规定，"留置权人与债务人应当约定留置财产后的债务履行期间；没有约定或者约定不明确的，留置权人应当给债务人两个月以上履行债务的期间，但鲜活易腐等不易保管的动产除外。债务人逾期未履行的，留置权人可以与债务人协议以留置财产折价，也可以就拍卖、变卖留置财产所得的价款优先受偿"。根据此款规定，留置动产前可以不再按照原《担保法》的规定通知债务人，但仍应留给债务人两个月以上的债务清偿期限。债务人逾期仍不履行的，方可行使留置权。该两个月以上的债务清偿期限的起算点，以留置权成立之日、即债务到期之日为准。

由于留置权人占有留置物，故其既可以与债务人协商以留置物折价，也可以自行拍卖或变卖留置物。不过，如果提前行使留置权造成债务人损失的，应当承担赔偿责任。❶ 为防止留置权人长期不行使留置权，影响债务人利益，《物权法》第237条规定，债务人可以请求留置权人在债务履行期届满后及时行使留置权，留置权人怠于行使的，债务人可以请求人民法院拍卖、变卖留置物。

留置权实现，留置权自然归于消灭。被担保债权消灭、留置物灭失且无代位物、留置权人接受债务人另行提供的担保等，也是留置权消灭的常见情形。此外，如果留置权人主动放弃对留置物的占有，留置权自然归于消灭。但对留置物占有的丧失是基于被侵夺造成，并非留置权人自愿放弃的，留置权是否当然消灭，学界有消灭说和存续说两种观点。根据消灭说，即便留置权人依据占有返还请求权再占有留置物的，该留置物应为新的留置权；存续说则认为，留置权人恢复对留置物的占有时，原留置权继续存在，只有当留置权人不能依据占有返还请求权恢复占有留置物的，留置权才消灭。❷《物权法》第245条第2款规定，"占有人返还原物的请求权，自侵占发生之日起一年内未行使的，该请求权消灭"。该款规定可以适用于留置权人对留置物的占有，依此规定，我国物权立法采存续说。

---

❶ 参见《担保法司法解释》第113条。

❷ 参见曹士兵：中国担保制度与担保方法［M］北京：法律出版社，2015：397-398

附录：动产担保登记常用制度

动产抵押登记办法

国家工商行政管理总局令第 30 号

第一条　为促进资金融通和商品流通，保障债权的实现，根据《中华人民共和国物权法》、《中华人民共和国担保法》的有关规定，制定本办法。

第二条　企业、个体工商户、农业生产经营者以现有的以及将有的生产设备、原材料、半成品、产品抵押的，应当向抵押人住所地的县级工商行政管理部门（以下简称动产抵押登记机关）办理登记。未经登记，不得对抗善意第三人。

动产抵押登记可由抵押合同双方当事人共同向动产抵押登记机关办理，也可以委托代理人向动产抵押登记机关办理。

第三条　当事人办理动产抵押登记，应当向动产抵押登记机关提交下列文件：

（一）经抵押合同双方当事人签字或者盖章的《动产抵押登记书》；

（二）抵押合同双方当事人主体资格证明或者自然人身份证明文件。

第四条　《动产抵押登记书》应当载明下列内容：

（一）抵押人及抵押权人名称（姓名）、住所地；

（二）代理人名称（姓名）；

（三）被担保债权的种类和数额；

（四）担保的范围；

（五）债务人履行债务的期限；

（六）抵押财产的名称、数量、质量、状况、所在地、所有权归属或者使用权归属；

（七）抵押人、抵押权人签字或者盖章。

第五条　动产抵押登记机关受理登记申请文件后，应当当场在《动产抵押登记书》上加盖动产抵押登记专用章并注明盖章日期。

第六条　动产抵押合同变更、《动产抵押登记书》内容变更的：

（一）原《动产抵押登记书》；

（二）抵押合同双方当事人签字或者盖章的《动产抵押变更登记书》；

（三）抵押合同双方当事人主体资格证明或者自然人身份证明文件。

第七条　动产抵押登记机关受理变更登记申请文件后，应当当场在《动产抵押变更登记书》上加盖动产抵押登记专用章并注明盖章日期。

第八条　在主债权消灭、担保物权实现、债权人放弃担保物权等情形下：

（一）原《动产抵押登记书》；

（二）《动产抵押变更登记书》；

（三）抵押合同双方当事人签字或者盖章的《动产抵押注销登记书》；

（四）抵押合同双方当事人主体资格证明或者自然人身份证明文件。

第九条　动产抵押登记机关受理注销登记申请文件后，应当当场在《动产抵押注销登记书》上加盖动产抵押登记专用章并注明盖章日期。

第十条　动产抵押登记机关应当根据加盖动产抵押登记专用章的《动产抵押登记书》、《动产抵押变更登记书》、《动产抵押注销登记书》设立《动产抵押登记簿》，供社会查阅。

《动产抵押登记书》、《动产抵押变更登记书》、《动产抵押注销登记书》各一式四份，动产抵押合同双方当事人各持一份；动产抵押登记机关留存两份，其中一份留作动产抵押登记档案，一份置备于《动产抵押登记簿》中。

第十一条　有关单位和个人可以持合法身份证明文件，向动产抵押登记机关查阅、抄录或者复印有关动产抵押登记的资料。

第十二条　反担保及最高额抵押适用本办法。

第十三条　本办法由国家工商行政管理总局负责解释。

第十四条　本办法自颁布之日起施行。

本办法施行之日起原《企业动产抵押物登记管理办法》（国家工商行政管理局第35号令）废止。

附件一、动产抵押登记办理须知

二、动产抵押登记书（登记机关存档）（略）

三、动产抵押登记书（抵押权人保存）（略）

四、动产抵押登记书（抵押人保存）（略）

五、动产抵押登记书（置备于登记簿）（略）

六、动产抵押登记变更书（登记机关存档）（略）

七、动产抵押登记变更书（抵押权人保存）（略）

八、动产抵押登记变更书（抵押人保存）（略）

九、动产抵押登记变更书（置备于登记簿）（略）

十、动产抵押注销登记书（登记机关存档）（略）

十一、动产抵押注销登记书（抵押权人保存）（略）

十二、动产抵押注销登记书（抵押人保存）（略）

十三、动产抵押注销登记书（置备于登记簿）（略）

十四、抵押物概况（附页）（略）

国家工商行政管理总局

二〇〇七年十月十七日

附件一：动产抵押登记办理须知

为了您的合法权益能够得到充分的保障，请在填写登记书前仔细阅读以下内容。

一、申请人须使用标准 A4 纸张、黑色钢笔或签字笔填写登记书。

二、申请人应当保证其所提供的材料及信息真实有效。登记书内容应当与抵押合同以及主合同相关内容一致。

三、《中华人民共和国物权法》第一百八十八条规定以动产抵押的，抵押权自抵押合同生效时设立；未经登记，不得对抗善意第三人。

四、《中华人民共和国物权法》第一百八十四条规定下列动产不得抵押：

（一）学校、幼儿园、医院等以公益为目的的事业单位、社会团体的教育设施、医疗卫生设施和其他社会公益设施；

（二）所有权、使用权不明或者有争议的财产；

（三）依法被查封、扣押、监管的财产；

（四）法律、行政法规规定不得抵押的其他财产。

五、《中华人民共和国物权法》第一百八十九条规定企业、个体工商户、农业生产经营者以本法第一百八十一条规定的动产抵押的，应当向抵押人住所地的工商行政管理部门办理登记。

国家工商行政管理总局《动产抵押登记办法》第二条规定，企业、个体工商户、农业生产经营者以现有的以及将有的生产设备、原材料、半成品、产品抵押的，应当向抵押人住所地的县级工商行政管理部门办理登记。

六、国家工商行政管理总局《动产抵押登记办法》第三条规定，当事人申请动产抵押登记，应向工商行政管理局提交下列文件：

（一）经抵押合同双方当事人签字或者盖章的《动产抵押登记书》；

（二）抵押合同双方当事人主体资格证明或者自然人身份证明文件。

委托代理人办理动产抵押登记的，还应提交代理人身份证明文件和授权委托书。

七、国家工商行政管理总局《动产抵押登记办法》第六条规定，动产抵押合同变更、《动产抵押登记书》内容变更的，抵押合同双方当事人或者其委托的代理人可以到原动产抵押登记机关办理变更登记。办理变量登记应当向动产抵押登记机关提交下列文件：

（一）原《动产抵押登记书》；

（二）抵押合同双方当事人签字或者盖章的《动产抵押变更登记书》；

（三）抵押合同双方当事人主体资格证明或者自然人身份证明文件。

委托代理人办理动产抵押变更登记的，还应当提交代理人身份证明文件和授权委托书。

八、国家工商行政管理总局《动产抵押登记办法》第八条规定，在主债权消灭、担保物权实现、债权人放弃担保物权等情形下，动产抵押合同双方当事人或者其委托的代理人可以到原动产抵押登记机关办理注销登记。办理注销登记应当向动产抵押登记机关提交下列文件：

（一）原《动产抵押登记书》；

（二）《动产抵押变更登记书》；

（三）抵押合同双方当事人签字或者盖章的《动产抵押注销登记书》；

（四）抵押合同双方当事人主体资格证明或者自然人身份证明文件。

委托代理人办理动产抵押注销登记的，还应当提交代理人身份证明文件和授权委托书。

九、国家工商行政管理总局《动产抵押登记办法》第十一条规定，有关单位和个人可以持合法身份证明文件，向登记机关查阅、抄录或者复印有关动产抵押登记的资料。

十、国家工商行政管理总局《动产抵押登记办法》第十二条规定，反担保及最高额抵押登记适用此办法。

公证机构办理抵押登记办法

司法部令第 68 号

第一条 为规范公证机构的抵押登记活动，根据《中华人民共和国担保法》和《中华人民共和国公证暂行条例》等规定，制定本办法。

第二条 《中华人民共和国担保法》第四十三条第二款规定的公证部门为依法设立的公证机构。

第三条 《中华人民共和国担保法》第四十三条规定的"其他财产"包括下列内容：

（一）个人、事业单位、社会团体和其他非企业组织所有的机械设备、牲畜等生产资料；

（二）位于农村的个人私有房产；

（三）个人所有的家具、家用电器、金银珠宝及其制品等生活资料；

（四）其他除《中华人民共和国担保法》第三十七条和第四十二条规定之外的财产。

当事人以前款规定的财产抵押的，抵押人所在地的公证机构为登记部门，公证机构办理登记适用本办法规定。

第四条 以《中华人民共和国担保法》第四十二条第（二）项规定的财产抵押，县级以上地方人民政府规定由公证机构登记的；以及法律、法规规定的抵押合同自公证机构办理登记之日起生效的，公证机构办理登记适用本办法规定。

第五条 以本办法第三条规定的财产抵押的，抵押权人自公证机构出具

《抵押登记证书》之日起获得对抗第三人的权利。

以本办法第四条规定的财产抵押的，抵押合同自公证机构出具《抵押登记证书》之日起生效。

第六条　申办抵押登记，由抵押合同双方当事人共同提出申请，并填写《抵押登记申请表》。

《抵押登记申请表》应载明下列内容：

（一）申请人为个人的，应载明其姓名、性别、出生日期、身份证明号码、工作单位、住址、联系方式等；申请人为法人或其他组织的，应载明法人或其他组织的名称、地址、法定代表人或负责人和代理人的姓名、性别、职务、联系方式；

（二）主合同和抵押合同的名称；

（三）被担保的主债权的种类、数额；

（四）抵押物的名称、数量、质量、状况、所在地、所有权或者使用权权属；

（五）债务人履行债务的期限；

（六）抵押担保的范围；

（七）抵押物属再次抵押的，应载明再次抵押的情况；

（八）申请抵押登记的日期；

（九）其他需要说明的问题。

申请人应当在申请表上签名或盖章。

第七条　申请人应向公证机构提交下列材料：

（一）申请人和代理人的身份、资格证明；

（二）主合同、抵押合同及其他相关合同；

（三）以本办法第四条规定的财产抵押的，应提交抵押物所有权或者使用权证书；以本办法第三条规定的财产抵押的，应提交抵押物所有权或者使用权证书或其他证明材料；

（四）抵押物清单；

（五）与抵押登记事项有关的其他材料。

第八条　符合下列条件的申请，公证机构应予以受理：

（一）申请抵押登记的财产符合本办法第三条、第四条的规定；

（二）抵押登记事项属于本公证机构管辖；

（三）本办法第七条所列各项材料齐全。

公证机构不予受理的，应记录在案，并及时告知申请人。

第九条　公证机构应当在受理之日起 5 个工作日内审查完毕，并决定是否予以登记。

第十条　有下列情形之一的，公证机构不予办理抵押登记：

（一）申请人提交的材料无效；

（二）申请人对抵押物的名称、数量、质量、状况、所在地、所有权或者使用权权属存在争议；

（三）以法律、法规规定的不得抵押的财产设定抵押的。

对不予登记的，公证机构应记录在案，并书面告知申请人。

第十一条　公证机构决定予以登记的，应向当事人出具《抵押登记证书》。

《抵押登记证书》应载明下列内容：

（一）抵押人、抵押权人的姓名、身份证明号码或名称、单位代码、地址；

（二）抵押担保的主债权的种类、数额；

（三）抵押物的名称、数量、质量、状况、所在地、所有权或者使用权权属；

（四）债务人履行债务的期限；

（五）抵押担保的范围；

（六）再次抵押情况；

（七）抵押登记的日期；

（八）其他事项。

第十二条　公证机构办理房地产抵押登记的，应在出具《抵押登记证书》后告知房地产管理部门。

第十三条　办理抵押登记的公证机构应配备计算机，录入抵押登记信息，并设立书面登录簿，登录本公证机构办理抵押登记的资料。

办理抵押登记的公证机构应及时与其他公证机构交换抵押登记信息，信息的交换办法由各省、自治区、直辖市司法厅（局）制定。

第十四条　当事人变更抵押合同向公证机构申请变更登记，经审查符合抵押登记规定的，公证机构应予以办理变更抵押登记。

当事人变更抵押合同未办理变更抵押登记的，自行变更后的抵押不发生《中华人民共和国担保法》规定的抵押登记效力。

第十五条　当事人履行完毕主债务或提前终止、解除抵押合同向公证机构申请办理注销登记的，公证机构应予以办理注销抵押登记。

第十六条　公证机构办理抵押登记，按规定收取抵押登记费。抵押登记费由当事人双方共同承担或从约定。

第十七条　当事人及有关人员可以查阅、抄录或复印抵押登记的资料，但应按规定交纳费用。

第十八条　以承包经营权等合同权益、应收账款或未来可得权益进行物权担保的，公证机构办理登记可比照本办法执行。

第十九条　本办法由司法部解释。

第二十条　本办法自发布之日起施行。

机动车登记规定

公安部令第 102 号

第一章　总　　则

第一条　根据《中华人民共和国道路交通安全法》及其实施条例的规定，制定本规定。

第二条　本规定由公安机关交通管理部门负责实施。

省级公安机关交通管理部门负责本省（自治区、直辖市）机动车登记工作的指导、检查和监督。直辖市公安机关交通管理部门车辆管理所、设区的市或者相当于同级的公安机关交通管理部门车辆管理所负责办理本行政辖区内机动车登记业务。

县级公安机关交通管理部门车辆管理所可以办理本行政辖区内摩托车、三轮汽车、低速载货汽车登记业务。条件具备的，可以办理除进口机动车、危险化学品运输车、校车、中型以上载客汽车以外的其他机动车登记业务。

具体业务范围和办理条件由省级公安机关交通管理部门确定。

警用车辆登记业务按照有关规定办理。

第三条 车辆管理所办理机动车登记，应当遵循公开、公正、便民的原则。

车辆管理所在受理机动车登记申请时，对申请材料齐全并符合法律、行政法规和本规定的，应当在规定的时限内办结。对申请材料不齐全或者其他不符合法定形式的，应当一次告知申请人需要补正的全部内容。对不符合规定的，应当书面告知不予受理、登记的理由。

车辆管理所应当将法律、行政法规和本规定的有关机动车登记的事项、条件、依据、程序、期限以及收费标准、需要提交的全部材料的目录和申请表示范文本等在办理登记的场所公示。

省级、设区的市或者相当于同级的公安机关交通管理部门应当在互联网上建立主页，发布信息，便于群众查阅机动车登记的有关规定，下载、使用有关表格。

第四条 车辆管理所应当使用计算机登记系统办理机动车登记，并建立数据库。不使用计算机登记系统登记的，登记无效。

计算机登记系统的数据库标准和登记软件全国统一。数据库能够完整、准确记录登记内容，记录办理过程和经办人员信息，并能够实时将有关登记内容传送到全国公安交通管理信息系统。计算机登记系统应当与交通违法信息系统和交通事故信息系统实行联网。

第二章 登 记

第一节 注册登记

第五条 初次申领机动车号牌、行驶证的，机动车所有人应当向住所地的车辆管理所申请注册登记。

第六条 机动车所有人应当到机动车安全技术检验机构对机动车进行安全技术检验，取得机动车安全技术检验合格证明后申请注册登记。但经海关进口的机动车和国务院机动车产品主管部门认定免予安全技术检验的机动车除外。

免予安全技术检验的机动车有下列情形之一的，应当进行安全技术检验：

（一）国产机动车出厂后两年内未申请注册登记的；

（二）经海关进口的机动车进口后两年内未申请注册登记的；

（三）申请注册登记前发生交通事故的。

第七条　申请注册登记的，机动车所有人应当填写申请表，交验机动车，并提交以下证明、凭证：

（一）机动车所有人的身份证明；

（二）购车发票等机动车来历证明；

（三）机动车整车出厂合格证明或者进口机动车进口凭证；

（四）车辆购置税完税证明或者免税凭证；

（五）机动车交通事故责任强制保险凭证；

（六）法律、行政法规规定应当在机动车注册登记时提交的其他证明、凭证。

不属于经海关进口的机动车和国务院机动车产品主管部门规定免予安全技术检验的机动车，还应当提交机动车安全技术检验合格证明。

车辆管理所应当自受理申请之日起二日内，确认机动车，核对车辆识别代号拓印膜，审查提交的证明、凭证，核发机动车登记证书、号牌、行驶证和检验合格标志。

第八条　车辆管理所办理消防车、救护车、工程救险车注册登记时，应当对车辆的使用性质、标志图案、标志灯具和警报器进行审查。

车辆管理所办理全挂汽车列车和半挂汽车列车注册登记时，应当对牵引车和挂车分别核发机动车登记证书、号牌和行驶证。

第九条　有下列情形之一的，不予办理注册登记：

（一）机动车所有人提交的证明、凭证无效的；

（二）机动车来历证明被涂改或者机动车来历证明记载的机动车所有人与身份证明不符的；

（三）机动车所有人提交的证明、凭证与机动车不符的；

（四）机动车未经国务院机动车产品主管部门许可生产或者未经国家进口机动车主管部门许可进口的；

（五）机动车的有关技术数据与国务院机动车产品主管部门公告的数据不符的；

（六）机动车的型号、发动机号码、车辆识别代号或者有关技术数据不符合国家安全技术标准的；

（七）机动车达到国家规定的强制报废标准的；

（八）机动车被人民法院、人民检察院、行政执法部门依法查封、扣押的；

（九）机动车属于被盗抢的；

（十）其他不符合法律、行政法规规定的情形。

第二节　变更登记

第十条　已注册登记的机动车有下列情形之一的，机动车所有人应当向登记地车辆管理所申请变更登记：

（一）改变车身颜色的；

（二）更换发动机的；

（三）更换车身或者车架的；

（四）因质量问题更换整车的；

（五）营运机动车改为非营运机动车或者非营运机动车改为营运机动车等使用性质改变的；

（六）机动车所有人的住所迁出或者迁入车辆管理所管辖区域的。

机动车所有人为两人以上，需要将登记的所有人姓名变更为其他所有人姓名的，可以向登记地车辆管理所申请变更登记。

属于本条第一款第（一）项、第（二）项和第（三）项规定的变更事项的，机动车所有人应当在变更后十日内向车辆管理所申请变更登记；属于本条第一款第（六）项规定的变更事项的，机动车所有人申请转出前，应当将涉及该车的道路交通安全违法行为和交通事故处理完毕。

第十一条　申请变更登记的，机动车所有人应当填写申请表，交验机动车，并提交以下证明、凭证：

（一）机动车所有人的身份证明；

（二）机动车登记证书；

（三）机动车行驶证；

（四）属于更换发动机、车身或者车架的，还应当提交机动车安全技术检验合格证明；

（五）属于因质量问题更换整车的，还应当提交机动车安全技术检验合格证明，但经海关进口的机动车和国务院机动车产品主管部门认定免予安全技术检验的机动车除外。

车辆管理所应当自受理之日起一日内，确认机动车，审查提交的证明、凭证，在机动车登记证书上签注变更事项，收回行驶证，重新核发行驶证。

车辆管理所办理本规定第十条第一款第（三）项、第（四）项和第（六）项规定的变更登记事项的，应当核对车辆识别代号拓印膜。

第十二条　车辆管理所办理机动车变更登记时，需要改变机动车号牌号码的，收回号牌、行驶证，确定新的机动车号牌号码，重新核发号牌、行驶证和检验合格标志。

第十三条　机动车所有人的住所迁出车辆管理所管辖区域的，车辆管理所应当自受理之日起三日内，在机动车登记证书上签注变更事项，收回号牌、行驶证，核发有效期为三十日的临时行驶车号牌，将机动车档案交机动车所有人。机动车所有人应当在临时行驶车号牌的有效期限内到住所地车辆管理所申请机动车转入。

申请机动车转入的，机动车所有人应当填写申请表，提交身份证明、机动车登记证书、机动车档案，并交验机动车。机动车在转入时已超过检验有效期的，应当在转入地进行安全技术检验并提交机动车安全技术检验合格证明和交通事故责任强制保险凭证。车辆管理所应当自受理之日起三日内，确认机动车，核对车辆识别代号拓印膜，审查相关证明、凭证和机动车档案，在机动车登记证书上签注转入信息，核发号牌、行驶证和检验合格标志。

第十四条　机动车所有人为两人以上，需要将登记的所有人姓名变更为其他所有人姓名的，应当提交机动车登记证书、行驶证、变更前和变更后机动车所有人的身份证明和共同所有的公证证明，但属于夫妻双方共同所有的，可以提供《结婚证》或者证明夫妻关系的《居民户口簿》。

变更后机动车所有人的住所在车辆管理所管辖区域内的，车辆管理所按照本规定第十一条第二款的规定办理变更登记。变更后机动车所有人的住所不在车辆管理所管辖区域内的，迁出地和迁入地车辆管理所按照本规定第十三条的规定办理变更登记。

第十五条　有下列情形之一的，不予办理变更登记：

（一）改变机动车的品牌、型号和发动机型号的，但经国务院机动车产

品主管部门许可选装的发动机除外;

（二）改变已登记的机动车外形和有关技术数据的，但法律、法规和国家强制性标准另有规定的除外;

（三）有本规定第九条第（一）项、第（七）项、第（八）项、第（九）项规定情形的。

第十六条　有下列情形之一，在不影响安全和识别号牌的情况下，机动车所有人不需要办理变更登记:

（一）小型、微型载客汽车加装前后防撞装置;

（二）货运机动车加装防风罩、水箱、工具箱、备胎架等;

（三）增加机动车车内装饰。

第十七条　已注册登记的机动车，机动车所有人住所在车辆管理所管辖区域内迁移或者机动车所有人姓名（单位名称）、联系方式变更的，应当向登记地车辆管理所备案。

（一）机动车所有人住所在车辆管理所管辖区域内迁移、机动车所有人姓名（单位名称）变更的，机动车所有人应当提交身份证明、机动车登记证书、行驶证和相关变更证明。车辆管理所应当自受理之日起一日内，在机动车登记证书上签注备案事项，重新核发行驶证。

（二）机动车所有人联系方式变更的，机动车所有人应当提交身份证明和行驶证。车辆管理所应当自受理之日起一日内办理备案。

机动车所有人的身份证明名称或者号码变更的，可以向登记地车辆管理所申请备案。机动车所有人应当提交身份证明、机动车登记证书。车辆管理所应当自受理之日起一日内，在机动车登记证书上签注备案事项。

发动机号码、车辆识别代号因磨损、锈蚀、事故等原因辨认不清或者损坏的，可以向登记地车辆管理所申请备案。机动车所有人应当提交身份证明、机动车登记证书、行驶证。车辆管理所应当自受理之日起一日内，在发动机、车身或者车架上打刻原发动机号码或者原车辆识别代号，在机动车登记证书上签注备案事项。

第三节　转移登记

第十八条　已注册登记的机动车所有权发生转移的，现机动车所有人应当自机动车交付之日起三十日内向登记地车辆管理所申请转移登记。

机动车所有人申请转移登记前，应当将涉及该车的道路交通安全违法行为和交通事故处理完毕。

第十九条　申请转移登记的，现机动车所有人应当填写申请表，交验机动车，并提交以下证明、凭证：

（一）现机动车所有人的身份证明；

（二）机动车所有权转移的证明、凭证；

（三）机动车登记证书；

（四）机动车行驶证；

（五）属于海关监管的机动车，还应当提交《中华人民共和国海关监管车辆解除监管证明书》或者海关批准的转让证明；

（六）属于超过检验有效期的机动车，还应当提交机动车安全技术检验合格证明和交通事故责任强制保险凭证。

现机动车所有人住所在车辆管理所管辖区域内的，车辆管理所应当自受理申请之日起一日内，确认机动车，核对车辆识别代号拓印膜，审查提交的证明、凭证，收回号牌、行驶证，确定新的机动车号牌号码，在机动车登记证书上签注转移事项，重新核发号牌、行驶证和检验合格标志。

现机动车所有人住所不在车辆管理所管辖区域内的，车辆管理所应当按照本规定第十三条的规定办理。

第二十条　有下列情形之一的，不予办理转移登记：

（一）机动车与该车档案记载内容不一致的；

（二）属于海关监管的机动车，海关未解除监管或者批准转让的；

（三）机动车在抵押登记、质押备案期间的；

（四）有本规定第九条第（一）项、第（二）项、第（七）项、第（八）项、第（九）项规定情形的。

第二十一条　被人民法院、人民检察院和行政执法部门依法没收并拍卖，或者被仲裁机构依法仲裁裁决，或者被人民法院调解、裁定、判决机动车所有权转移时，原机动车所有人未向现机动车所有人提供机动车登记证书、号牌或者行驶证的，现机动车所有人在办理转移登记时，应当提交人民法院出具的未得到机动车登记证书、号牌或者行驶证的《协助执行通知书》，或者人民检察院、行政执法部门出具的未得到机动车登记证书、号牌或者行驶证的证明。车辆管理所应当公告原机动车登记证书、号牌或者行驶证作废，并在办理转移登记的同时，补发机动车登记证书。

第四节　抵押登记

第二十二条　机动车所有人将机动车作为抵押物抵押的，应当向登记地车辆管理所申请抵押登记；抵押权消灭的，应当向登记地车辆管理所申请解除抵押登记。

第二十三条　申请抵押登记的，机动车所有人应当填写申请表，由机动车所有人和抵押权人共同申请，并提交下列证明、凭证：

（一）机动车所有人和抵押权人的身份证明；

（二）机动车登记证书；

（三）机动车所有人和抵押权人依法订立的主合同和抵押合同。

车辆管理所应当自受理之日起一日内，审查提交的证明、凭证，在机动车登记证书上签注抵押登记的内容和日期。

第二十四条　申请解除抵押登记的，机动车所有人应当填写申请表，由机动车所有人和抵押权人共同申请，并提交下列证明、凭证：

（一）机动车所有人和抵押权人的身份证明；

（二）机动车登记证书。

人民法院调解、裁定、判决解除抵押的，机动车所有人或者抵押权人应当填写申请表，提交机动车登记证书、人民法院出具的已经生效的《调解书》、《裁定书》或者《判决书》，以及相应的《协助执行通知书》。

车辆管理所应当自受理之日起一日内，审查提交的证明、凭证，在机动车登记证书上签注解除抵押登记的内容和日期。

第二十五条　机动车抵押登记日期、解除抵押登记日期可以供公众查询。

第二十六条　有本规定第九条第（一）项、第（七）项、第（八）项、第（九）项或者第二十条第（二）项规定情形之一的，不予办理抵押登记。对机动车所有人提交的证明、凭证无效，或者机动车被人民法院、人民检察院、行政执法部门依法查封、扣押的，不予办理解除抵押登记。

第五节　注销登记

第二十七条　已达到国家强制报废标准的机动车，机动车所有人向机动车回收企业交售机动车时，应当填写申请表，提交机动车登记证书、号牌和行驶证。机动车回收企业应当确认机动车并解体，向机动车所有人出具《报废机动车回收证明》。报废的大型客、货车及其他营运车辆应当在车辆管理所的监督下解体。

机动车回收企业应当在机动车解体后七日内将申请表、机动车登记证书、号牌、行驶证和《报废机动车回收证明》副本提交车辆管理所，申请注销登记。

车辆管理所应当自受理之日起一日内，审查提交的证明、凭证，收回机动车登记证书、号牌、行驶证，出具注销证明。

第二十八条　除本规定第二十七条规定的情形外，机动车有下列情形之一的，机动车所有人应当向登记地车辆管理所申请注销登记：

（一）机动车灭失的；

（二）机动车因故不在我国境内使用的；

（三）因质量问题退车的。

已注册登记的机动车有下列情形之一的，登记地车辆管理所应当办理注销登记：

（一）机动车登记被依法撤销的；

（二）达到国家强制报废标准的机动车被依法收缴并强制报废的。

属于本条第一款第（二）项和第（三）项规定情形之一的，机动车所有人申请注销登记前，应当将涉及该车的道路交通安全违法行为和交通事故处理完毕。

第二十九条　属于本规定第二十八条第一款规定的情形，机动车所有人申请注销登记的，应当填写申请表，并提交以下证明、凭证：

（一）机动车登记证书；

（二）机动车行驶证；

（三）属于机动车灭失的，还应当提交机动车所有人的身份证明和机动车灭失证明；

（四）属于机动车因故不在我国境内使用的，还应当提交机动车所有人的身份证明和出境证明，其中属于海关监管的机动车，还应当提交海关出具的《中华人民共和国海关监管车辆进（出）境领（销）牌照通知书》；

（五）属于因质量问题退车的，还应当提交机动车所有人的身份证明和机动车制造厂或者经销商出具的退车证明。

车辆管理所应当自受理之日起一日内，审查提交的证明、凭证，收回机动车登记证书、号牌、行驶证，出具注销证明。

第三十条　因车辆损坏无法驶回登记地的，机动车所有人可以向车辆所在地机动车回收企业交售报废机动车。交售机动车时应当填写申请表，提交机动车登记证书、号牌和行驶证。机动车回收企业应当确认机动车并解体，向机动车所有人出具《报废机动车回收证明》。报废的大型客、货车及其他营运车辆应当在报废地车辆管理所的监督下解体。

机动车回收企业应当在机动车解体后七日内将申请表、机动车登记证书、号牌、行驶证和《报废机动车回收证明》副本提交报废地车辆管理所，申请注销登记。

报废地车辆管理所应当自受理之日起一日内，审查提交的证明、凭证，收回机动车登记证书、号牌、行驶证，并通过计算机登记系统将机动车报废信息传递给登记地车辆管理所。

登记地车辆管理所应当自接到机动车报废信息之日起一日内办理注销登记，并出具注销证明。

第三十一条　已注册登记的机动车有下列情形之一的，车辆管理所应当公告机动车登记证书、号牌、行驶证作废：

（一）达到国家强制报废标准，机动车所有人逾期不办理注销登记的；

（二）机动车登记被依法撤销后，未收缴机动车登记证书、号牌、行驶证的；

（三）达到国家强制报废标准的机动车被依法收缴并强制报废的；

（四）机动车所有人办理注销登记时未交回机动车登记证书、号牌、行驶证的。

第三十二条　有本规定第九条第（一）项、第（八）项、第（九）项或者第二十条第（一）项、第（三）项规定情形的之一的，不予办理注销登记。

第三章　其他规定

第三十三条　申请办理机动车质押备案或者解除质押备案的，由机动车所有人和典当行共同申请，机动车所有人应当填写申请表，并提交以下证明、凭证：

（一）机动车所有人和典当行的身份证明；

（二）机动车登记证书。

车辆管理所应当自受理之日起一日内，审查提交的证明、凭证，在机动车登记证书上签注质押备案或者解除质押备案的内容和日期。

有本规定第九条第（一）项、第（七）项、第（八）项、第（九）项规定情形之一的，不予办理质押备案。对机动车所有人提交的证明、凭证无效，或者机动车被人民法院、人民检察院、行政执法部门依法查封、扣押的，不予办理解除质押备案。

第三十四条　机动车登记证书灭失、丢失或者损毁的，机动车所有人应当向登记地车辆管理所申请补领、换领。申请时，机动车所有人应当填写申请表并提交身份证明，属于补领机动车登记证书的，还应当交验机动车。车辆管理所应当自受理之日起一日内，确认机动车，审查提交的证明、凭证，补发、换发机动车登记证书。

启用机动车登记证书前已注册登记的机动车未申领机动车登记证书的，机动车所有人可以向登记地车辆管理所申领机动车登记证书。但属于机动车所有人申请变更、转移或者抵押登记的，应当在申请前向车辆管理所申领机动车登记证书。申请时，机动车所有人应当填写申请表，交验机动车并提交身份证明。车辆管理所应当自受理之日起五日内，确认机动车，核对车辆识别代号拓印膜，审查提交的证明、凭证，核发机动车登记证书。

第三十五条　机动车号牌、行驶证灭失、丢失或者损毁的，机动车所有人应当向登记地车辆管理所申请补领、换领。申请时，机动车所有人应当填写申请表并提交身份证明。

车辆管理所应当审查提交的证明、凭证，收回未灭失、丢失或者损毁的号牌、行驶证，自受理之日起一日内补发、换发行驶证，自受理之日起十五日内补发、换发号牌，原机动车号牌号码不变。

补发、换发号牌期间应当核发有效期不超过十五日的临时行驶车号牌。

第三十六条　机动车具有下列情形之一，需要临时上道路行驶的，机动车所有人应当向车辆管理所申领临时行驶车号牌：

（一）未销售的；

（二）购买、调拨、赠予等方式获得机动车后尚未注册登记的；

（三）进行科研、定型试验的；

（四）因轴荷、总质量、外廓尺寸超出国家标准不予办理注册登记的特型机动车。

第三十七条　机动车所有人申领临时行驶车号牌应当提交以下证明、凭证：

（一）机动车所有人的身份证明；

（二）机动车交通事故责任强制保险凭证；

（三）属于本规定第三十六条第（一）项、第（四）项规定情形的，还应当提交机动车整车出厂合格证明或者进口机动车进口凭证；

（四）属于本规定第三十六条第（二）项规定情形的，还应当提交机动车来历证明，以及机动车整车出厂合格证明或者进口机动车进口凭证；

（五）属于本规定第三十六条第（三）项规定情形的，还应当提交书面申请和机动车安全技术检验合格证明。

车辆管理所应当自受理之日起一日内，审查提交的证明、凭证，属于本规定第三十六条第（一）项、第（二）项规定情形，需要在本行政辖区内临时行驶的，核发有效期不超过十五日的临时行驶车号牌；需要跨行政辖区临时行驶的，核发有效期不超过三十日的临时行驶车号牌。属于本规定第三十六条第（三）项、第（四）项规定情形的，核发有效期不超过九十日的临时行驶车号牌。

因号牌制作的原因，无法在规定时限内核发号牌的，车辆管理所应当核发有效期不超过十五日的临时行驶车号牌。

对具有本规定第三十六条第（一）项、第（二）项规定情形之一，机动车所有人需要多次申领临时行驶车号牌的，车辆管理所核发临时行驶车号牌不得超过三次。

第三十八条　机动车所有人发现登记内容有错误的，应当及时要求车辆管理所更正。车辆管理所应当自受理之日起五日内予以确认。确属登记错误的，在机动车登记证书上更正相关内容，换发行驶证。需要改变机动车号牌号码的，应当收回号牌、行驶证，确定新的机动车号牌号码，重新核发号牌、行驶证和检验合格标志。

第三十九条　已注册登记的机动车被盗抢的，车辆管理所应当根据刑侦部门提供的情况，在计算机登记系统内记录，停止办理该车的各项登记和业务。被盗抢机动车发还后，车辆管理所应当恢复办理该车的各项登记和业务。

机动车在被盗抢期间，发动机号码、车辆识别代号或者车身颜色被改变的，车辆管理所应当凭有关技术鉴定证明办理变更备案。

第四十条　机动车所有人可以在机动车检验有效期满前三个月内向登记地车辆管理所申请检验合格标志。

申请前，机动车所有人应当将涉及该车的道路交通安全违法行为和交通事故处理完毕。申请时，机动车所有人应当填写申请表并提交行驶证、机动车交通事故责任强制保险凭证、机动车安全技术检验合格证明。

车辆管理所应当自受理之日起一日内，确认机动车，审查提交的证明、凭证，核发检验合格标志。

第四十一条　除大型载客汽车以外的机动车因故不能在登记地检验的，机动车所有人可以向登记地车辆管理所申请委托核发检验合格标志。申请前，机动车所有人应当将涉及机动车的道路交通安全违法行为和交通事故处理完毕。申请时，应当提交机动车登记证书或者行驶证。

车辆管理所应当自受理之日起一日内，出具核发检验合格标志的委托书。

机动车在检验地检验合格后，机动车所有人应当按照本规定第四十条第二款的规定向被委托地车辆管理所申请检验合格标志，并提交核发检验合格标志的委托书。被委托地车辆管理所应当自受理之日起一日内，按照本规定第四十条第三款的规定核发检验合格标志。

第四十二条　机动车检验合格标志灭失、丢失或者损毁的，机动车所有人应当持行驶证向机动车登记地或者检验合格标志核发地车辆管理所申请补领或者换领。车辆管理所应当自受理之日起一日内补发或者换发。

第四十三条　办理机动车转移登记或者注销登记后，原机动车所有人申请办理新购机动车注册登记时，可以向车辆管理所申请使用原机动车号牌号码。

申请使用原机动车号牌号码应当符合下列条件：

（一）在办理转移登记或者注销登记后六个月内提出申请；

（二）机动车所有人拥有原机动车三年以上；

（三）涉及原机动车的道路交通安全违法行为和交通事故处理完毕。

第四十四条　确定机动车号牌号码采用计算机自动选取和由机动车所有人按照机动车号牌标准规定自行编排的方式。

第四十五条　机动车所有人可以委托代理人代理申请各项机动车登记和业务，但申请补领机动车登记证书的除外。对机动车所有人因死亡、出境、重病、伤残或者不可抗力等原因不能到场申请补领机动车登记证书的，可以凭相关证明委托代理人代理申领。

代理人申请机动车登记和业务时，应当提交代理人的身份证明和机动车所有人的书面委托。

第四十六条　机动车所有人或者代理人申请机动车登记和业务，应当如实向车辆管理所提交规定的材料和反映真实情况，并对其申请材料实质内容的真实性负责。

第四章　法律责任

第四十七条　有下列情形之一的，由公安机关交通管理部门处警告或者二百元以下罚款：

（一）重型、中型载货汽车及其挂车的车身或者车厢后部未按照规定喷涂放大的牌号或者放大的牌号不清晰的；

（二）机动车喷涂、粘贴标识或者车身广告，影响安全驾驶的；

（三）载货汽车、挂车未按照规定安装侧面及后下部防护装置、粘贴车身反光标识的；

（四）机动车未按照规定期限进行安全技术检验的；

（五）改变车身颜色、更换发动机、车身或者车架，未按照本规定第十条规定的时限办理变更登记的；

（六）机动车所有权转移后，现机动车所有人未按照本规定第十八条规定的时限办理转移登记的；

（七）机动车所有人办理变更登记、转移登记，机动车档案转出登记地车辆管理所后，未按照本规定第十三条规定的时限到住所地车辆管理所申请机动车转入的。

第四十八条　除本规定第十条和第十六条规定的情形外，擅自改变机动车外形和已登记的有关技术数据的，由公安机关交通管理部门责令恢复原状，并处警告或者五百元以下罚款。

第四十九条 以欺骗、贿赂等不正当手段取得机动车登记的，由公安机关交通管理部门收缴机动车登记证书、号牌、行驶证，撤销机动车登记；申请人在三年内不得申请机动车登记。对涉嫌走私、盗抢的机动车，移交有关部门处理。

以欺骗、贿赂等不正当手段办理补、换领机动车登记证书、号牌、行驶证和检验合格标志等业务的，由公安机关交通管理部门处警告或者二百元以下罚款。

第五十条 省、自治区、直辖市公安厅、局可以根据本地区的实际情况，在本规定的处罚幅度范围内，制定具体的执行标准。

对本规定的道路交通安全违法行为的处理程序按照《道路交通安全违法行为处理程序规定》执行。

第五十一条 交通警察违反规定为被盗抢、走私、非法拼（组）装、达到国家强制报废标准的机动车办理登记的，按照国家有关规定给予处分，经教育不改又不宜给予开除处分的，按照《公安机关组织管理条例》规定予以辞退；对聘用人员予以解聘。构成犯罪的，依法追究刑事责任。

第五十二条 交通警察有下列情形之一的，按照国家有关规定给予处分；对聘用人员予以解聘。构成犯罪的，依法追究刑事责任：

（一）不按照规定确认机动车和审查证明、凭证的；

（二）故意刁难，拖延或者拒绝办理机动车登记的；

（三）违反本规定增加机动车登记条件或者提交的证明、凭证的；

（四）违反本规定第四十四条的规定，采用其他方式确定机动车号牌号码的；

（五）违反规定跨行政辖区办理机动车登记和业务的；

（六）超越职权进入计算机登记系统办理机动车登记和业务，或者不按规定使用机动车登记系统办理登记和业务的；

（七）向他人泄露、传播计算机登记系统密码，造成系统数据被篡改、丢失或者破坏的；

（八）利用职务上的便利索取、收受他人财物或者谋取其他利益的；

（九）强令车辆管理所违反本规定办理机动车登记的。

第五十三条　公安机关交通管理部门有本规定第五十一条、第五十二条所列行为之一的，按照国家有关规定对直接负责的主管人员和其他直接责任人员给予相应的处分。

公安机关交通管理部门及其工作人员有本规定第五十一条、第五十二条所列行为之一，给当事人造成损失的，应当依法承担赔偿责任。

第五章　附　　则

第五十四条　机动车登记证书、号牌、行驶证、检验合格标志的种类、式样，以及各类登记表格式样等由公安部制定。机动车登记证书由公安部统一印制。

机动车登记证书、号牌、行驶证、检验合格标志的制作应当符合有关标准。

第五十五条　本规定下列用语的含义：

（一）进口机动车是指：

1. 经国家限定口岸海关进口的汽车；

2. 经各口岸海关进口的其他机动车；

3. 海关监管的机动车；

4. 国家授权的执法部门没收的走私、无合法进口证明和利用进口关键件非法拼（组）装的机动车。

（二）进口机动车的进口凭证是指：

1. 进口汽车的进口凭证，是国家限定口岸海关签发的《货物进口证明书》；

2. 其他进口机动车的进口凭证，是各口岸海关签发的《货物进口证明书》；

3. 海关监管的机动车的进口凭证，是监管地海关出具的《中华人民共和国海关监管车辆进（出）境领（销）牌照通知书》；

4. 国家授权的执法部门没收的走私、无进口证明和利用进口关键件非法拼（组）装的机动车的进口凭证，是该部门签发的《没收走私汽车、摩托车证明书》。

（三）机动车所有人是指拥有机动车的个人或者单位。

1. 个人是指我国内地的居民和军人（含武警）以及香港、澳门特别行政区、台湾地区居民、华侨和外国人；

2. 单位是指机关、企业、事业单位和社会团体以及外国驻华使馆、领馆和外国驻华办事机构、国际组织驻华代表机构。

（四）身份证明是指：

1. 机关、企业、事业单位、社会团体的身份证明，是该单位的《组织机构代码证书》、加盖单位公章的委托书和被委托人的身份证明。机动车所有人为单位的内设机构，本身不具备领取《组织机构代码证书》条件的，可以使用上级单位的《组织机构代码证书》作为机动车所有人的身份证明。上述单位已注销、撤销或者破产，其机动车需要办理变更登记、转移登记、解除抵押登记、注销登记、解除质押备案、申领机动车登记证书和补、换领机动车登记证书、号牌、行驶证的，已注销的企业的身份证明，是工商行政管理部门出具的注销证明。已撤销的机关、事业单位、社会团体的身份证明，是其上级主管机关出具的有关证明。已破产的企业的身份证明，是依法成立的财产清算机构出具的有关证明；

2. 外国驻华使馆、领馆和外国驻华办事机构、国际组织驻华代表机构的身份证明，是该使馆、领馆或者该办事机构、代表机构出具的证明；

3. 居民的身份证明，是《居民身份证》或者《临时居民身份证》。在暂住地居住的内地居民，其身份证明是《居民身份证》或者《临时居民身份证》，以及公安机关核发的居住、暂住证明；

4. 军人（含武警）的身份证明，是《居民身份证》或者《临时居民身份证》。在未办理《居民身份证》前，是指军队有关部门核发的《军官证》、《文职干部证》、《士兵证》、《离休证》、《退休证》等有效军人身份证件，以及其所在的团级以上单位出具的本人住所证明；

5. 香港、澳门特别行政区居民的身份证明，是其入境时所持有的《港澳居民来往内地通行证》或者《港澳同胞回乡证》、香港、澳门特别行政区《居民身份证》和公安机关核发的居住、暂住证明；

6. 台湾地区居民的身份证明，是其所持有的有效期六个月以上的公安机关核发的《台湾居民来往大陆通行证》或者外交部核发的《中华人民共和国旅行证》和公安机关核发的居住、暂住证明；

7. 华侨的身份证明，是《中华人民共和国护照》和公安机关核发的居住、暂住证明；

8. 外国人的身份证明，是其入境时所持有的护照或者其他旅行证件、居（停）留期为六个月以上的有效签证或者居留许可，以及公安机关出具的住宿登记证明；

9. 外国驻华使馆、领馆人员、国际组织驻华代表机构人员的身份证明，是外交部核发的有效身份证件。

（五）住所是指：

1. 单位的住所为其主要办事机构所在地的地址；

2. 个人的住所为其身份证明记载的地址。在暂住地居住的内地居民的住所是公安机关核发的居住、暂住证明记载的地址。

（六）机动车来历证明是指：

1. 在国内购买的机动车，其来历证明是全国统一的机动车销售发票或者二手车交易发票。在国外购买的机动车，其来历证明是该车销售单位开具的销售发票及其翻译文本，但海关监管的机动车不需提供来历证明；

2. 人民法院调解、裁定或者判决转移的机动车，其来历证明是人民法院出具的已经生效的《调解书》、《裁定书》或者《判决书》，以及相应的《协助执行通知书》；

3. 仲裁机构仲裁裁决转移的机动车，其来历证明是《仲裁裁决书》和人民法院出具的《协助执行通知书》；

4. 继承、赠予、中奖、协议离婚和协议抵偿债务的机动车，其来历证明是继承、赠予、中奖、协议离婚、协议抵偿债务的相关文书和公证机关出具的《公证书》；

5. 资产重组或者资产整体买卖中包含的机动车，其来历证明是资产主管部门的批准文件；

6. 机关、企业、事业单位和社会团体统一采购并调拨到下属单位未注册登记的机动车，其来历证明是全国统一的机动车销售发票和该部门出具的调拨证明；

7. 机关、企业、事业单位和社会团体已注册登记并调拨到下属单位的机动车，其来历证明是该单位出具的调拨证明。被上级单位调回或者调拨到其他下属单位的机动车，其来历证明是上级单位出具的调拨证明；

8. 经公安机关破案发还的被盗抢且已向原机动车所有人理赔完毕的机动车，其来历证明是《权益转让证明书》。

（七）机动车整车出厂合格证明是指：

1. 机动车整车厂生产的汽车、摩托车、挂车，其出厂合格证明是该厂出具的《机动车整车出厂合格证》；

2. 使用国产或者进口底盘改装的机动车，其出厂合格证明是机动车底盘生产厂出具的《机动车底盘出厂合格证》或者进口机动车底盘的进口凭证和机动车改装厂出具的《机动车整车出厂合格证》；

3. 使用国产或者进口整车改装的机动车，其出厂合格证明是机动车生产厂出具的《机动车整车出厂合格证》或者进口机动车的进口凭证和机动车改装厂出具的《机动车整车出厂合格证》；

4. 人民法院、人民检察院或者行政执法机关依法扣留、没收并拍卖的未注册登记的国产机动车，未能提供出厂合格证明的，可以凭人民法院、人民检察院或者行政执法机关出具的证明替代。

（八）机动车灭失证明是指：

1. 因自然灾害造成机动车灭失的证明是，自然灾害发生地的街道、乡、镇以上政府部门出具的机动车因自然灾害造成灭失的证明；

2. 因失火造成机动车灭失的证明是，火灾发生地的县级以上公安机关消防部门出具的机动车因失火造成灭失的证明；

3. 因交通事故造成机动车灭失的证明是，交通事故发生地的县级以上公安机关交通管理部门出具的机动车因交通事故造成灭失的证明。

（九）本规定所称"一日"、"二日"、"三日"、"五日"、"七日"、"十日"、"十五日"，是指工作日，不包括节假日。

临时行驶车号牌的最长有效期"十五日"、"三十日"、"九十日"，包括工作日和节假日。

本规定所称以下、以上、以内，包括本数。

第五十六条　本规定自 2008 年 10 月 1 日起施行。2004 年 4 月 30 日公安部发布的《机动车登记规定》（公安部令第 72 号）同时废止。本规定实施前公安部发布的其他规定与本规定不一致的，以本规定为准。

工商行政管理机关股权出质登记办法

国家工商行政管理总局令第 32 号

第一条　为规范股权出质登记行为，根据《中华人民共和国物权法》等法律的规定，制定本办法。

第二条　以持有的有限责任公司和股份有限公司股权出质，办理出质登记的，适用本办法。已在证券登记结算机构登记的股份有限公司的股权除外。

第三条　负责出质股权所在公司登记的工商行政管理机关是股权出质登记机关（以下简称登记机关）。

各级工商行政管理机关的企业登记机构是股权出质登记机构。

第四条　股权出质登记事项包括：

（一）出质人和质权人的姓名或名称；

（二）出质股权所在公司的名称；

（三）出质股权的数额。

第五条　申请出质登记的股权应当是依法可以转让和出质的股权。对于已经被人民法院冻结的股权，在解除冻结之前，不得申请办理股权出质登记。以外商投资的公司的股权出质的，应当经原公司设立审批机关批准后方可办理出质登记。

第六条　申请股权出质设立登记、变更登记和注销登记，应当由出质人和质权人共同提出。申请股权出质撤销登记，可以由出质人或者质权人单方提出。

申请人应当对申请材料的真实性、质权合同的合法性有效性、出质股权权能的完整性承担法律责任。

第七条　申请股权出质设立登记，应当提交下列材料：

（一）申请人签字或者盖章的《股权出质设立登记申请书》；

（二）记载有出质人姓名（名称）及其出资额的有限责任公司股东名册复印件或者出质人持有的股份公司股票复印件（均需加盖公司印章）；

（三）质权合同；

（四）出质人、质权人的主体资格证明或者自然人身份证明复印件（出质人、质权人属于自然人的由本人签名，属于法人的加盖法人印章，下同）；

（五）国家工商行政管理总局要求提交的其他材料。

指定代表或者共同委托代理人办理的，还应当提交申请人指定代表或者共同委托代理人的证明。

第八条　出质股权数额变更，以及出质人、质权人姓名（名称）或者出质股权所在公司名称更改的，应当申请办理变更登记。

第九条　申请股权出质变更登记，应当提交下列材料：

（一）申请人签字或者盖章的《股权出质变更登记申请书》；

（二）有关登记事项变更的证明文件。属于出质股权数额变更的，提交质权合同修正案或者补充合同；属于出质人、质权人姓名（名称）或者出质股权所在公司名称更改的，提交姓名或者名称更改的证明文件和更改后的主体资格证明或者自然人身份证明复印件；

（三）国家工商行政管理总局要求提交的其他材料。

指定代表或者共同委托代理人办理的，还应当提交申请人指定代表或者共同委托代理人的证明。

第十条　出现主债权消灭、质权实现、质权人放弃质权或法律规定的其他情形导致质权消灭的，应当申请办理注销登记。

第十一条　申请股权出质注销登记，应当提交申请人签字或者盖章的《股权出质注销登记申请书》。

指定代表或者共同委托代理人办理的，还应当提交申请人指定代表或者共同委托代理人的证明。

第十二条　质权合同被依法确认无效或者被撤销的，应当申请办理撤销登记。

第十三条　申请股权出质撤销登记，应当提交下列材料：

（一）申请人签字或者盖章的《股权出质撤销登记申请书》；

（二）质权合同被依法确认无效或者被撤销的法律文件。

指定代表或者委托代理人办理的，还应当提交申请人指定代表或者委托代理人的证明。

第十四条　登记机关对登记申请应当当场办理登记手续并发给登记通知

书。通知书加盖登记机关的股权出质登记专用章。

对于不属于股权出质登记范围或者不属于本机关登记管辖范围以及不符合本办法规定的，登记机关应当当场告知申请人，并退回申请材料。

第十五条 登记机关应当根据申请将股权出质登记事项完整、准确地记载于股权出质登记簿，并依法公开，供社会公众查阅、复制。

因自身原因导致股权出质登记事项记载错误的，登记机关应当及时予以更正。

第十六条 股权出质登记的有关文书和登记簿格式文本，由国家工商行政管理总局统一制定。

第十七条 本办法自 2008 年 10 月 1 日起施行。

证券公司股票质押贷款管理办法

银发〔2004〕256 号

第一章 总 则

第一条 为规范股票质押贷款业务，维护借贷双方的合法权益，防范金融风险，促进我国资本市场的稳健发展，根据《中华人民共和国中国人民银行法》、《中华人民共和国银行业监督管理法》、《中华人民共和国商业银行法》、《中华人民共和国证券法》、《中华人民共和国担保法》的有关规定，特制定本办法。

第二条 本办法所称股票质押贷款，是指证券公司以自营的股票、证券投资基金券和上市公司可转换债券作质押，从商业银行获得资金的一种贷款方式。

第三条 本办法所称质物，是指在证券交易所上市流通的、证券公司自营的人民币普通股票（A 股）、证券投资基金券和上市公司可转换债券（以下统称股票）。

第四条 本办法所称借款人为依法设立并经中国证券监督管理委员会批准可经营证券自营业务的证券公司（指法人总部，下同），贷款人为依法设立并经中国银行业监督管理委员会批准可经营股票质押贷款业务的商业银行

（以下统称商业银行）。证券登记结算机构为本办法所指质物的法定登记结算机构。

第五条　商业银行授权其分支机构办理股票质押贷款业务须报中国银行业监督管理委员会备案。

第六条　借款人通过股票质押贷款所得资金的用途，必须符合《中华人民共和国证券法》的有关规定，用于弥补流动资金的不足。

第七条　中国人民银行、中国银行业监督管理委员会依法对股票质押贷款业务实施监督管理。

第二章　贷款人、借款人

第八条　申请开办股票质押贷款业务的贷款人，应具备以下条件：

（一）资本充足率等监管指标符合中国银行业监督管理委员会的有关规定；

（二）内控机制健全，制定和实施了统一授信制度；

（三）制定了与办理股票质押贷款业务相关的风险控制措施和业务操作流程；

（四）有专职部门和人员负责经营和管理股票质押贷款业务；

（五）有专门的业务管理信息系统，能同步了解股票市场行情以及上市公司有关重要信息，具备对分类股票分析、研究和确定质押率的能力；

（六）中国银行业监督管理委员会认为应具备的其他条件。

第九条　借款人应具备以下条件：

（一）资产具有充足的流动性，且具备还本付息能力；

（二）其自营业务符合中国证券监督管理委员会规定的有关风险控制比率；

（三）已按中国证券监督管理委员会规定提取足额的交易风险准备金；

（四）已按中国证券监督管理委员会规定定期披露资产负债表、净资本计算表、利润表及利润分配表等信息；

（五）最近一年经营中未出现中国证券监督管理委员会认定的重大违规违纪行为或特别风险事项，现任高级管理人员和主要业务人员无中国证券监督管理委员会认定的重大不良记录；

（六）客户交易结算资金经中国证券监督管理委员会认定已实现有效独

立存管，未挪用客户交易结算资金；

（七）贷款人要求的其他条件。

第三章　贷款的期限、利率、质押率

第十条　股票质押贷款期限由借贷双方协商确定，但最长为一年。借款合同到期后，不得展期，新发生的质押贷款按本办法规定重新审查办理。借款人提前还款，须经贷款人同意。

第十一条　股票质押贷款利率水平及计结息方式按照中国人民银行利率管理规定执行。

第十二条　用于质押贷款的股票应业绩优良、流通股本规模适度、流动性较好。贷款人不得接受以下几种股票作为质物：

（一）上一年度亏损的上市公司股票；

（二）前六个月内股票价格的波动幅度（最高价/最低价）超过200%的股票；

（三）可流通股股份过度集中的股票；

（四）证券交易所停牌或除牌的股票；

（五）证券交易所特别处理的股票；

（六）证券公司持有一家上市公司已发行股份的5%以上的，该证券公司不得以该种股票质押；但是，证券公司因包销购入售后剩余股票而持有5%以上股份的，不受此限。

第十三条　股票质押率由贷款人依据被质押的股票质量及借款人的财务和资信状况与借款人商定，但股票质押率最高不能超过60%。质押率上限的调整由中国人民银行和中国银行业监督管理委员会决定。

质押率的计算公式：

质押率＝（贷款本金/质押股票市值）×100%

质押股票市值＝质押股票数量×前七个交易日股票平均收盘价。

第四章　贷款程序

第十四条　借款人申请质押贷款时，必须向贷款人提供以下材料：

（一）企业法人营业执照、法人代码证、法定代表人证明文件；

（二）中国人民银行颁发的贷款卡（证）；

（三）上月的资产负债表、损益表和净资本计算表及经会计（审计）师

事务所审计的上一年度的财务报表（含附注）；

（四）由证券登记结算机构出具的质物的权利证明文件；

（五）用作质物的股票上市公司的基本情况；

（六）贷款人要求的其他材料。

第十五条　贷款人收到借款人的借款申请后，对借款人的借款用途、资信状况、偿还能力、资料的真实性，以及用作质物的股票的基本情况进行调查核实，并及时对借款人给予答复。

第十六条　贷款人在贷款前，应审慎分析借款人信贷风险和财务承担能力，根据统一授信管理办法，核定借款人的贷款限额。

第十七条　贷款人对借款人的借款申请审查同意后，根据有关法律、法规与借款人签订借款合同。

第十八条　借款人和贷款人签订借款合同后，双方应共同在证券登记结算机构办理出质登记。证券登记结算机构应向贷款人出具股票质押登记的证明文件。

第十九条　贷款人在发放股票质押贷款前，应在证券交易所开设股票质押贷款业务特别席位，专门保管和处分作为质物的股票。贷款人应在贷款发放后，将股票质押贷款的有关信息及时录入信贷登记咨询系统。

第二十条　借款人应按借款合同的约定偿还贷款本息。在借款人清偿贷款后，借款合同自行终止。贷款人应在借款合同终止的同时办理质押登记注销手续，并将股票质押登记的证明文件退还给借款人。

第五章　贷款风险控制

第二十一条　贷款人发放的股票质押贷款余额，不得超过其资本净额的15%；贷款人对一家证券公司发放的股票质押贷款余额，不得超过贷款人资本净额的5%.

第二十二条　借款人出现下列情形之一时，应当及时通知贷款人：

（一）预计到期难以偿付贷款利息或本金；

（二）减资、合并、分立、解散及申请破产；

（三）股权变更；

（四）借款合同中约定的其他情形。

第二十三条　一家商业银行及其分支机构接受的用于质押的一家上市公

司股票，不得高于该上市公司全部流通股票的 10%。一家证券公司用于质押的一家上市公司股票，不得高于该上市公司全部流通股票的 10%，并且不得高于该上市公司已发行股份的 5%。被质押的一家上市公司股票不得高于该上市公司全部流通股票的 20%。上述比率由证券登记结算机构负责监控，对超过规定比率的股票，证券登记结算机构不得进行出质登记。中国人民银行和中国银行业监督管理委员会可根据需要适时调整上述比率。

第二十四条　贷款人有权向证券登记结算机构核实质物的真实性、合法性，证券登记结算机构应根据贷款人的要求，及时真实地提供有关情况。

第二十五条　贷款人应随时分析每只股票的风险和价值，选择适合本行质押贷款的股票，并根据其价格、盈利性、流动性和上市公司的经营情况、财务指标以及股票市场的总体情况等，制定本行可接受质押的股票及其质押率的清单。

第二十六条　贷款人应随时对持有的质押股票市值进行跟踪，并在每个交易日至少评估一次每个借款人出质股票的总市值。

第二十七条　为控制因股票价格波动带来的风险，特设立警戒线和平仓线。警戒线比例（质押股票市值/贷款本金×100%）最低为 135%，平仓线比例（质押股票市值/贷款本金×100%）最低为 120%。在质押股票市值与贷款本金之比降至警戒线时，贷款人应要求借款人即时补足因证券价格下跌造成的质押价值缺口。在质押股票市值与贷款本金之比降至平仓线时，贷款人应及时出售质押股票，所得款项用于还本付息，余款清退给借款人，不足部分由借款人清偿。

第六章　质物的保管和处分

第二十八条　贷款人应在证券交易所开设股票质押特别席位（以下简称特别席位），用于质物的存放和处分；在证券登记结算机构开设特别资金结算账户（以下简称资金账户），用于相关的资金结算。借款合同存续期间，存放在特别席位下的股票，借款人不得转让，但本办法第三十三条规定以及借款人和贷款人协商同意的情形除外。

第二十九条　证券登记结算机构应根据出质人及贷款人的申请将出质股票足额、及时转移至贷款人特别席位下存放。

第三十条　借款人可向贷款人提出申请，经贷款人同意后，双方重新签订合同，进行部分（或全部）质物的置换，经贷款人同意后，由双方共同向证券登记结算机构办理质押变更登记。质押变更后，证券登记结算机构应向贷款人重新出具股票质物登记证明。

第三十一条　在质押合同期内，借款人可向贷款人申请，贷款人同意后，按借款人的指令，由贷款人进行部分（或全部）质物的卖出，卖出资金必须进入贷款人资金账户存放，该资金用于全部（或部分）提前归还贷款，多余款项退借款人。

第三十二条　出现以下情况之一，贷款人应通知借款人，并要求借款人立即追加质物、置换质物或增加在贷款人资金账户存放资金：

（一）质物的市值处于本办法第二十七条规定的警戒线以下；

（二）质物出现本办法第十二条中的情形之一。

第三十三条　用于质押股票的市值处于本办法第二十七条规定的平仓线以下（含平仓线）的，贷款人有权无条件处分该质押股票，所得的价款直接用于清偿所担保的贷款人债权。

第三十四条　借款合同期满，借款人履行还款义务的，贷款人应将质物归还借款人；借款合同期满，借款人没有履行还款义务的，贷款人有权依照合同约定通过特别席位卖出质押股票，所得的价款直接用于清偿所担保的贷款人债权。

第三十五条　质物在质押期间所产生的孳息（包括送股、分红、派息等）随质物一起质押。

质物在质押期间发生配股时，出质人应当购买并随质物一起质押。出质人不购买而出现质物价值缺口的，出质人应当及时补足。

第七章　罚　则

第三十六条　贷款人有下列行为之一的，由中国银行业监督管理委员会依法给予警告。情节严重的，暂停或取消其办理股票质押贷款业务资格，并追究有关人员的责任：

（一）未经中国银行业监督管理委员会批准从事股票质押贷款业务；

（二）对不具备本办法规定资格的证券公司发放股票质押贷款；

（三）发放股票质押贷款的期限超过一年；

（四）接受本办法禁止质押的股票为质物；

（五）质押率和其他贷款额度控制比率超过本办法规定的比率；

（六）未按统一授信制度和审慎原则等规定发放股票质押贷款；

（七）泄露与股票质押贷款相关的重要信息和借款人商业秘密。

第三十七条 借款人有卜列行为之一的，由中国证券监督管理委员会视情节轻重，给予警告、通报，并追究有关人员的责任：

（一）用非自营股票办理股票质押贷款；

（二）未按合同约定的用途使用贷款；

（三）拒绝或阻挠贷款人监督检查贷款使用情况；

（四）未按本办法第九条第（四）项之规定履行信息披露义务。

第三十八条 证券登记结算机构有下列行为之一的，由其主管机关视情节轻重，给予警告、通报，并追究有关人员的责任：

（一）未按贷款人要求核实股票的真实性与合法性；

（二）未按贷款人要求及时办理质押股票的冻结和解冻；

（三）为超过本办法第二十三条规定比率的股票办理质押登记；

（四）为借款人虚增质物数量或出具虚假质押证明。

第三十九条 中国人民银行及其分支机构可以建议中国银行业监督管理委员会、中国证券监督管理委员会及上述两个机构的派出机构对违反本办法规定的行为进行监督检查。监管机关对上述行为的查处结果应及时抄送中国人民银行或其分支机构。

第八章 附 则

第四十条 证券登记结算机构应按照本办法制定有关实施细则。

第四十一条 商业银行从事股票质押贷款业务，应根据本办法制定实施细则，以及相应的业务操作流程和管理制度，并报中国人民银行和中国银行业监督管理委员会备案。

第四十二条 贷款人办理股票质押业务中所发生的相关费用由借贷双方协商解决。

第四十三条 本办法由中国人民银行会同中国银行业监督管理委员会和中国证券监督管理委员会解释。

第四十四条 本办法自发布之日起执行，2000 年 2 月 2 日由中国人民银行和中国证券监督管理委员会颁布的《证券公司股票质押贷款管理办法》同时废止。

注册商标专用权质权登记程序规定

工商标字〔2009〕第 182 号

第一条　为充分发挥商标专用权无形资产的价值，促进经济发展，根据《物权法》、《担保法》、《商标法》和《商标法实施条例》的有关规定，制定本程序规定。国家工商行政管理总局商标局负责办理注册商标专用权质权登记。

第二条　自然人、法人或者其他组织以其注册商标专用权出质的，出质人与质权人应当订立书面合同，并向商标局办理质权登记。质权登记申请应由质权人和出质人共同提出。质权人和出质人可以直接向商标局申请，也可以委托商标代理机构代理。在中国没有经常居所或者营业所的外国人或者外国企业应当委托代理机构办理。

第三条　办理注册商标专用权质权登记，出质人应当将在相同或者类似商品/服务上注册的相同或者近似商标一并办理质权登记。质权合同和质权登记申请书中应当载明出质的商标注册号。

第四条　申请注册商标专用权质权登记的，应提交下列文件：

（一）申请人签字或者盖章的《商标专用权质权登记申请书》；

（二）出质人、质权人的主体资格证明或者自然人身份证明复印件；

（三）主合同和注册商标专用权质权合同；

（四）直接办理的，应当提交授权委托书以及被委托人的身份证明；委托商标代理机构办理的，应当提交商标代理委托书；

（五）出质注册商标的注册证复印件；

（六）出质商标专用权的价值评估报告。如果质权人和出质人双方已就出质商标专用权的价值达成一致意见并提交了相关书面认可文件，申请人可不再提交；

（七）其他需要提供的材料。

上述文件为外文的，应当同时提交其中文译文。中文译文应当由翻译单位和翻译人员签字盖章确认。

第五条　注册商标专用权质权合同一般包括以下内容：

（一）出质人、质权人的姓名（名称）及住址；

（二）被担保的债权种类、数额；

（三）债务人履行债务的期限；

（四）出质注册商标的清单（列明注册商标的注册号、类别及专用期）；

（五）担保的范围；

（六）当事人约定的其他事项。

第六条　申请登记书件齐备、符合规定的，商标局予以受理。受理日期即为登记日期。商标局自登记之日起 5 个工作日内向双方当事人发放《商标专用权质权登记证》。

《商标专用权质权登记证》应当载明下列内容：出质人和质权人的名称（姓名）、出质商标注册号、被担保的债权数额、质权登记期限、质权登记日期。

第七条　质权登记申请不符合本办法第二条、第三条、第四条、第五条规定的，商标局应当通知申请人，并允许其在 30 日内补正。申请人逾期不补正或者补正不符合要求的，视为其放弃该质权登记申请，商标局应书面通知申请人。

第八条　有下列情形之一的，商标局不予登记：

（一）出质人名称与商标局档案所记载的名称不一致，且不能提供相关证明证实其为注册商标权利人的；

（二）合同的签订违反法律法规强制性规定的；

（三）商标专用权已经被撤销、被注销或者有效期满未续展的；

（四）商标专用权已被人民法院查封、冻结的；

（五）其他不符合出质条件的。

第九条　质权登记后，有下列情形之一的，商标局应当撤销登记：

（一）发现有属于本办法第八条所列情形之一的；

（二）质权合同无效或者被撤销；

（三）出质的注册商标因法定程序丧失专用权的；

（四）提交虚假证明文件或者以其他欺骗手段取得商标专用权质权登记的。

第十条　质权人或出质人的名称（姓名）更改，以及质权合同担保的主债权数额变更的，当事人可以凭下列文件申请办理变更登记：

（一）申请人签字或者盖章的《商标专用权质权登记事项变更申请书》；

（二）出质人、质权人的主体资格证明或者自然人身份证明复印件；

（三）有关登记事项变更的协议或相关证明文件；

（四）原《商标专用权质权登记证》；

（五）授权委托书、被委托人的身份证明或者商标代理委托书；

（六）其他有关文件。

出质人名称（姓名）发生变更的，还应按照《商标法实施条例》的规定在商标局办理变更注册人名义申请。

第十一条　因被担保的主合同履行期限延长、主债权未能按期实现等原因需要延长质权登记期限的，质权人和出质人双方应当在质权登记期限到期前，持以下文件申请办理延期登记：

（一）申请人签字或者盖章的《商标专用权质权登记期限延期申请书》；

（二）出质人、质权人的主体资格证明或者自然人身份证明复印件；

（三）当事人双方签署的延期协议；

（四）原《商标专用权质权登记证》；

（五）授权委托书、被委托人的身份证明或者商标代理委托书；

（六）其他有关文件。

第十二条　办理质权登记事项变更申请或者质权登记期限延期申请后，由商标局在原《商标专用权质权登记证》上加注发还，或者重新核发《商标专用权质权登记证》。

第十三条　商标专用权质权登记需要注销的，质权人和出质人双方可以持下列文件办理注销申请：

（一）申请人签字或者盖章的《商标专用权质权登记注销申请书》；

（二）出质人、质权人的主体资格证明或者自然人身份证明复印件；

（三）当事人双方签署的解除质权登记协议或合同履行完毕凭证；

（四）原《商标专用权质权登记证》；

（五）授权委托书、被委托人的身份证明或者商标代理委托书；

（六）其他有关文件。

质权登记期限届满后，该质权登记自动失效。

第十四条　《商标专用权质权登记证》遗失的，可以向商标局申请补发。

第十五条　商标局设立质权登记簿，供相关公众查阅。

第十六条　反担保及最高额质权适用本规定。

第十七条　本规定自 2009 年 11 月 1 日起施行。本规定施行之日起原《商标专用权质押登记程序》（国家工商行政管理局工商标字〔1997〕第 127 号）废止。

　　附件：1. 商标专用权质权登记申请书（略）

2. 商标专用权质权登记事项变更申请书（略）

3. 商标专用权质权登记期限延期申请书（略）

4. 商标专用权质权登记注销申请书（略）

5. 商标专用权质权登记证补发申请书（略）

专利权质押登记办法

国家知识产权局令第 56 号

第一条　为了促进专利权的运用和资金融通，保障债权的实现，规范专利权质押登记，根据《中华人民共和国物权法》、《中华人民共和国担保法》、《中华人民共和国专利法》及有关规定，制定本办法。

第二条　国家知识产权局负责专利权质押登记工作。

第三条　以专利权出质的，出质人与质权人应当订立书面质押合同。

质押合同可以是单独订立的合同，也可以是主合同中的担保条款。

第四条　以共有的专利权出质的，除全体共有人另有约定的以外，应当取得其他共有人的同意。

第五条　在中国没有经常居所或者营业所的外国人、外国企业或者外国其他组织办理专利权质押登记手续的，应当委托依法设立的专利代理机构办理。

中国单位或者个人办理专利权质押登记手续的，可以委托依法设立的专利代理机构办理。

第六条　当事人可以通过邮寄、直接送交等方式办理专利权质押登记相关手续。

第七条　申请专利权质押登记的，当事人应当向国家知识产权局提交下列文件：

（一）出质人和质权人共同签字或者盖章的专利权质押登记申请表；

（二）专利权质押合同；

（三）双方当事人的身份证明；

（四）委托代理的，注明委托权限的委托书；

（五）其他需要提供的材料。

专利权经过资产评估的，当事人还应当提交资产评估报告。

除身份证明外，当事人提交的其他各种文件应当使用中文。身份证明是外文的，当事人应当附送中文译文；未附送的，视为未提交。

对于本条第一款和第二款规定的文件，当事人可以提交电子扫描件。

第八条　国家知识产权局收到当事人提交的质押登记申请文件后，应当通知申请人。

第九条　当事人提交的专利权质押合同应当包括以下与质押登记相关的内容：

（一）当事人的姓名或者名称、地址；

（二）被担保债权的种类和数额；

（三）债务人履行债务的期限；

（四）专利权项数以及每项专利权的名称、专利号、申请日、授权公告日；

（五）质押担保的范围。

第十条　除本办法第九条规定的事项外，当事人可以在专利权质押合同中约定下列事项：

（一）质押期间专利权年费的缴纳；

（二）质押期间专利权的转让、实施许可；

（三）质押期间专利权被宣告无效或者专利权归属发生变更时的处理；

（四）实现质权时，相关技术资料的交付。

第十一条　国家知识产权局自收到专利权质押登记申请文件之日起 7 个工作日内进行审查并决定是否予以登记。

第十二条　专利权质押登记申请经审查合格的，国家知识产权局在专利登记簿上予以登记，并向当事人发送《专利权质押登记通知书》。质权自国家知识产权局登记时设立。

经审查发现有下列情形之一的，国家知识产权局作出不予登记的决定，并向当事人发送《专利权质押不予登记通知书》：

（一）出质人与专利登记簿记载的专利权人不一致的；

（二）专利权已终止或者已被宣告无效的；

（三）专利申请尚未被授予专利权的；

（四）专利权处于年费缴纳滞纳期的；

（五）专利权已被启动无效宣告程序的；

（六）因专利权的归属发生纠纷或者人民法院裁定对专利权采取保全措施，专利权的质押手续被暂停办理的；

（七）债务人履行债务的期限超过专利权有效期的；

（八）质押合同约定在债务履行期届满质权人未受清偿时，专利权归质权人所有的；

（九）质押合同不符合本办法第九条规定的；

（十）以共有专利权出质但未取得全体共有人同意的；

（十一）专利权已被申请质押登记且处于质押期间的；

（十二）其他应当不予登记的情形。

第十三条　专利权质押期间，国家知识产权局发现质押登记存在本办法第十二条第二款所列情形并且尚未消除的，或者发现其他应当撤销专利权质押登记的情形的，应当撤销专利权质押登记，并向当事人发出《专利权质押登记撤销通知书》。

专利权质押登记被撤销的，质押登记的效力自始无效。

第十四条　国家知识产权局在专利公报上公告专利权质押登记的下列内容：出质人、质权人、主分类号、专利号、授权公告日、质押登记日等。

专利权质押登记后变更、注销的，国家知识产权局予以登记和公告。

第十五条　专利权质押期间，出质人未提交质权人同意其放弃该专利权的证明材料的，国家知识产权局不予办理专利权放弃手续。

第十六条　专利权质押期间，出质人未提交质权人同意转让或者许可实施该专利权的证明材料的，国家知识产权局不予办理专利权转让登记手续或者专利实施合同备案手续。

出质人转让或者许可他人实施出质的专利权的，出质人所得的转让费、许可费应当向质权人提前清偿债务或者提存。

第十七条　专利权质押期间，当事人的姓名或者名称、地址、被担保的主债权种类及数额或者质押担保的范围发生变更的，当事人应当自变更之日起 30 日内持变更协议、原《专利权质押登记通知书》和其他有关文件，向国家知识产权局办理专利权质押登记变更手续。

第十八条　有下列情形之一的，当事人应当持《专利权质押登记通知书》以及相关证明文件，向国家知识产权局办理质押登记注销手续：

（一）债务人按期履行债务或者出质人提前清偿所担保的债务的；

（二）质权已经实现的；

（三）质权人放弃质权的；

（四）因主合同无效、被撤销致使质押合同无效、被撤销的；

（五）法律规定质权消灭的其他情形。

国家知识产权局收到注销登记申请后，经审核，向当事人发出《专利权质押登记注销通知书》。专利权质押登记的效力自注销之日起终止。

第十九条　专利权在质押期间被宣告无效或者终止的，国家知识产权局应当通知质权人。

第二十条　专利权人没有按照规定缴纳已经质押的专利权的年费的，国家知识产权局应当在向专利权人发出缴费通知书的同时通知质权人。

第二十一条　本办法由国家知识产权局负责解释。

第二十二条　本办法自 2010 年 10 月 1 日起施行。1996 年 9 月 19 日中华人民共和国专利局令第八号发布的《专利权质押合同登记管理暂行办法》同时废止。

著作权质权登记办法

国家版权局令第 8 号

第一条　为规范著作权出质行为，保护债权人合法权益，维护著作权交易秩序，根据《中华人民共和国物权法》、《中华人民共和国担保法》和《中华人民共和国著作权法》的有关规定，制定本办法。

第二条　国家版权局负责著作权质权登记工作。

第三条　《中华人民共和国著作权法》规定的著作权以及与著作权有关的权利（以下统称"著作权"）中的财产权可以出质。

以共有的著作权出质的，除另有约定外，应当取得全体共有人的同意。

第四条　以著作权出质的，出质人和质权人应当订立书面质权合同，并由双方共同向登记机构办理著作权质权登记。

出质人和质权人可以自行办理，也可以委托代理人办理。

第五条　著作权质权的设立、变更、转让和消灭，自记载于《著作权质权登记簿》时发生效力。

第六条　申请著作权质权登记的，应提交下列文件：

（一）著作权质权登记申请表；

（二）出质人和质权人的身份证明；

（三）主合同和著作权质权合同；

（四）委托代理人办理的，提交委托书和受托人的身份证明；

（五）以共有的著作权出质的，提交共有人同意出质的书面文件；

（六）出质前授权他人使用的，提交授权合同；

（七）出质的著作权经过价值评估的、质权人要求价值评估的或相关法律法规要求价值评估的，提交有效的价值评估报告；

（八）其他需要提供的材料。

提交的文件是外文的，需同时附送中文译本。

第七条　著作权质权合同一般包括以下内容：

（一）出质人和质权人的基本信息；

（二）被担保债权的种类和数额；

（三）债务人履行债务的期限；

（四）出质著作权的内容和保护期；

（五）质权担保的范围和期限；

（六）当事人约定的其他事项。

第八条　申请人提交材料齐全的，登记机构应当予以受理。提交的材料不齐全的，登记机构不予受理。

第九条　经审查符合要求的，登记机构应当自受理之日起 10 日内予以登记，并向出质人和质权人发放《著作权质权登记证书》。

第十条　经审查不符合要求的，登记机构应当自受理之日起 10 日内通知申请人补正。补正通知书应载明补正事项和合理的补正期限。无正当理由逾期不补正的，视为撤回申请。

第十一条　《著作权质权登记证书》的内容包括：

（一）出质人和质权人的基本信息；

（二）出质著作权的基本信息；

（三）著作权质权登记号；

（四）登记日期。

《著作权质权登记证书》应当标明：著作权质权自登记之日起设立。

第十二条　有下列情形之一的，登记机构不予登记：

（一）出质人不是著作权人的；

（二）合同违反法律法规强制性规定的；

（三）出质著作权的保护期届满的；

（四）债务人履行债务的期限超过著作权保护期的；

（五）出质著作权存在权属争议的；

（六）其他不符合出质条件的。

第十三条　登记机构办理著作权质权登记前，申请人可以撤回登记申请。

第十四条　著作权出质期间，未经质权人同意，出质人不得转让或者许可他人使用已经出质的权利。

出质人转让或者许可他人使用出质的权利所得的价款，应当向质权人提前清偿债务或者提存。

第十五条 有下列情形之一的，登记机构应当撤销质权登记：

（一）登记后发现有第十二条所列情形的；

（二）根据司法机关、仲裁机关或行政管理机关作出的影响质权效力的生效裁决或行政处罚决定书应当撤销的；

（三）著作权质权合同无效或者被撤销的；

（四）申请人提供虚假文件或者以其他手段骗取著作权质权登记的；

（五）其他应当撤销的。

第十六条 著作权出质期间，申请人的基本信息、著作权的基本信息、担保的债权种类及数额，或者担保的范围等事项发生变更的，申请人持变更协议、原《著作权质权登记证书》和其他相关材料向登记机构申请变更登记。

第十七条 申请变更登记的，登记机构自受理之日起 10 日内完成审查。经审查符合要求的，对变更事项予以登记。

变更事项涉及证书内容变更的，应交回原登记证书，由登记机构发放新的证书。

第十八条 有下列情形之一的，申请人应当申请注销质权登记：

（一）出质人和质权人协商一致同意注销的；

（二）主合同履行完毕的；

（三）质权实现的；

（四）质权人放弃质权的；

（五）其他导致质权消灭的。

第十九条 申请注销质权登记的，应当提交注销登记申请书、注销登记证明、申请人身份证明等材料，并交回原《著作权质权登记证书》。

登记机构应当自受理之日起 10 日内办理完毕，并发放注销登记通知书。

第二十条 登记机构应当设立《著作权质权登记簿》，记载著作权质权登记的相关信息，供社会公众查询。

《著作权质权登记证书》的内容应当与《著作权质权登记簿》的内容一致。记载不一致的，除有证据证明《著作权质权登记簿》确有错误外，以《著作权质权登记簿》为准。

第二十一条 《著作权质权登记簿》应当包括以下内容：

（一）出质人和质权人的基本信息；

（二）著作权质权合同的主要内容；

（三）著作权质权登记号；

（四）登记日期；

（五）登记撤销情况；

（六）登记变更情况；

（七）登记注销情况；

（八）其他需要记载的内容。

第二十二条　《著作权质权登记证书》灭失或者毁损的，可以向登记机构申请补发或换发。登记机构应自收到申请之日起 5 日内予以补发或换发。

第二十三条　登记机构应当通过国家版权局网站公布著作权质权登记的基本信息。

第二十四条　本办法由国家版权局负责解释。

第二十五条　本办法自 2011 年 1 月 1 日起施行。1996 年 9 月 23 日国家版权局发布的《著作权质押合同登记办法》同时废止。

应收账款质押登记办法

中国人民银行令〔2007〕第 4 号

第一章　总　则

第一条　为规范应收账款质押登记，保护质押当事人和利害关系人的合法权益，根据《中华人民共和国物权法》，制定本办法。

第二条　中国人民银行征信中心（以下简称征信中心）是应收账款质押的登记机构。

征信中心建立应收账款质押登记公示系统（以下简称登记公示系统），办理应收账款质押登记，并为社会公众提供查询服务。

第三条　中国人民银行对征信中心办理应收账款质押登记有关活动进行管理。

第四条　本办法所称的应收账款是指权利人因提供一定的货物、服务或设施而获得的要求义务人付款的权利，包括现有的和未来的金钱债权及其产生的收益，但不包括因票据或其他有价证券而产生的付款请求权。

本办法所称的应收账款包括下列权利：

（一）销售产生的债权，包括销售货物，供应水、电、气、暖，知识产权的许可使用等；

（二）出租产生的债权，包括出租动产或不动产；

（三）提供服务产生的债权；

（四）公路、桥梁、隧道、渡口等不动产收费权；

（五）提供贷款或其他信用产生的债权。

第五条 在同一应收账款上设立多个质权的，质权人按照登记的先后顺序行使质权。

第二章 登记与查询

第六条 应收账款质押登记通过登记公示系统办理。

第七条 应收账款质押登记由质权人办理。

质权人也可以委托他人办理登记。委托他人办理登记的，适用本办法关于质权人办理登记的规定。

第八条 质权人办理质押登记前应与出质人签订协议。协议应载明如下内容：

（一）质权人与出质人已签订质押合同；

（二）由质权人办理质押登记。

第九条 质权人办理应收账款质押登记时，应注册为登记公示系统的用户。

第十条 登记内容包括质权人和出质人的基本信息、应收账款的描述、登记期限。质权人应将本办法第八条规定的协议作为登记附件提交登记公示系统。

出质人或质权人为单位的，应填写单位的法定注册名称、注册地址、法定代表人或负责人姓名、组织机构代码或金融机构代码、工商注册码等。

出质人或质权人为个人的，应填写有效身份证件号码、有效身份证件载明的地址等信息。

质权人可以与出质人约定将主债权金额等项目作为登记内容。

第十一条　质权人应将填写完毕的登记内容提交登记公示系统。登记公示系统记录提交时间并分配登记编号，生成应收账款质押登记初始登记证明和修改码提供给质权人。

第十二条　质权人自行确定登记期限，登记期限以年计算，最长不得超过 5 年。登记期限界满，质押登记失效。

第十三条　在登记期限届满前 90 日内，质权人可以申请展期。

质权人可以多次展期，每次展期期限不得超过 5 年。

第十四条　登记内容存在遗漏、错误等情形或登记内容发生变化的，质权人应当办理变更登记。

质权人在原质押登记中增加新的应收账款出质的，新增加的部分视为新的质押登记，登记时间为质权人填写新的应收账款并提交登记公示系统的时间。

第十五条　质权人办理登记时所填写的出质人法定注册名称或有效身份证件号码变更的，质权人应当在变更之日起 4 个月内办理变更登记。未办理变更登记的，质押登记失效。

第十六条　质权人办理展期、变更登记的，应当提交与出质人就展期、变更事项达成的协议。

第十七条　有下列情形之一的，质权人应自该情形产生之日起 10 个工作日内办理注销登记：

（一）主债权消灭；

（二）质权实现；

（三）质权人放弃登记载明的应收账款之上的全部质权；

（四）其他导致所登记质权消灭的情形。

第十八条　质权人凭修改码办理展期、变更登记、注销登记。

第十九条　出质人或其他利害关系人认为登记内容错误的，可以要求质权人变更登记或注销登记。质权人不同意变更或注销的，出质人或其他利害关系人可以办理异议登记。

办理异议登记的出质人或其他利害关系人可以自行注销异议登记。

第二十条　出质人或其他利害关系人应在异议登记办理完毕的同时通知质权人。

第二十一条　出质人或其他利害关系人自异议登记之日起 15 日内不起诉的，征信中心撤销异议登记。

第二十二条　征信中心应按照出质人或其他利害关系人、质权人的要求，根据生效的法院判决或裁定撤销应收账款质押登记或异议登记。

第二十三条　质权人办理变更登记和注销登记、出质人或其他利害关系人办理异议登记后，登记公示系统记录登记时间、分配登记编号，并生成变更登记、注销登记或异议登记证明。

第二十四条　质权人、出质人和其他利害关系人应当按照登记公示系统提示项目如实登记。

质权人、出质人提供虚假材料办理登记，给他人造成损害的，应当承担相应的法律责任。

第二十五条　任何单位和个人均可以在注册为登记公示系统的用户后，查询应收账款质押登记信息。

第二十六条　出质人为单位的，查询人以出质人完整、准确的法定注册名称进行查询。

出质人为个人的，查询人以出质人的身份证件号码进行查询。

第二十七条　征信中心根据查询人的申请，提供查询证明。

第二十八条　质权人、出质人或其他利害关系人、查询人可以通过证明编号在登记公示系统对登记证明和查询证明进行验证。

第三章　征信中心的职责

第二十九条　征信中心应当采取必要的措施，维护登记公示系统安全、正常运行。

征信中心因不可抗力不能办理登记或提供查询服务的，不承担法律责任。

第三十条　征信中心应当制定质押登记操作规则和内部管理制度，并报中国人民银行备案。

第三十一条　登记注销或登记期限届满后，征信中心应当对登记记录进行保存，保存期限为 15 年。

第四章　附　　则

第三十二条　本办法自 2007 年 10 月 1 日起施行。

中国人民银行征信中心中征动产
融资统一登记平台操作规则

第一章　总　则

第一条　为规范在中征动产融资统一登记平台进行的动产权属登记与查询行为，根据《中华人民共和国物权法》、《中华人民共和国合同法》和《应收账款质押登记办法》（中国人民银行令〔2007〕第4号）等法律法规，制定本规则。

第二条　本规则适用于中国人民银行征信中心（以下简称征信中心）和中国人民银行征信分中心（以下简称征信分中心），以及在中征动产融资统一登记平台（以下简称登记平台）办理动产权属登记与查询业务的当事人。

第三条　本规则所指登记，是指权利人或其代理人根据法律法规规定或出于保护自身权利的需要，在登记平台将有关动产权属信息予以记载，并通过登记平台进行公示的行为。

第二章　用　户

第四条　当事人在登记平台办理动产权属登记与查询业务，应当注册为登记平台的用户。办理登记的当事人在以下条款中也称为"发起登记的当事人"。

发起登记的当事人对登记内容的真实性、完整性和合法性负责。

第五条　登记平台的用户分为普通用户和常用户。

机构和个人可以注册为普通用户。普通用户是仅具有查询资格的用户。

机构可以注册为常用户。常用户是具有登记和查询资格的用户。申请机构通过其住所地的征信分中心身份审查后取得用户资格。

第六条　用户应当如实填写注册信息，注册信息发生变化的，用户应及时更新。

第七条　申请普通用户的机构或者个人可直接登录登记平台互联网页面进行注册。申请人点击"同意"按钮视为接受《中征动产融资统一登记平台用户服务协议》（以下简称《用户协议》）的约束。

第八条　申请常用户的机构应首先登录登记平台互联网页面填写注册信

息，申请人点击"同意"按钮视为接受《用户协议》的约束。申请人完成在线注册后，应向征信分中心提交以下材料：

（一）机构的注册文件，具体指：

1. 金融机构提供经营金融业务许可证和工商营业执照副本的复印件，并出示工商营业执照副本原件；

2. 企业提供工商营业执照副本复印件并出示原件；

3. 事业单位提供事业单位法人登记证复印件并出示原件；

4. 其他机构提供注册管理部门颁发的注册登记证书复印件并出示原件；

（二）填写完整并签字盖章的常用户开通申请表；

（三）组织机构代码证书复印件，并出示原件；

（四）法定代表人或负责人的身份证件复印件；

（五）经办人的身份证件复印件，并出示原件；

（六）单位介绍信。

常用户为金融机构的，无须提交第（三）项所指材料。

上述的机构注册文件复印件、常用户开通申请表、组织机构代码证书复印件、单位介绍信应加盖公章。

第九条　征信分中心对常用户申请机构提交的申请资料进行审查，并在受理申请之日起 3 个工作日内将审查结果录入登记平台，并告知申请机构。

第十条　常用户在登记平台内设置用户管理员，用户管理员创建和管理本机构的操作员。操作员以用户管理员为其设定的登录名登录登记平台进行登记或查询。

操作员在登记平台的登记、查询等操作行为由其所在的机构负责。操作员在登记平台进行登记时，填表人是指发起登记的常用户机构。

第十一条　申请用户名称变更、用户密码重置、用户停用或注销的，当事人应当下载并填写相应的附表加盖公章后寄送至征信中心。

申请用户注册名称变更的，还应当提供名称变更前后的机构身份证明材料副本复印件和相关部门出具的名称变更证明复印件，并加盖公章。

对于审查通过的上述申请，征信中心自收到申请之日起 3 个工作日内办理完毕。

第三章 登 记

第十二条 登记由融资合同双方当事人约定一方办理，或委托他人办理。委托他人办理登记的，受托人在完成登记后，应将相关登记证明编号、修改码等信息告知委托人。

第十三条 发起登记的当事人应如实登记动产权属信息，确保登记内容真实、完整、准确。

如因登记内容填写错误，导致登记不能查得或不能正确公示权利的，或因虚假或不实登记给他人造成损害的，由发起登记的当事人承担全部责任。

第十四条 登记平台支持应收账款质押登记、应收账款转让登记、租赁登记、所有权保留登记、租购登记、留置权登记、存货/仓单质押登记、保证金质押登记、动产信托登记等业务类型。

发起登记的当事人应按照交易相关的动产权属的性质选择相应的业务类型进行登记。

第十五条 当事人就动产权属初次进行登记的，应选择初始登记，登记内容包括融资合同当事人信息、标的物信息、登记期限等。

发起登记的当事人可以按照融资合同内容对标的物信息进行具体描述或概括描述，但应达到可以识别标的物的程度。

发起登记的当事人可以根据权利公示需要自行选择登记期限，期限范围是 1 至 30 年。

第十六条 登记内容存在遗漏、错误等情形或登记内容发生变化的，发起登记的当事人应当办理变更登记。

对初始登记进行变更的，应当输入该初始登记编号与修改码。

变更登记后，变更登记证明载明的登记信息是该次变更登记后相关动产权属的最新状况。

登记已经被注销或登记期限届满的，不能进行变更。

第十七条 在登记到期前 90 天内，可以申请展期登记。登记期限届满未展期的，登记不再对外提供查询。

用户可进行多次展期，但每次展期期限不得超过 30 年。

第十八条 相关权利人或利害关系人对登记有异议的，可以和发起登记的当事人协商，要求变更或注销有关登记。协商不成的，可以申请异议登记。

相关权利人或利害关系人进行异议登记，应当注册为登记平台用户。

第十九条　登记期限未届满，但登记记载的有关动产权属已消灭的，登记用户应进行注销登记。

登记期限届满前注销，且剩余登记期限长于180天的，该登记将继续对外提供查询180天；剩余登记期限不足180天的，该登记在剩余登记期限内继续对外提供查询。

第二十条　对有多个权利人的登记进行变更、展期和注销时，应输入授权该次登记的权利人名称。

授权该次登记的权利人是登记平台中所指的授权人。

第二十一条　登记平台为录入信息要素齐备、格式符合要求的登记分配唯一的登记证明编号，记录登记时间，并生成含有登记时间及登记证明编号的登记文件。

第二十二条　经当事人申请，征信中心根据生效的法院裁判及仲裁机构裁决，撤销相关登记。

申请撤销登记，当事人应将以下材料寄送至征信中心：

（一）填写完整的撤销登记申请表；

（二）申请人身份证明材料复印件；

（三）生效法院裁判或仲裁机构裁决的复印件。

申请人是个人的，上述材料（一）应由申请人签字；申请人是机构的，上述材料应加盖公章。

对审查通过的撤销登记申请，征信中心在收到申请的3个工作日内撤销相关登记。

第四章　查　询

第二十三条　本规则所指查询，是指相关动产权属的权利人或利害关系人在登记平台通过检索获得动产权属登记信息的行为。

第二十四条　查询人可通过资金融入方名称、留置权人名称、受托人名称、登记证明编号、租赁财产唯一标识码等检索标准在登记平台查询有关登记信息。

第二十五条　为保证查询结果的准确性，查询人在使用登记平台进行查询时，应输入准确、完整的检索信息。

登记平台出具与查询条件相匹配的查询结果。查询结果包括查询报告和查询证明。

第二十六条 本规则所指证明验证，是指任何机构和个人通过登记证明编号或查询证明编号在登记平台对登记文件和查询证明进行验证。

第二十七条 任何机构和个人均可在登记平台首页即可使用证明验证功能，无须登录登记平台或注册成为登记平台用户。

第五章 附 则

第二十八条 在登记平台输入字母、数字和括号，均应在半角状态下进行。

第二十九条 登记平台提供 7×24 小时服务，维护时间除外。因系统维护和升级等原因暂停服务时，征信中心将在登记平台网页进行公告。

第三十条 办理应收账款质押和转让登记，用户应按照征信中心发布的经国务院价格主管部门确定的登记收费标准缴纳相关费用。

第三十一条 征信中心根据本规则制定与发布的有关登记指引是本规则的细化与补充，用户应遵守相关规定。

第三十二条 本规则由中国人民银行征信中心负责解释。

第三十三条 本规则自发布之日起实施。《中国人民银行征信中心应收账款质押登记操作规则》（2007 年 10 月 1 日发布，2009 年 8 月 10 日修订）、《中国人民银行征信中心融资租赁登记规则》（2009 年 7 月 20 日发布）自本规则发布之日起同时废止。

单位定期存单质押贷款管理规定

中国银行业监督管理委员会令 2007 年第 9 号

第一章 总 则

第一条 为加强单位定期存单质押贷款管理，根据《中华人民共和国银行业监督管法》、《中华人民共和国商业银行法》、《中华人民共和国物权法》及其他有关法律、行政法规，制定本规定。

第二条 在中华人民共和国境内从事单位定期存单质押贷款活动适用本

规定。

本规定所称单位包括企业、事业单位、社会团体以及其他组织。

第三条 本规定所称单位定期存单是指借款人为办理质押贷款而委托贷款人依据开户证实书向接受存款的金融机构（以下简称存款行）申请开具的人民币定期存款权利凭证。

单位定期存单只能以质押贷款为目的开立和使用。

单位在金融机构办理定期存款时，金融机构为其开具的《单位定期存款开户证实书》不得作为质押的权利凭证。

金融机构应制定相应的管理制度，加强对开具《单位定期存款开户证实书》和开立、使用单位定期存单的管理。

第四条 单位定期存单质押贷款活动应当遵守国家法律、行政法规，遵循平等、自愿、诚实信用的原则。

第二章 单位定期存单的开立与确认

第五条 借款人办理单位定期存单质押贷款，除按其他有关规定提交文件、资料外，还应向贷款人提交下列文件、资料：

（一）开户证实书，包括借款人所有的或第三人所有而向借款人提供的开户证实书；

（二）存款人委托贷款人向存款行申请开具单位定期存单的委托书；

（三）存款人在存款行的预留印鉴或密码。

开户证实书为第三人向借款人提供的，应同时提交第三人同意由借款人为质押贷款目的而使用其开户证实书的协议书。

第六条 贷款人经审查同意借款人的贷款申请的，应将开户证实书和开具单位定期存单的委托书一并提交给存款行，向存款行申请开具单位定期存单和确认书。

贷款人经审查不同意借款人的贷款申请的，应将开户证实书和委托书及时退还给借款人。

第七条 存款行收到贷款人提交的有关材料后，应认真审查开户证实书是否真实，存款人与本行是否存在真实的存款关系，以及开具单位定期存单的申请书上的预留印鉴或提供的密码是否和存款人在存款时预留的印鉴或密码一致。必要时，存款行可以向存款人核实有关情况。

第八条　存款行经过审查认为开户证实书证明的存款属实的，应保留开户证实书及第三人同意由借款人使用其开户证实书的协议书，并在收到贷款人的有关材料后 3 个工作日内开具单位定期存单。

存款行不得开具没有存款关系的虚假单位定期存单或与真实存款情况不一致的单位定期存单。

第九条　存款行在开具单位定期存单的同时，应对单位定期存单进行确认，确认后认为存单内容真实的，应出具单位定期存单确认书。确认书应由存款行的负责人签字并加盖单位公章，与单位定期存单一并递交给贷款人。

第十条　存款行对单位定期存单进行确认的内容包括：

（一）单位定期存单所载开立机构、户名、账号、存款数额、存单号码、期限、利率等是否真实准确；

（二）借款人提供的预留印鉴或密码是否一致；

（三）需要确认的其他事项。

第十一条　存款行经过审查，发现开户证实书所载事项与账户记载不符的，不得开具单位定期存单，并及时告知贷款人，认为有犯罪嫌疑的，应及时向司法机关报案。

第十二条　经确认后的单位定期存单用于贷款质押时，其质押的贷款数额一般不超过确认数额的 90%。各行也可以根据存单质押担保的范围合理确定贷款金额，但存单金额应能覆盖贷款本息。

第十三条　贷款人不得接受未经确认的单位定期存单作为贷款的担保。

第十四条　贷款人对质押的单位定期存单及借款人或第三人提供的预留印鉴和密码等应妥善保管，因保管不善造成其丢失、毁损或泄密的，由贷款人承担责任。

第三章　质押合同

第十五条　办理单位定期存单质押贷款，贷款人和出质人应当订立书面质押合同。在借款合同中订立质押条款的，质押条款应符合本章的规定。

第十六条　质押合同应当载明下列内容：

（一）出质人、借款人和质权人名称、住址或营业场所；

（二）被担保的贷款的种类、数额、期限、利率、贷款用途以及贷款合同号；

（三）单位定期存单号码及所载存款的种类、户名、账户、开立机构、数额、期限、利率；

（四）质押担保的范围；

（五）存款行是否对单位定期存单进行了确认；

（六）单位定期存单的保管责任；

（七）质权的实现方式；

（八）违约责任；

（九）争议的解决方式；

（十）当事人认为需要约定的其他事项。

第十七条　质押合同应当由出质人和贷款人签章。签章为其法定代表人、经法定代表人授权的代理人或主要负责人的签字并加盖单位公章。

第十八条　质押期间，除法律另有规定外，任何人不得擅自动用质押款项。

第十九条　出质人和贷款人可以在质押合同中约定，当借款人没有依约履行合同的，贷款人可直接将存单兑现以实现质权。

第二十条　存款行应对其开具并经过确认的单位定期存单进行登记备查，并妥善保管有关文件和材料。质押的单位定期存单被退回时，也应及时登记注销。

第四章　质权的实现

第二十一条　单位定期存单质押担保的范围包括贷款本金和利息、罚息、损害赔偿金、违约金和实现质权的费用。质押合同另有约定的，按照约定执行。

第二十二条　贷款期满借款人履行债务的，或者借款人提前偿还所担保的贷款的，贷款人应当及时将质押的单位定期存单退还存款行。存款行收到退回的单位定期存单后，应将开户证实书退还贷款人并由贷款人退还借款人。

第二十三条　有下列情形之一的，贷款人可依法定方式处分单位定期存单：

（一）质押贷款合同期满，借款人未按期归还贷款本金和利息的；

（二）借款人或出质人违约，贷款人需依法提前收回贷款的；

（三）借款人或出质人被宣告破产或解散的。

第二十四条 有第二十三条所列情形之一的，贷款人和出质人可以协议以单位定期存单兑现或以法律规定的其他方式处分单位定期存单。以单位定期存单兑现时，贷款人应向存款行提交单位定期存单和其与出质人的协议。

单位定期存单处分所得不足偿付第二十一条规定的款项的，贷款人应当向借款人另行追偿；偿还第二十一条规定的款项后有剩余的，其超出部分应当退还出质人。

第二十五条 质押存单期限先于贷款期限届满的，贷款人可以提前兑现存单，并与出质人协议将兑现的款项提前清偿借款或向与出质人约定的第三人提存，质押合同另有约定的，从其约定。提存的具体办法由各当事人自行协商确定。

贷款期限先于质押的单位定期存单期限届满，借款人未履行其债务的，贷款人可以继续保管定期存单，在存单期限届满时兑现用于抵偿贷款本息。

第二十六条 经与出质人协商一致，贷款人提前兑现或提前支取的，应向存款行提供单位定期存单、质押合同、需要提前兑现或提前支取的有关协议。

第二十七条 用于质押的单位定期存单项下的款项在质押期间被司法机关或法律规定的其他机关采取冻结、扣划等强制措施的，贷款人应当在处分此定期存款时优先受偿。

第二十八条 用于质押的单位定期存单在质押期间丢失，贷款人应立即通知借款人和出质人，并申请挂失；单位定期存单毁损的，贷款人应持有关证明申请补办。

质押期间，存款行不得受理存款人提出的挂失申请。

第二十九条 贷款人申请挂失时，应向存款行提交挂失申请书，并提供贷款人的营业执照复印件、质押合同副本。

挂失申请应采用书面形式。在特殊情况下，可以用口头或函电形式，但必须在五个工作日内补办书面挂失手续。

挂失生效，原单位定期存单所载的金额及利息应继续作为出质资产。

第三十条 出质人合并、分立或债权债务发生变更时，贷款人仍然拥有单位定期存单所代表的质权。

第五章 罚 则

第三十一条 存款行出具虚假的单位定期存单或单位定期存单确认书的，

依照《金融违法行为处罚办法》第十三条的规定对存款行及相关责任人予以处罚。

第三十二条　存款行不按本规定对质物进行确认或贷款行接受未经确认的单位定期存单质押的，由中国银行业监督管理委员会给予警告，并处以三万元以下的罚款，并责令对其主要负责人和直接责任人员依法给予行政处分。

第三十三条　贷款人不按规定及时向存款行退回单位定期存单的，由中国银行业监督管理委员会给予警告，并处以三万元以下罚款。给存款人造成损失的，依法承担相应的民事责任。构成犯罪的，由司法机关依法追究刑事责任。

第六章　附　　则

第三十四条　个人定期储蓄存款存单质押贷款不适用本规定。

第三十五条　中华人民共和国境内的国际结算和融资活动中需用单位定期存单作质押担保的，参照本规定执行。

第三十六条　本规定由中国银行业监督管理委员会负责解释和修改。

第三十七条　本规定自公布之日起施行。本规定公布施行前的有关规定与本规定有抵触的，以本规定为准。

个人定期存单质押贷款办法

中国银行业监督管理委员会令 2007 年第 4 号

第一条　为加强个人定期存单质押贷款管理，根据《中华人民共和国商业银行法》、《中华人民共和国担保法》及其他有关法律、行政法规，制定本办法。

第二条　个人定期存单质押贷款（以下统称存单质押贷款）是指借款人以未到期的个人定期存单作质押，从商业银行（以下简称贷款人）取得一定金额的人民币贷款，到期由借款人偿还本息的贷款业务。

第三条　本办法所称借款人，是指中华人民共和国境内具有相应民事行为能力的自然人、法人和其他组织。

外国人、无国籍人以及港、澳、台居民为借款人的，应在中华人民共和国境内居住满 1 年并有固定居所和职业。

第四条　作为质押品的定期存单包括未到期的整存整取、存本取息和外币定期储蓄存款存单等具有定期存款性质的权利凭证。

所有权有争议、已作担保、挂失、失效或被依法止付的存单不得作为质押品。

第五条　借款人以本人名下定期存单作质押的小额贷款（以下统称小额存单质押贷款），存单开户银行可授权办理储蓄业务的营业网点直接受理并发放。

各商业银行总行可根据本行实际，确定前款小额存单质押贷款额度。

第六条　以第三人存单作质押的，贷款人应制定严格的内部程序，认真审查存单的真实性、合法性和有效性，防止发生权利瑕疵的情形。对于借款人以公开向不特定的自然人、法人和其他组织募集的存单申请质押贷款的，贷款人不得向其发放贷款。

第七条　存单质押担保的范围包括贷款本金和利息、罚息、损害赔偿金、违约金和实现质权的费用。

存单质押贷款金额原则上不超过存单本金的 90%（外币存款按当日公布的外汇（钞）买入价折成人民币计算）。各行也可以根据存单质押担保的范围合理确定贷款金额，但存单金额应能覆盖贷款本息。

第八条　存单质押贷款期限不得超过质押存单的到期日。若为多张存单质押，以距离到期日时间最近者确定贷款期限，分笔发放的贷款除外。

第九条　存单质押贷款利率按国家利率管理规定执行，计、结息方式由借贷双方协商确定。

第十条　在贷款到期日前，借款人可申请展期。贷款人办理展期应当根据借款人资信状况和生产经营实际需要，按审慎管理原则，合理确定贷款展期期限，但累计贷款期限不得超过质押存单的到期日。

第十一条　质押存单存期内按正常存款利率计息。存本取息定期存款存单用于质押时，停止取息。

第十二条　凭预留印鉴或密码支取的存单作为质押时，出质人须向发放贷款的银行提供印鉴或密码；以凭有效身份证明支取的存单作为质押时，出质人应转为凭印鉴或密码支取，否则银行有权拒绝发放贷款。

以存单作质押申请贷款时，出质人应委托贷款行申请办理存单确认和登记止付手续。

第十三条 办理存单质押贷款，贷款人和出质人应当订立书面质押合同，或者贷款人、借款人和出质人在借款合同中订立符合本办法规定的质押条款。

第十四条 质押合同应当载明下列内容：

（一）出质人、借款人和质权人姓名（名称）、住址或营业场所；

（二）被担保的贷款的种类、数额、期限、利率、贷款用途以及贷款合同号；

（三）定期存单号码及所载存款的种类、户名、开立机构、数额、期限、利率；

（四）质押担保的范围；

（五）定期存单确认情况；

（六）定期存单的保管责任；

（七）质权的实现方式；

（八）违约责任；

（九）争议的解决方式；

（十）当事人认为需要约定的其他事项。

第十五条 质押存续期间，除法律另有规定外，任何人不得擅自动用质押存单。

第十六条 出质人和贷款人可以在质押合同中约定，当借款人没有依法履行合同的，贷款人可直接将存单兑现以实现质权。存单到期日后于借款到期日的，贷款人可继续保管质押存单，在存单到期日兑现以实现质权。

第十七条 存单开户行（以下简称存款行）应根据出质人的申请及质押合同办理存单确认和登记止付手续，并妥善保管有关文件和资料。

第十八条 贷款人应妥善管理质押存单及出质人提供的预留印签或密码。因保管不善造成丢失、损坏，由贷款人承担责任。

用于质押的定期存单在质押期间丢失、毁损的，贷款人应立即通知借款人和出质人，并与出质人共同向存款开户行申请挂失、补办。补办的存单仍应继续作为质物。

质押存单的挂失申请应采用书面形式。在特殊情况下，可以用口头或函电形式，但必须在 5 个工作日内补办书面挂失手续。

申请挂失时，除出质人应按规定提交的申请资料外，贷款人应提交营业执照复印件、质押合同副本。

挂失生效，原定期存单所载的金额及利息应继续作为出质资产。

质押期间，未经贷款人同意，存款行不得受理存款人提出的挂失申请。

第十九条　质押存续期间如出质人死亡，其合法继承人依法办理存款过户和继承手续，并继续履行原出质人签订的质押合同。

第二十条　贷款期满借款人履行债务的，或者借款人提前偿还质押贷款的，贷款人应当及时将质押的定期存单退还出质人，并及时到存单开户行办理登记注销手续。

第二十一条　借款人按贷款合同约定还清贷款本息后，出质人凭存单保管收据取回质押存单。若出质人将存单保管收据丢失，由出质人、借款人共同出具书面证明，并凭合法身份证明到贷款行取回质押存单。

第二十二条　有下列情形之一的，贷款人可依第十六条的约定方式或其他法定方式处分质押的定期存单：

（一）质押贷款合同期满，借款人未按期归还贷款本金和利息的；

（二）借款人或出质人违约，贷款人需依法提前收回贷款的；

（三）借款人或出质人被宣告破产的；

（四）借款人或出质人死亡而无继承人履行合同的。

第二十三条　质押合同、贷款合同发生纠纷时，各方当事人均可按协议向仲裁机构申请调解或仲裁，或者向人民法院起诉。

第二十四条　存款行出具虚假的个人定期储蓄存单或个人定期储蓄存单确认书的，依照《金融违法行为处罚办法》第十三条的规定予以处罚。

第二十五条　存款行不按本办法规定对质物进行确认，或者贷款行接受未经确认的个人定期储蓄存单质押的，由中国银行业监督管理委员会给予警告，并处 3 万元以下的罚款，并责令对其主要负责人和直接责任人员依法给予行政处分。

第二十六条　借款人已履行合同，贷款人不按规定及时向出质人退回个人定期储蓄存单或在质押存续期间，未经贷款人同意，存款行受理存款人提出的挂失申请并挂失的，由中国银行业监督管理委员会给予警告，并处 3 万元以下罚款。构成犯罪的，由司法机关依法追究刑事责任。

第二十七条　各商业银行总行可根据本办法制定实施细则，并报中国银行业监督管理委员会或其派出机构备案。

第二十八条　城市信用社、农村信用社、村镇银行、贷款公司、农村资金互助社办理个人存单质押贷款业务适用本办法。

第二十九条　本办法由中国银行业监督管理委员会负责解释和修改。

第三十条　本办法自公布之日起施行，本办法施行之前有关规定与本办法相抵触的，以本办法为准。

最高人民法院关于审理存单纠纷案件的若干规定

法释〔1997〕8号

为正确审理存单纠纷案件，根据《中华人民共和国民法通则》、《中华人民共和国经济合同法》、《中华人民共和国担保法》的有关规定和在总结审判经验的基础上，制定本规定。

第一条　存单纠纷案件的范围

（一）存单持有人以存单为重要证据向人民法院提起诉讼的纠纷案件；

（二）当事人以进账单、对账单、存款合同等凭证为主要证据向人民法院提起诉讼的纠纷案件；

（三）金融机构向人民法院起诉要求确认存单、进账单、对账单、存款合同等凭证无效的纠纷案件；

（四）以存单为表现形式的借贷纠纷案件。

第二条　存单纠纷案件的案由

人民法院可将本规定第一条所列案件，一律以存单纠纷为案由。实际审理时应以存单纠纷案件中真实法律关系为基础依法处理。

第三条　存单纠纷案件的受理与中止

存单纠纷案件当事人向人民法院提起诉讼，人民法院应当依照《中华人民共和国民事诉讼法》第一百零八条的规定予以审查，符合规定的，均应受理。

人民法院在受理存单纠纷案件后，如现犯罪线索，应将犯罪线索及时书面告知公安或检察机关。如案件当事人因伪造、变造、虚开存单或涉嫌诈骗，有关国家机关已立案侦查，存单纠纷案件确须待刑事案件结案后才能审理的，人民法院应当中止审理。对于追究有关当事人的刑事责任不影响对存单纠纷案件审理的，人民法院应对存单纠纷案件有关当事人是否承担民事责任以及承担民事责任的大小依法及时进行认定和处理。

第四条　存单纠纷案件的管辖

依照《中华人民共和国民事诉讼法》第二十四条的规定，存单纠纷案件由被告住所地人民法院或出具存单、进账单、对账单或与当事人签订存款合同的金融机构住所地人民法院管辖。住所地与经常居住地不一致的，由经常居住地人民法院管辖。

第五条　对一般存单纠纷案件的认定和处理

（一）认定

当事人以存单或进账单、对账单、存款合同等凭证为主要证据向人民法院提起诉讼的存单纠纷案件和金融机构向人民法院提起的确认存单或进账单、对账单、存款合同等凭证无效的存单纠纷案件，为一般存单纠纷案件。

（二）处理

人民法院在审理一般存单纠纷案件中，除应审查存单、进账单、对账单、存款合同等凭证的真实性外，还应审查持有人与金融机构间存款关系的真实性，并以存单、进账单、对账单、存款合同等凭证的真实性以及存款关系的真实性为依据，作出正确处理。

1. 持有人以上述真实凭证为证据提起诉讼的，金融机构应当对持有人与金融机构间是否存在存款关系负举证责任。如金融机构有充分证据证明持有人未向金融机构交付上述凭证所记载的款项的，人民法院应当认定持有人与金融机构间不存在存款关系，并判决驳回原告的诉讼请求。

2. 持有人以上述真实凭证为证据提起诉讼的，如金融机构不能提供证明存款关系不真实的证据，或仅以金融机构底单的记载内容与上述凭证记载内容不符为由进行抗辩的，人民法院应认定持有人与金融机构间存款关系成立，金融机构应当承担兑付款项的义务。

3. 持有人以在样式、印鉴、记载事项上有别于真实凭证，但无充分证据证明系伪造或变造的瑕疵凭证提起诉讼的，持有人应对瑕疵凭证的取得提供合理的陈述。如持有人对瑕疵凭证的取得提供了合理陈述，而金融机构否认存款关系存在的，金融机构应当对持有人与金融机构间是否存在存款关系负举证责任。如金融机构有充分证据证明持有人未向金融机构交付上述凭证所记载的款项的，人民法院应当认定持有人与金融机构间不存在存款关系，判决驳回原告的诉讼请求；如金融机构不能提供证明存款关系不真实的证据，或仅以金融机构底单的记载内容与上述凭证记载内容不符为由进行抗辩的，人民法院应认定持有人与金融机构间存款关系成立，金融机构应当承担兑付款项的义务。

4. 存单纠纷案件的审理中，如有充足证据证明存单、进账单、对账单、存款合同等凭证系伪造、变造，人民法院应在查明案件事实的基础上，依法确认上述凭证无效，并可驳回持上述凭证起诉的原告的诉讼请求或根据实际存款数额进行判决。如有本规定第三条中止审理情形的，人民法院应当中止审理。

第六条　对以存单为表现形式的借贷纠纷案件的认定和处理

（一）认定

在出资人直接将款项交与用资人使用，或通过金融机构将款项交与用资人使用，金融机构向出资人出具存单或进账单、对账单或与出资人签订存款合同，出资人从用资人或从金融机构取得或约定取得高额利差的行为中发生的存单纠纷案件，为以存单为表现形式的借贷纠纷案件。但符合本规定第七条所列委托贷款和信托贷款的除外。

（二）处理

以存单为表现形式的借贷，属于违法借贷，出资人收取的高额利差应充抵本金，出资人，金融机构与用资人因参与违法借贷均应当承担相应的民事责任。可分以下几种情况处理：

1. 出资人将款项或票据（以下统称资金）交付给金融机构，金融机构给出资人出具存单或进账单、对账单或与出资人签订存款合同，并将资金自行转给用资人的，金融机构与用资人对偿还出资人本金及利息承担连带责任；利息按人民银行同期存款利率计算至给付之日。

2. 出资人未将资金交付给金融机构，而是依照金融机构的指定将资金直接转给用资人，金融机构给出资人出具存单或进账单、对账单或与出资人签订存款合同的，首先由用资人偿还出资人本金及利息，金融机构对用资人不能偿还出资人本金及利息部分承担补充赔偿责任；利息按人民银行同期存款利率计算至给付之日。

3. 出资人将资金交付给金融机构，金融机构给出资人出具存单或进账单、对账单或与出资人签订存款合同，出资人再指定金融机构将资金转给用资人的，首先由用资人返还出资人本金和利息。利息按人民银行同期存款利率计算至给付之日。金融机构因其帮助违法借贷的过错，应当对用资人不能偿还出资人本金部分承担赔偿责任，但不超过不能偿还本金部分的百分之四十。

4. 出资人未将资金交付给金融机构，而是自行将资金直接转给用资人，金融机构给出资人出具存单或进账单、对账单或与出资人签订存款合同的，首先由用资人返还出资人本金和利息。利息按人民银行同期存款利率计算至给付之日。金融机构因其帮助违法借贷的过错，应当对用资人不能偿还出资人本金部分承担赔偿责任，但不超过不能偿还本金部分的百分之二十。

本条中所称交付，指出资人向金融机构转移现金的占有或出资人向金融机构交付注明出资人或金融机构（包括金融机构的下属部门）为收款人的票据。出资人向金融机构交付有资金数额但未注明收款人的票据的，亦属于本条中所称交付。

如以存单为表现形式的借贷行为确已发生，即使金融机构向出资人出具的存单、进账单、对账单或与出资人签订的存款合同存在虚假、瑕疵，或金融机构工作人员超越权限出具上述凭证等情形，亦不影响人民法院按以上规定对案件进行处理。

（三）当事人的确定

出资人起诉金融机构的，人民法院应通知用资人作为第三人参加诉讼；出资人起诉用资人的，人民法院应通知金融机构作为第三人参加诉讼；公款私存的，人民法院在查明款项的真实所有人基础上，应通知款项的真实所有人为权利人参加诉讼，与存单记载的个人为共同诉讼人。该个人申请退出诉讼的，人民法院可予准许。

第七条 对存单纠纷案件中存在的委托贷款关系和信托贷款关系的认定

和纠纷的处理

（一）认定

存单纠纷案件中，出资人与金融机构、用资人之间按有关委托贷款的要求签订有委托贷款协议的，人民法院应认定出资人与金融机构间成立委托贷款关系。金融机构向出资人出具的存单或进账单、对账单或与出资人签订的存款合同，均不影响金融机构与出资人间委托贷款关系的成立。出资人与金融机构间签订委托贷款协议后，由金融机构自行确定用资人的，人民法院应认定出资人与金融机构间成立信托贷款关系。

委托贷款协议和信托贷款协议应当用书面形式。口头委托贷款或信托贷款，当事人无异议的，人民法院可予以认定；有其他证据能够证明金融机构与出资人之间确系委托贷款或信托贷款关系的，人民法院亦予以认定。

（二）处理

构成委托贷款的，金融机构出具的存单或进账单、对账单或与出资人签订的存款合同不作为存款关系的证明，借款方不能偿还贷款的风险应当由委托人承担。如有证据证明金融机构出具上述凭证是对委托贷款进行担保的，金融机构对偿还贷款承担连带担保责任。委托贷款中约定的利率超过人民银行规定的部分无效。构成信托贷款的，按人民银行有关信托贷款的规定处理。

第八条　对存单质押的认定和处理

存单可以质押。存单持有人以伪造、变造的虚假存单质押的，质押合同无效。接受虚假存单质押的当事人如以该存单质押为由起诉金融机构，要求兑付存款优先受偿的，人民法院应当判决驳回其诉讼请求，并告知其可另案起诉出质人。

存单持有人以金融机构开具的、未有实际存款或与实际存款不符的存单进行质押，以骗取或占用他人财产的，该质押关系无效。接受存单质押的人起诉的，该存单持有人与开具存单的金融机构为共同被告。利用存单骗取或占用他人财产的存单持有人对侵犯他人财产权承担赔偿责任，开具存单的金融机构因其过错致他人财产权受损，对所造成的损失承担连带赔偿责任。接受存单质押的人在审查存单的真实性上有重大过失的，开具存单的金融机构仅对所造成的损失承担补充赔偿责任。明知存单虚假而接受存单质押的，开具存单的金融机构不承担民事赔偿责任。

以金融机构核押的存单出质的，即便存单系伪造、变造、虚开，质押合同均为有效，金融机构应当依法向质权人兑付存单所记载的款项。

第九条　其他

在存单纠纷案件的审理中，有关当事人如有违法行为，依法应给予民事制裁的，人民法院可依法对有关当事人实施民事制裁。案件审理中发现的犯罪线索，人民法院应及时书面告知公安或检查机关，并将有关材料及时移送公安或检察机关。

最高人民法院关于审理票据纠纷案件若干问题的规定

法释〔2000〕32 号

为了正确适用《中华人民共和国票据法》（以下简称票据法），公正、及时审理票据纠纷案件，保护票据当事人的合法权益，维护金融秩序和金融安全，根据票据法及其他有关法律的规定，结合审判实践，现对人民法院审理票据纠纷案件的若干问题规定如下：

一、受理和管辖

第一条　因行使票据权利或者票据法上的非票据权利而引起的纠纷，人民法院应当依法受理。

第二条　依照票据法第十条的规定，票据债务人（出票人）以在票据未转让时的基础关系违法、双方不具有真实的交易关系和债权债务关系、持票人应付对价而未付对价为由，要求返还票据而提起诉讼的，人民法院应当依法受理。

第三条　依照票据法第三十六条的规定，票据被拒绝承兑、被拒绝付款或者汇票、支票超过提示付款期限后，票据持有人背书转让的，被背书人以背书人为被告行使追索权而提起诉讼的，人民法院应当依法受理。

第四条　持票人不先行使付款请求权而先行使追索权遭拒绝提起诉讼的，人民法院不予受理。除有票据法第六十一条第二款和本规定第三条所列情形外，持票人只能在首先向付款人行使付款请求权而得不到付款时，才可以行使追索权。

第五条 付款请求权是持票人享有的第一顺序权利，追索权是持票人享有的第二顺序权利，即汇票到期被拒绝付款或者具有票据法第六十一条第二款所列情形的，持票人请求背书人、出票人以及汇票的其他债务人支付票据法第七十条第一款所列金额和费用的权利。

第六条 因票据权利纠纷提起的诉讼，依法由票据支付地或者被告住所地人民法院管辖。

票据支付地是指票据上载明的付款地，票据上未载明付款地的，汇票付款人或者代理付款人的营业场所、住所或者经常居住地，本票出票人的营业场所，支票付款人或者代理付款人的营业场所所在地为票据付款地。代理付款人即付款人的委托代理人，是指根据付款人的委托代为支付票据金额的银行、信用合作社等金融机构。

第七条 因非票据权利纠纷提起的诉讼，依法由被告住所地人民法院管辖。

二、票据保全

第八条 人民法院在审理、执行票据纠纷案件时，对具有下列情形之一的票据，经当事人申请并提供担保，可以依法采取保全措施或者执行措施：

（一）不履行约定义务，与票据债务人有直接债权债务关系的票据当事人所持有的票据；

（二）持票人恶意取得的票据；

（三）应付对价而未付对价的持票人持有的票据；

（四）记载有"不得转让"字样而用于贴现的票据；

（五）记载有"不得转让"字样而用于质押的票据；

（六）法律或者司法解释规定有其他情形的票据。

三、举证责任

第九条 票据诉讼的举证责任由提出主张的一方当事人承担。

依照票据法第四条第二款、第十条、第十二条、第二十一条的规定，向人民法院提起诉讼的持票人有责任提供诉争票据。该票据的出票、承兑、交付、背书转让涉嫌欺诈、偷盗、胁迫、恐吓、暴力等非法行为的，持票人对持票的合法性应当负责举证。

第十条　票据债务人依照票据法第十三条的规定，对与其有直接债权债务关系的持票人提出抗辩，人民法院合并审理票据关系和基础关系的，持票人应当提供相应的证据证明已经履行了约定义务。

第十一条　付款人或者承兑人被人民法院依法宣告破产的，持票人因行使追索权而向人民法院提起诉讼时，应当向受理法院提供人民法院依法作出的宣告破产裁定书或者能够证明付款人或者承兑人破产的其他证据。

第十二条　在票据诉讼中，负有举证责任的票据当事人应当在一审人民法院法庭辩论结束以前提供证据。因客观原因不能在上述举证期限以内提供的，应当在举证期限届满以前向人民法院申请延期。延长的期限由人民法院根据案件的具体情况决定。

票据当事人在一审人民法院审理期间隐匿票据、故意有证不举，应当承担相应的诉讼后果。

四、票据权利及抗辩

第十三条　票据法第十七条第一款第（一）、（二）项规定的持票人对票据的出票人和承兑人的权利，包括付款请求权和追索权。

第十四条　票据债务人以票据法第十条、第二十一条的规定为由，对业经背书转让票据的持票人进行抗辩的，人民法院不予支持。

第十五条　票据债务人依照票据法第十二条、第十三条的规定，对持票人提出下列抗辩的，人民法院应予支持：

（一）与票据债务人有直接债权债务关系并且不履行约定义务的；

（二）以欺诈、偷盗或者胁迫等非法手段取得票据，或者明知有前列情形，出于恶意取得票据的；

（三）明知票据债务人与出票人或者与持票人的前手之间存在抗辩事由而取得票据的；

（四）因重大过失取得票据的；

（五）其他依法不得享有票据权利的。

第十六条　票据债务人依照票据法第九条、第十七条、第十八条、第二十二条和第三十一条的规定，对持票人提出下列抗辩的，人民法院应予支持：

（一）欠缺法定必要记载事项或者不符合法定格式的；

（二）超过票据权利时效的；

（三）人民法院作出的除权判决已经发生法律效力的；

（四）以背书方式取得但背书不连续的；

（五）其他依法不得享有票据权利的。

第十七条　票据出票人或者背书人被宣告破产的，而付款人或者承兑人不知其事实而付款或者承兑，因此所产生的追索权可以登记为破产债权，付款人或者承兑人为债权人。

第十八条　票据法第十七条第一款第（三）项、第（四）项规定的持票人对前手的追索权，不包括对票据出票人的追索权。

第十九条　票据法第四十条第二款和第六十五条规定的持票人丧失对其前手的追索权，不包括对票据出票人的追索权。

第二十条　票据法第十七条规定的票据权利时效发生中断的，只对发生时效中断事由的当事人有效。

第二十一条　票据法第六十六条第一款规定的书面通知是否逾期，以持票人或者其前手发出书面通知之日为准；以信函通知的，以信函投寄邮戳记载之日为准。

第二十二条　票据法第七十条、第七十一条所称中国人民银行规定的利率，是指中国人民银行规定的企业同期流动资金贷款利率。

第二十三条　代理付款人在人民法院公示催告公告发布以前按照规定程序善意付款后，承兑人或者付款人以已经公示催告为由拒付代理付款人已经垫付的款项的，人民法院不予支持。

五、失票救济

第二十四条　票据丧失后，失票人直接向人民法院申请公示催告或者提起诉讼的，人民法院应当依法受理。

第二十五条　出票人已经签章的授权补记的支票丧失后，失票人依法向人民法院申请公示催告的，人民法院应当依法受理。

第二十六条　票据法第十五条第三款规定的可以申请公示催告的失票人，是指按照规定可以背书转让的票据在丧失票据占有以前的最后合法持票人。

第二十七条　出票人已经签章但未记载代理付款人的银行汇票丧失后，失票人依法向付款人即出票银行所在地人民法院申请公示催告的，人民法院应当依法受理。

第二十八条　超过付款提示期限的票据丧失以后，失票人申请公示催告的，人民法院应当依法受理。

第二十九条　失票人通知票据付款人挂失止付后三日内向人民法院申请公示催告的，公示催告申请书应当载明下列内容：

（一）票面金额；

（二）出票人、持票人、背书人；

（三）申请的理由、事实；

（四）通知票据付款人或者代理付款人挂失止付的时间；

（五）付款人或者代理付款人的名称、通信地址、电话号码等。

第三十条　人民法院决定受理公示催告申请，应当同时通知付款人及代理付款人停止支付，并自立案之日起三日内发出公告。

第三十一条　付款人或者代理付款人收到人民法院发出的止付通知，应当立即停止支付，直至公示催告程序终结。非经发出止付通知的人民法院许可擅自解付的，不得免除票据责任。

第三十二条　人民法院决定受理公示催告申请后发布的公告应当在全国性的报刊上登载。

第三十三条　依照《中华人民共和国民事诉讼法》（以下简称民事诉讼法）第一百九十四条的规定，公示催告的期间，国内票据自公告发布之日起六十日，涉外票据可根据具体情况适当延长，但最长不得超过九十日。

第三十四条　依照民事诉讼法第一百九十五条第二款的规定，在公示催告期间，以公示催告的票据质押、贴现，因质押、贴现而接受该票据的持票人主张票据权利的，人民法院不予支持，但公示催告期间届满以后人民法院作出除权判决以前取得该票据的除外。

第三十五条　票据丧失后，失票人在票据权利时效届满以前请求出票人补发票据，或者请求债务人付款，在提供相应担保的情况下因债务人拒绝付款或者出票人拒绝补发票据提起诉讼的，由被告住所地或者票据支付地人民法院管辖。

第三十六条　失票人因请求出票人补发票据或者请求债务人付款遭到拒绝而向人民法院提起诉讼的，被告为与失票人具有票据债权债务关系的出票人、拒绝付款的票据付款人或者承兑人。

第三十七条　失票人为行使票据所有权，向非法持有票据人请求返还票据的，人民法院应当依法受理。

第三十八条　失票人向人民法院提起诉讼的，除向人民法院说明曾经持有票据及丧失票据的情形外，还应当提供担保。担保的数额相当于票据载明的金额。

第三十九条　对于伪报票据丧失的当事人，人民法院在查明事实，裁定终结公示催告或者诉讼程序后，可以参照民事诉讼法第一百零二条的规定，追究伪报人的法律责任。

六、票据效力

第四十条　依照票据法第一百零九条以及经国务院批准的《票据管理实施办法》的规定，票据当事人使用的不是中国人民银行规定的统一格式票据的，按照《票据管理实施办法》的规定认定，但在中国境外签发的票据除外。

第四十一条　票据出票人在票据上的签章上不符合票据法以及下述规定的，该签章不具有票据法上的效力：

（一）商业汇票上的出票人的签章，为该法人或者该单位的财务专用章或者公章加其法定代表人、单位负责人或者其授权的代理人的签名或者盖章；

（二）银行汇票上的出票人的签章和银行承兑汇票的承兑人的签章，为该银行汇票专用章加其法定代表人或者其授权的代理人的签名或者盖章；

（三）银行本票上的出票人的签章，为该银行的本票专用章加其法定代表人或者其授权的代理人的签名或者盖章；

（四）支票上的出票人的签章，出票人为单位的，为与该单位在银行预留签章一致的财务专用章或者公章加其法定代表人或者其授权的代理人的签名或者盖章；出票人为个人的，为与该个人在银行预留签章一致的签名或者盖章。

第四十二条　银行汇票、银行本票的出票人以及银行承兑汇票的承兑人在票据上未加盖规定的专用章而加盖该银行的公章，支票的出票人在票据上未加盖与该单位在银行预留签章一致的财务专用章而加盖该出票人公章的，签章人应当承担票据责任。

第四十三条　依照票据法第九条以及《票据管理实施办法》的规定，票据金额的中文大写与数码不一致，或者票据载明的金额、出票日期或者签发日期、收款人名称更改，或者违反规定加盖银行部门印章代替专用章，付款人或者代理付款人对此类票据付款的，应当承担责任。

第四十四条　因更改银行汇票的实际结算金额引起纠纷而提起诉讼，当事人请求认定汇票效力的，人民法院应当认定该银行汇票无效。

第四十五条　空白授权票据的持票人行使票据权利时未对票据必须记载事项补充完全，因付款人或者代理付款人拒绝接收该票据而提起诉讼的，人民法院不予支持。

第四十六条　票据的背书人、承兑人、保证人在票据上的签章不符合票据法以及《票据管理实施办法》规定的，或者无民事行为能力人、限制民事行为能力人在票据上签章的，其签章无效，但不影响人民法院对票据上其他签章效力的认定。

七、票据背书

第四十七条　因票据质权人以质押票据再行背书质押或者背书转让引起纠纷而提起诉讼的，人民法院应当认定背书行为无效。

第四十八条　依照票据法第二十七条的规定，票据的出票人在票据上记载"不得转让"字样，票据持有人背书转让的，背书行为无效。背书转让后的受让人不得享有票据权利，票据的出票人、承兑人对受让人不承担票据责任。

第四十九条　依照票据法第二十七条和第三十条的规定，背书人未记载被背书人名称即将票据交付他人的，持票人在票据被背书人栏内记载自己的名称与背书人记载具有同等法律效力。

第五十条　依照票据法第三十一条的规定，连续背书的第一背书人应当是在票据上记载的收款人，最后的票据持有人应当是最后一次背书的被背书人。

第五十一条　依照票据法第三十四条和第三十五条的规定，背书人在票据上记载"不得转让"、"委托收款"、"质押"字样，其后手再背书转让、委托收款或者质押的，原背书人对后手的被背书人不承担票据责任，但不影响出票人、承兑人以及原背书人之前手的票据责任。

第五十二条　依照票据法第五十七条第二款的规定，贷款人恶意或者有重大过失从事票据质押贷款的，人民法院应当认定质押行为无效。

第五十三条 依照票据法第二十七条的规定，出票人在票据上记载"不得转让"字样，其后手以此票据进行贴现、质押的，通过贴现、质押取得票据的持票人主张票据权利的，人民法院不予支持。

第五十四条 依照票据法第三十四条和第三十五条的规定，背书人在票据上记载"不得转让"字样，其后手以此票据进行贴现、质押的，原背书人对后手的被背书人不承担票据责任。

第五十五条 依照票据法第三十五条第二款的规定，以汇票设定质押时，出质人在汇票上只记载了"质押"字样未在票据上签章的，或者出质人未在汇票、粘单上记载"质押"字样而另行签订质押合同、质押条款的，不构成票据质押。

第五十六条 商业汇票的持票人向其非开户银行申请贴现，与向自己开立存款账户的银行申请贴现具有同等法律效力。但是，持票人有恶意或者与贴现银行恶意串通的除外。

第五十七条 违反规定区域出票，背书转让银行汇票，或者违反票据管理规定跨越票据交换区域出票、背书转让银行本票、支票的，不影响出票人、背书人依法应当承担的票据责任。

第五十八条 依照票据法第三十六条的规定，票据被拒绝承兑、被拒绝付款或者超过提示付款期限，票据持有人背书转让的，背书人应当承担票据责任。

第五十九条 承兑人或者付款人依照票据法第五十三条第二款的规定对逾期提示付款的持票人付款与按照规定的期限付款具有同等法律效力。

八、票据保证

第六十条 国家机关、以公益为目的的事业单位、社会团体、企业法人的分支机构和职能部门作为票据保证人的，票据保证无效，但经国务院批准为使用外国政府或者国际经济组织贷款进行转贷，国家机关提供票据保证的，以及企业法人的分支机构在法人书面授权范围内提供票据保证的除外。

第六十一条 票据保证无效的，票据的保证人应当承担与其过错相应的民事责任。

第六十二条 保证人未在票据或者粘单上记载"保证"字样而另行签订保证合同或者保证条款的，不属于票据保证，人民法院应当适用《中华人民共和国担保法》的有关规定。

九、法律适用

第六十三条　人民法院审理票据纠纷案件，适用票据法的规定；票据法没有规定的，适用《中华人民共和国民法通则》、《中华人民共和国合同法》、《中华人民共和国担保法》等民商事法律以及国务院制定的行政法规。

中国人民银行制定并公布施行的有关行政规章与法律、行政法规不抵触的，可以参照适用。

第六十四条　票据当事人因对金融行政管理部门的具体行政行为不服提起诉讼的，适用《中华人民共和国行政处罚法》、票据法以及《票据管理实施办法》等有关票据管理的规定。

中国人民银行制定并公布施行的有关行政规章与法律、行政法规不抵触的，可以参照适用。

第六十五条　人民法院对票据法施行以前已经作出终审裁决的票据纠纷案件进行再审，不适用票据法。

十、法律责任

第六十六条　具有下列情形之一的票据，未经背书转让的，票据债务人不承担票据责任；已经背书转让的，票据无效不影响其他真实签章的效力：

（一）出票人签章不真实的；

（二）出票人为无民事行为能力人的；

（三）出票人为限制民事行为能力人的。

第六十七条　依照票据法第十四条、第一百零三条、第一百零四条的规定，伪造、变造票据者除应当依法承担刑事、行政责任外，给他人造成损失的，还应当承担民事赔偿责任。被伪造签章者不承担票据责任。

第六十八条　对票据未记载事项或者未完全记载事项作补充记载，补充事项超出授权范围的，出票人对补充后的票据应当承担票据责任。给他人造成损失的，出票人还应当承担相应的民事责任。

第六十九条　付款人或者代理付款人未能识别出伪造、变造的票据或者身份证件而错误付款，属于票据法第五十七条规定的"重大过失"，给持票人造成损失的，应当依法承担民事责任。付款人或者代理付款人承担责任后有权向伪造者、变造者依法追偿。

持票人有过错的，也应当承担相应的民事责任。

第七十条　付款人及其代理付款人有下列情形之一的，应当自行承担责任：

（一）未依照票据法第五十七条的规定对提示付款人的合法身份证明或者有效证件以及汇票背书的连续性履行审查义务而错误付款的；

（二）公示催告期间对公示催告的票据付款的；

（三）收到人民法院的止付通知后付款的；

（四）其他以恶意或者重大过失付款的。

第七十一条　票据法第六十三条所称"其他有关证明"是指：

（一）人民法院出具的宣告承兑人、付款人失踪或者死亡的证明、法律文书；

（二）公安机关出具的承兑人、付款人逃匿或者下落不明的证明；

（三）医院或者有关单位出具的承兑人、付款人死亡的证明；

（四）公证机构出具的具有拒绝证明效力的文书。

第七十二条　当事人因申请票据保全错误而给他人造成损失的，应当依法承担民事责任。

第七十三条　因出票人签发空头支票、与其预留本名的签名式样或者印鉴不符的支票给他人造成损失的，支票的出票人和背书人应当依法承担民事责任。

第七十四条　人民法院在审理票据纠纷案件时，发现与本案有牵连但不属同一法律关系的票据欺诈犯罪嫌疑线索的，应当及时将犯罪嫌疑线索提供给有关公安机关，但票据纠纷案件不应因此而中止审理。

第七十五条　依照票据法第一百零五条的规定，由于金融机构工作人员在票据业务中玩忽职守，对违反票据法规定的票据予以承兑、付款、贴现或者保证，给当事人造成损失的，由该金融机构与直接责任人员依法承担连带责任。

第七十六条　依照票据法第一百零七条的规定，由于出票人制作票据，或者其他票据债务人未按照法定条件在票据上签章，给他人造成损失的，除应当按照所记载事项承担票据责任外，还应当承担相应的民事责任。

持票人明知或者应当知道前款情形而接受的，可以适当减轻出票人或者票据债务人的责任。

参考文献

一、专著类

[1] 王利明. 物权法研究 [M]. 北京：中国人民大学出版社，2013.

[2] 谢在全. 民法物权论（上、下册）[M]. 北京：中国政法大学出版社，1999.

[3] 曹士兵. 中国担保制度与担保方法 [M]. 北京：法律出版社，2015.

[4] 董学立. 美国动产担保交易制度研究 [M]. 北京：法律出版社，2007.

[5] 高圣平. 动产抵押登记制度研究 [M]. 北京：中国工商出版社，2007.

[6] 许明月. 抵押权法律制度研究 [M]. 北京：法律出版社，1998.

[7] 徐洁. 抵押权论 [M]. 北京：法律出版社，2003.

[8] 中国人民银行研究局等. 中国动产担保与信贷市场发展 [M]. 北京：中信出版社，2006.

[9] 董学立. 美国动产担保交易制度研究 [M]. 北京：法律出版社，2008.

[10] 张晓娟. 动产担保法律制度现代化研究 [M]. 北京：中国政法大学出版社，2013.

[11] 周枏. 罗马法原论 [M]. 北京：商务印书馆，1994.

[12] 李宜琛. 日耳曼法概论 [M]. 北京：商务印书馆，1944.

[13] 史尚宽. 物权法论 [M]. 北京：中国政法大学出版社，2000.

[14] 梁慧星. 民法总论 [M]. 北京：法律出版社，1998.

[15] 王泽鉴. 民法学说与判例研究（1）[M]. 北京：中国政法大学出版社，1998.

[16] 王泽鉴. 民法学说与判例研究（2）[M]. 北京：中国政法大学出版社，2005.

[17] 王泽鉴. 民法总则 [M]. 北京：中国政法大学出版社，2001.

[18] 郑玉波. 民法总则 [M]. 北京：中国政法大学出版社，2003.

[19] 杨与龄. 民法物权 [M]. 台北：五南图书出版公司，1981.

[20] 刘春堂. 判解民法物权 [M]. 台北：三民书局，1987.

[21] 刘德宽. 民法诸问题及新展望 [M]. 北京：中国政法大学出版社，2002.

[22] 谢邦宇. 罗马法 [M]. 北京：北京大学出版社，1990.

[23] [德] 迪特尔·梅迪库斯. 德国民法总论 [M]. 邵建东译，北京：法律出版社，2001.

［24］［日］近江幸治. 担保物权法［M］. 祝娅等译, 北京：法律出版社, 2000.

［25］［日］近江幸治. 民法讲义Ⅱ物权法［M］. 王茵译, 北京：北京大学出版社, 2006.

［26］胡康生. 中华人民共和国物权法释义［M］. 北京：法律出版社, 2007.

［27］全国人大常委会法制工作委员会民法室. 物权法立法背景与观点全集［M］. 北京：法律出版社, 2007.

［28］全国人大常委会法制工作委员会民法室. 中华人民共和国物权法条文说明、立法理由及相关规定［M］. 北京：北京大学出版社, 2007.

［29］梁慧星, 陈华彬. 物权法［M］. 北京：法律出版社, 1997.

［30］陈华彬. 物权法［M］. 北京：法律出版社, 2004.

［31］李开国. 民法基本问题研究［M］. 北京：法律出版社, 1997.

［32］高富平. 物权法专论［M］. 北京：北京大学出版社, 2007.

［33］叶金强. 担保法原理［M］. 北京：科学出版社, 2002.

［34］王利明. 民商法研究（第四辑）［M］. 北京：法律出版社, 2001.

［35］叶金强. 公信力的法律构造［M］. 北京：北京大学出版社, 2004.

［36］郭明瑞. 担保法原理与实务［M］. 北京：中国方正出版社, 1995.

［37］郭明瑞. 担保法［M］. 北京：法律出版社, 2004.

［38］郭明瑞. 担保法［M］. 北京：中国政法大学出版社, 1999.

［39］刘保玉. 物权法学［M］. 北京：中国法制出版社, 2007.

［40］曹新明. 知识产权法［M］. 北京：东北财经大学出版社, 2006.

［41］吴汉东, 胡开忠. 无形财产权制度研究（修订版）［M］. 北京：法律出版社, 2005.

［42］胡开忠. 权利质权制度研究［M］. 北京：中国政法大学出版社, 2004.

［43］郑成思. 知识产权论［M］. 北京：法律出版社, 2003.

［44］李培林. 企业知识产权战略理论与实践探索［M］. 北京：知识产权出版社, 2010.

［45］范健, 王建文. 商法学［M］. 北京：法律出版社, 2012.

［46］谢怀轼. 票据法概论（增补版）［M］. 北京：法律出版社, 2006.

［47］张德荣. 票据诉讼［M］. 北京：法律出版社, 2002.

［48］罗欢平. 论普通债权质押［M］. 北京：法律出版社, 2012.

［49］梁慧星主编. 民商法论丛（第2卷）［C］. 北京：法律出版社, 1994.

［50］梁慧星主编. 民商法论丛（第17卷）［C］. 香港：金桥文化出版（香港）有限公司, 2000.

［51］梁慧星主编. 民商法论丛（第34卷）［C］. 北京：法律出版社, 2006.

［52］江平主编. 中美物权法的现状与发展［C］. 北京：清华大学出版社, 2003.

二、期刊论文类

[1] 黄建文，李银芬. 论《物权法》中有限责任公司的股权质押制度 [J]. 学术界，2008（11）.

[2] 徐焕茹. 我国动产担保制度立法模式的选择 [J]. 武汉大学学报（社会科学版），2003（1）.

[3] 徐洁. 简评《美国统一商法典》第九编担保制度 [J]. 当代法学，2007（4）.

[4] 许明月，林全玲. 我国担保法制度设计应当重视的几个基本问题—基于民法、经济法和法经济学的综合视角 [J]. 现代法学，2005（5）.

[5] 蔡晖，王辉. 抵押物登记行为的性质及登记部门的责任 [J]. 人民司法，2001（12）.

[6] 刘生亮. 抵押登记行为法律问题研究 [J]. 南阳师范学院学报，2005（8）.

[7] 戴涛. 行政登记侵权之诉研究 [J]. 行政法学研究，2001（4）.

[8] 许明月. 抵押物转让制度之立法缺失及其司法解释补救 [J]. 法商研究，2008（2）.

[9] 王银光. 动产抵押贷款业务发展中存在的问题 [J]. 金融发展研究，2009（1）.

[10] 谭果林. 知识产权质押贷款风险控制的实践与探讨 [J]. 科技与法律，2010（4）.

[11] 沈宗仁. 公证抵押登记制度新探 [J]. 法治论丛，2008（5）.

[12] 张良. 动产重复抵押初探 [J]. 西南民族大学学报（人文社科版），2009（9）.

[13] 赵莹，雷兴虎. 我国商事民间借贷的立法体系建构 [J]. 湖南社会科学，2014（3）.

[14] 刘亚荣. 论机动车物权变动模式的检讨与变革 [J]. 重庆交通大学学报（社科版），2013（2）.

[15] 程令. 论机动车所有权的变动模式——兼评《物权法》第24条 [J]. 郑州航空工业管理学院学报（社科版），2010（1）.

[16] 刘玉杰. 机动车物权变动公示论 [J]. 行政与法，2010（5）.

[17] 王森波. 机动车"登记对抗"质疑——《物权法》第24条解读 [J]. 法治研究，2010（4）.

[18] 谢黎伟. 商业秘密质押初探 [J]. 哈尔滨大学社会科学学报，2012（3）.

[19] 郭红珍. 专利评估与交易中的有关法律权属问题研究 [J]. 科技创业月刊，2004（3）.

[20] 规划. 质押、许可推动专利产业化——2009年我国专利权质押登记及专利实施许可合同备案情况 [J]. 中国发明与专利，2010（7）.

[21] 蒋逊明. 中国专利权质押制度存在的问题及其完善 [J]. 研究与发展管理，2007（3）.

［22］刘瑛. 版权质押合同及其质权人的利益保障［J］. 知识产权，2001（3）.

［23］马波. 论权利质权的机制设计——以对著作权人身权的限制为视角［J］. 法制与社会，2007（11）.

［24］蕢寒. 动产抵押制度的再思考［J］. 中国法学，2003（2）.

［25］刘春田. 商标与商标权辨析［J］. 知识产权，1998（1）.

［26］高圣平. 应收账款出质登记制度研究［J］. 烟台大学学报（哲学社会科学版），2009（2）.

［27］费安玲，龙云丽. 论应收账款质权之实现［J］. 河南大学学报（社会科学版），2009（4）.

［28］孟强. 我国股权质押登记机关的演化及辨析——对《工商行政管理机关股权出质登记办法》相关规定的分析［J］. 暨南学报（哲学社会科学版），2009（1）.

［29］李双元，杨德群. 权利质权标的探究［J］. 深圳大学学报（人文社会科学版），2013（2）.

［30］李峰. 应收账款质押的登记模式与效力［J］. 江淮论坛，2011（3）.

［31］杨忠孝. 票据质押三问［J］. 华东政法大学学报，2010（6）.

［32］李景义. 票据质押的设立与效力——兼论设质背书的性质［J］. 学习与探索，2011（3）.

［33］刘宝霞. 浅析存单质押贷款风险防范［J］. 时代金融，2012（11）：中.

［34］李珂丽. 存单质押的风险防范及债权人的利益保护［J］. 法学论坛，2009（6）.

［35］葛力伟，段维明，张芳，吴中明. 析应收账款质押登记制度的立法缺陷［J］. 金融论坛，2008（12）.

三、学位论文类

［1］李钰. 动产抵押研究［D］. 吉林大学博士学位论文，2013.

［2］赵英. 权利质权公示制度研究［D］. 中国社会科学院博士学位论文，2009.

［3］刘玉杰. 动产抵押法律制度研究［D］. 复旦大学博士学位论文，2010.

［4］王冬梅. 论动产抵押［D］. 武汉大学博士学位论文，2010.

［5］高圣平. 动产担保交易制度研究［D］. 中国政法大学博士论文，2002.

［6］彭磊. 知识产权质权研究［D］. 郑州大学硕士学位论文，2004.

［7］黄珂. 专利权质押制度研究［D］. 华中师范大学硕士学位论文，2009.

［8］龚玮敏. 知识产权质押贷款的法律问题及其对策［D］. 中国政法大学硕士学位论文，2011.

［9］宋建君. 仓单质押法律关系分析［D］. 华东政法大学硕士学位论文，2007.

［10］王鹏超. 商标权质押的困境及化解困境的路径选择［D］. 河南大学硕士学位论文，2011.

［11］史然. 我国专利权质押法律制度研究［D］. 中国政法大学硕士学位论文，2010.

［12］周溪. 论著作权质权的重新定位——兼评《著作权质权登记办法》［D］. 中国社会科学院硕士学位论文，2011.

［13］左慧玲. 论我国票据质押法律规则之冲突及其调整之思维进路［D］. 中国政法大学硕士学位论文，2010.

［14］江云丰. 论知识产权质权［D］. 西南政法大学硕士学位论文，2007.

［15］刘叔恒. 知识产权质押问题刍议［D］. 山东大学硕士学位论文，2008.

四、报纸和网络资料类

［1］王闯. 规则冲突与制度创新——以物权法与担保法及其解释的比较为中心而展开（中）［N］. 人民法院报，2007-6-27：6.

［2］刘珊. 专家详解《著作权质权登记办法》［N］. 中国知识产权报，2011-1-7：008.

［3］谢在全. 动产担保制度之最近发展（上、下）［EB/OL］.［2009-11-18］http：//old. civillaw. com. cn/article/default. asp？id＝27261；http：//old. civillaw. com. cn/article/default. asp？id＝27263.

［4］国家版权局关于《著作权质权登记办法》答记者问［EB/OL］.［2010-12-17］http：//news. cntv. cn/20101217/108991. shtml.

致　谢

本书能够出版，需要感谢诸多方面。

若无内江师范学院政法与历史学院胡绍元、邓小明前后两任院长和科技处吴赋光教授、王淯教授、计财处聂汲昆处长以及人事处李道华教授、龚彬教授、学科规划处张红扬教授等领导的积极支持，本书的问世时间将大为推迟。调入师院以来，政史学院谭化容副教授、李先敏教授、雷厉副教授等领导和科技处项目办、财务处相关同事时有关照，亦表感谢！

动产担保交易的发展和制度完善，凝结了国内外诸多专家学者和实务工作者的心血，望本书能对之有所点滴贡献。鄙人在从事动产抵押登记工作期间，在业务上颇得领导的启发和同事的关怀，其间相关工作成效曾直接或间接出现在总局领导年终讲话以及央视《新闻联播》节目，能够在离职刚好两年左右出版本书，亦是一个简单的纪念。

由于动产担保的具体制度特别是某些登记规则尚待成熟，为尽量延长本书的使用期，这方面的问题或争议本书原则上不予深究，采纳通说或鄙人赞同的观点。由于自身学识有限，错误、疏漏之处必然大量存在，恳请及时指正，相关意见烦请发往：chenfayuan101@163.com。

陈发源

二〇一五年四月二十日